如何奖励更有效？

论旅游虚拟社区激励机制的设计

HOW TO
INCENTIVE
THE USERS ?

A RESEARCH ON
THE VIRTUAL COMMUNITY'S INCENTIVE MECHANISM

赵琴琴 著

社会科学文献出版社
SOCIAL SCIENCES ACADEMIC PRESS (CHINA)

前　言

以用户自生成内容（User Generated Content，UGC）为特征的旅游虚拟社区不仅为拥有旅游兴趣的人们搭建了交流平台，并且有助于人们获取时效性更强、可靠性更高的旅游信息，以便于更好地制定旅游规划、深化旅游体验以及维持与其他旅行者的关系。旅游虚拟社区需要大量的用户分享知识以填充网站内容，分享的用户越多，分享的知识质量越高，越有利于网站的生存发展。高质量的知识分享主要出自具有丰富旅行经验、积极参与知识分享的撰写者。然而，现有旅游虚拟社区存在用户搭便车、转换率高与黏性低等现实问题。如何激励用户进行知识再分享和增强用户黏性，成为旅游虚拟社区亟待解决的问题。

现有关于激励机制的研究主要考察了诱导因素集合对知识分享的影响，大多文献将诱导因素分为物质奖励类诱导因素和精神奖励类诱导因素，分别考察了精神奖励、物质奖励对知识分享的独立影响。更值得注意的是关于物质奖励对个体知识分享的影响研究主要是基于线下的情境进行的，而且这些研究结论存在分歧，不过精神奖励对个体知识分享的促进作用得到了专家学者的一致肯定。但有学者提出精神奖励的来源差异对个体行为意愿会产生不同的影响。现有研究未能系统分析和解读这些不同来源的精神奖励是否对个体知识分享意愿产生不同的影响，以及其作用机理是否存在差异。

因此，本研究基于自我决定理论、双加工理论、精细加工可能性模型等理论，试图分析旅游虚拟社区知识再分享激励机制的内部要素，从奖励强度、奖励形式、奖励来源等方面考察不同的激励要素组合对知识再分享意愿影响的路径，从而探讨物质奖励和精神奖励对旅游虚拟社区用户知识再分享意愿的交互作用及作用机理。

本书共分为七章。第 1 章绪论，就问题提出、研究价值进行阐述。

第 2 章系统梳理旅游虚拟社区相关研究，回顾知识分享及激励机制相关研究，为后续研究奠定理论基础。第 3 章为旅游虚拟社区知识再分享激励机制探索性研究，运用内容分析法厘清了知识再分享激励机制的主要构成要素，分析了现有旅游虚拟社区知识再分享各激励要素的相关特征，为研究假设的提出和理论模型的构建奠定基础。第 4 章为物质奖励和精神奖励对再分享意愿的影响研究，根据双加工理论和自我决定理论，探索不同水平物质奖励（无/低/高）和精神奖励（有/无）的激励要素组合对知识再分享意愿的影响及作用机理。第 5 章为不同形式物质奖励对再分享意愿的影响差异研究，在分析了虚拟货币奖励的基础上，进一步考察现金、代金券奖励与虚拟货币奖励对再分享意愿的影响差异及作用机理。第 6 章为不同来源精神奖励对再分享意愿的影响差异研究，在分析了网站和用户综合来源精神奖励的基础上，进一步考察单一来源（网站/用户）精神奖励与综合来源精神奖励对再分享意愿的影响及作用机理的差异。第 7 章提出了本研究的主要结论、创新点、管理启示，并说明本研究的局限性，提出未来研究方向。

本研究的主要结论如下。

第一，现有旅游虚拟社区知识再分享激励机制由诱导因素集合、行为幅度制度和行为导向制度三方面的因素构成。诱导因素体现为激励类型；行为幅度体现为激励水平；行为导向制度体现为明确的目标和方向。旅游虚拟社区通过激励类型和激励水平的组合来激发用户知识再分享意愿。

第二，物质奖励和精神奖励对再分享意愿的影响。①在无精神奖励的情况下，物质奖励会强化再分享意愿，并且再分享意愿会随着物质奖励水平提高而增强。物质奖励通过获益感知和自我效能影响再分享意愿。②在有精神奖励的情况下，低水平物质奖励时个体的再分享意愿高于无物质奖励时的再分享意愿；高水平物质奖励时个体的再分享意愿不如低水平物质奖励时的再分享意愿。精神奖励和物质奖励的交互作用通过自我效能影响再分享意愿。

第三，不同形式物质奖励对再分享意愿的影响差异及作用机理。①虚拟货币、现金和代金券等不同形式的物质奖励在价值信息加工负荷、面额水平和适用范围等方面存在差异。②在有精神奖励的情况下，不同形式物质奖励对再分享意愿的影响存在差异。在同时给予精神奖励和虚拟货币形式物质奖励的情况下，低水平物质奖励时的再分享意愿显著高于无物质奖励和高水平物质奖励时的再分享意愿，即随着物质奖励水平的提高，再分享意愿程度呈倒"U"形；在同时给予精神奖励和现金（代金券）形式的物质奖励的情况下，低水平物质奖励时的再分享意愿显著低于无物质奖励和高水平物质奖励时的再分享意愿，即随着物质奖励水平的提高，再分享意愿程度呈"U"形。③在有精神奖励的情况下，虚拟货币奖励通过自我效能影响再分享意愿。现金（代金券）奖励不但通过自我效能还通过获益感知影响再分享意愿。

第四，不同来源精神奖励对再分享意愿的影响差异及作用机理。①网站来源精神奖励、用户来源精神奖励以及网站和用户综合来源精神奖励在可信赖性和专业性方面存在差异。②不同来源精神奖励的激励效果存在差别，综合来源的精神激励效果最强。③不同来源精神奖励对再分享意愿的影响不同。在综合来源精神奖励情况下，低水平物质奖励时的再分享意愿显著高于无物质奖励和高水平物质奖励时的再分享意愿，随着物质奖励水平的提高，再分享意愿程度呈倒"U"形；在单一来源（用户/网站）精神奖励的情况下，低水平物质奖励时的再分享意愿显著低于无物质奖励和高水平物质奖励时的再分享意愿，随着物质奖励水平的增加，再分享意愿程度呈"U"形。④在综合来源精神奖励情况下，物质奖励通过自我效能影响再分享意愿。在单一来源（网站/用户）精神奖励情况下，物质奖励通过获益感知和自我效能影响再分享意愿。

本研究的创新点主要体现在以下几个方面。

第一，本研究通过对现有旅游虚拟社区知识再分享激励机制进行文本分析，解构了激励机制的内在构成与要素，对激励机制诱导因素进行分类梳理和相关概念的提炼。由于旅游虚拟社区是用户基于兴趣参与并且可自由进入退出的平台，这种平台对用户行为的约束力不强，更多通过引导来强化用户采取组织期望的行为，因此，旅游虚拟社区知识再分享激励机制构成要素与传统组织激励机制不同，而且各要素的相关特征与要素组合方式也呈现特殊性。本研究通过探索性研究系统描述了现有旅游虚拟社区知识再分享激励机制的内在构成，这将有助于未来更好地研究旅游虚拟社区知识再分享激励机制。

第二，本研究探讨了物质奖励和精神奖励交互作用对旅游虚拟社区再分享意愿的影响，有助于丰富旅游虚拟社区知识分享影响研究框架。以往研究分别独立探讨了物质奖励和精神奖励对知识分享的影响，但缺乏考察二者的交互作用对知识分享的影响。本研究对物质奖励和精神奖励交互效应的研究更准确地反映了旅游虚拟社区激励用户知识再分享的实践，细化了旅游虚拟社区知识分享激励机制的相关研究。

第三，本研究将内在动机和外在动机整合到同一个研究框架中，呈现激励机制对知识再分享的影响路径，发现物质奖励水平（无/低/高）与精神奖励（有/无）的不同组合，会通过不同的路径对知识再分享意愿产生影响，推进了旅游虚拟社区再分享意愿作用机理的研究。

第四，本研究探究了旅游虚拟社区中物质奖励"挤出效应"及其边界条件，拓展了知识分享激励机制的相关研究。本研究聚焦物质奖励的"挤出效应"，基于旅游虚拟社区物质奖励和精神奖励的特殊性，深入探讨了不同形式物质奖励的激励要素组合对个体再分享意愿的影响及作用机理的差异，以及不同来源精神奖励的激励要素组合对个体再分享意愿的影响及作用机理的差异。本研究通过激励要素不同组合间的影响差异分析，厘清了旅游虚拟社区中物质奖励"挤出效应"产生的边界条件，进一步深化了知识再分享激励机制的相关研究。

本研究虽然有一定的理论贡献和管理指导价值，但在数据收集和研究内容方面仍存在不足。在未来的研究中，还需要提高旅游虚拟社区用户知识再分享激励机制研究的外部效度，尝试从旅游虚拟社区直接获取实际的运营数据，拓展数据来源；探索其他可能影响激励机制和再分享意愿的中介变量和调节变量，进一步完善知识再分享激励机制的理论框架。

本书源于本人博士学位论文的研究，受中央高校基本科研博士生课题项目（JBK1507136）和西南石油大学人文社会科学科研专项基金培育项目（2022－2023RW021）资助。感谢张梦教授、付晓蓉教授的细心指导！感谢家人的全力支持！感谢李真巧老师精心编辑！

目　录

1. 绪论

1.1 旅游虚拟社区的发展与问题的提出

旅游行业属于信息密集型行业，旅游者在出行前需要搜寻大量信息以降低风险。传统旅游信息渠道，被倾向性信息、虚假信息所充斥（Schwabe & Prestipino, 2005），所以人们急需寻求新的旅游信息渠道，以获取时效性强、可靠性高的信息。以用户自生成内容（User Generated Content, UGC）为特征的旅游虚拟社区为拥有旅游兴趣的人们搭建了交流平台，借此人们可以更容易地获取旅游信息、制定旅游规划、深化旅游体验以及维持人际关系（Dholakia et al., 2009; Fang & Prybutok, 2018）。旅游虚拟社区的出现不仅改变了人们获取旅游信息和日常交往的方式，而且改变了旅游市场营销模式（Wang & Fesenmaier, 2004; Llach et al., 2013），成为旅游企业进行顾客关系管理、提升企业竞争力的一种新的途径（韩小芸等，2016）。

旅游虚拟社区以用户自生成内容为特征，它需要大量的用户分享知识以填充网站内容，分享的用户越多且分享的知识质量越高，越有利于网站的生存发展（Butler et al., 2018）。高质量的知识分享主要出自具有丰富旅行经验、积极参与知识分享的撰写者（Hee et al., 2011）。然而，现有旅游虚拟社区存在用户搭便车、转换率高与黏性低等现实问题。大多数虚拟社区中用户的知识分享具有典型的"90 - 9 - 1"特征，即 90% 的用户基本不分享，9% 的用户偶尔分享，只有 1% 的用户经常分享（Jakob, 2014）。由于用户转换成本低，任何对旅游虚拟社区感兴趣的用户都可以不受时间、地域、文化背景等限制，自由出入旅游虚拟社区，所以一旦用户对该社区失去兴趣，就可以轻易转换到其他虚拟社区（徐小龙和王方华，2007）。Elisabeth & Robert（2010）研究发现，许多用户在某个虚拟社区仅有一次知识分享行为，他们在不同虚拟社区间的转换率非常高（Jones et al.，2004）。随着互联网流量红利逐渐消退，提升用户知识分享意愿和增强用户黏性成为旅游虚拟社区亟待解决的问题。

现有研究表明个体有囤积知识的倾向（Manus et al.，2016），所以知识分享是需要激励的。首先，知识拥有者有主观上藏匿知识的本能。Gherardi & Nicolini（2001）认为，不论在组织里还是在社会中，知识都是一种社会分层的资源，创造知识其实就是生产能被交换的价值资源。分享知识可能导致个体丧失知识的独家所有权、特权或优势地位。其次，知识分享成本需要得到补偿。知识分享需要知识拥有者投入时间、精力来进行知识整合与知识表达（Gibbert & Krause，2002），个体在没有得到奖励或补偿的情况下，往往不愿意将知识与他人分享（Burgess，2005）。鉴于知识分享涉及资源价值的转让，因此来自外界的补偿会促使知识拥有者分享知识。最后，知识分享还可能给知识拥有者带来一定程度的社会风险。若知识拥有者分享的知识不被接收者认可，就有可能危及知识拥有者在组织中的声誉和形象（Bock et al.，2005）。因此，组织必须设计相应的激励机制以激发个体的知识分享意愿。

激励机制是组织系统中激励主体利用激励因素与激励对象相互作用的方式，即组织中用于调动成员积极性的所有制度的总合。现有文献表明，组织激励机制通常包括诱导因素集合、行为导向制度、行为幅度制度、行为时空制度和行为规化制度五个方面的因素（刘正周，1996）。现有研究集中关注知识分享激励机制的诱导因素，考察了物质奖励类诱导因素和精神奖励类诱导因素对个体行为意愿的激励作用。此外，无形的口头奖赏和声誉回报等精神奖励类诱导因素对个体知识分享的促进作用也得到了专家学者的一致肯定（Deci et al.，1999；Gagné，2009；Ensign & Hébert，2010；Coleman & Lieberman，2015）。但在物质奖励类诱导因素对知识分享的激励作用方面，现有研究结论存在较大分歧。部分研究证实物质奖励对知识分享具有正向影响，如 Lee & Ahn（2005）认为分享知识不仅需要耗费知识拥有者的时间和精力，还会降低知识拥有者在组织中独有的价值或权力，因此只有当收益高于成本时，知识拥有者才愿意进行知识分享。学者们采用"感知收益""期望报酬""组织奖励""获益感知"等作为观测变量证实了物质奖励对知识分享具有积极的促进作用（Kankanhalli et al.，2005；Wolf，2011；Kuo，2013；Chua，2013；刘灿辉和安立仁，2016；

Hanif et al.，2018）。但也有学者通过实证研究发现物质奖励对知识分享的影响不显著（Bock & Kim，2002；Chennamaneni，2007；Lin，2007；Tohidinia & Mosakhani，2010；黄彦婷等，2014）。甚至有研究发现物质奖励负向影响知识分享。Bock 等（2005）发现物质奖励期望负向影响知识分享行为，因为奖金破坏了人与人之间的关系并损害了内在动机。Lombardi 等（2017）亦发现更高的薪水、奖励可能会严重破坏组织中的横向整合机制，削弱员工知识分享的内在动机，不利于员工社会关系的发展和积极知识分享行为。这种负面影响是物质奖励所激发的外在动机挤出了个体的内在动机导致的，Frey & Jegen（2001）将其界定为物质奖励的"挤出效应"。

学者们进一步考察了物质奖励"挤出效应"的产生条件。现有研究表明"挤出效应"的产生与物质奖励的形式和水平有关。从物质奖励的形式来看，相比于礼物，金钱形式的物质奖励更容易产生"挤出效应"（Heyman & Ariely，2004）。从物质奖励的水平来看，学者们更多关注金钱奖励的水平对个体行为的影响。现有关于金钱奖励水平与"挤出效应"间联系的研究结论是存在分歧的。有学者认为金钱奖励对个体行为的影响是不规则的，奖励水平太高或者太低，以及奖励选择机会太多，都可能破坏了个体行为的积极性（Kamenica，2012）。但也有学者认为较高水平的金钱奖励能有效地促进行为，但较低水平的金钱奖励对行为的促进效果较差，甚至不如无奖励时的促进作用（Gneezy & Rustichini，2000）。也有学者认为，在推荐奖励计划中，小奖励会增加获奖励者对推荐者的积极态度和忠诚度，但大奖励则没有显著影响（Kuester & Benkenstein，2014）。

通过梳理现有相关文献发现，国内外对旅游虚拟社区知识分享激励机制的研究已取得了大量的成果，但目前的研究仍存在以下问题，有待进一步深化。

①现有知识分享激励机制的研究主要考察了诱导因素集合，普遍将诱导因素分为物质奖励类诱导因素和精神奖励类诱导因素。学者们分别考察了精神奖励、物质奖励对知识分享的独立影响（赵文军，2015）。但现实中，虚拟社区往往同时给予用户精神奖励和物质奖励。有学者提出两类诱导因素间存在交互作用，且这种交互作用会对激励效果产生影响（Gneezy et al.，2011）。那么这两类诱导因素对个体知识再分享意愿的作用是相互叠加还是有所抵消呢？对此现有文献没有进行系统深入的研究，以至于现有研究结论对旅游虚拟社区激励机制的设计与实施的指导作用有限。因

此，在未来研究中应该系统深入探讨精神奖励和物质奖励对知识再分享意愿的交互作用。

②现有关于激励机制中物质奖励对个体知识分享影响的研究主要是基于线下的情境进行的，这些研究结论存在矛盾。学者们更多地关注了物质奖励的"挤出效应"，且物质奖励形式和水平均是导致物质奖励出现"挤出效应"的关键要素。而旅游虚拟社区在物质奖励形式和强度上都与线下情境不同：首先，旅游虚拟社区通常采用虚拟货币形式的物质奖励，而线下情境多数会采用现金形式的物质奖励；其次，旅游虚拟社区用户的行为更多强调自身的参与体验（张爱平等，2013），因此个体对物质奖励的强度感知可能与线下情境不同；最后，旅游虚拟社区的精神奖励比线下情境的精神奖励可见度更高、传播范围更广，这种精神奖励的强度差异可能影响用户对物质奖励强度的感知。所以，在未来研究中有必要结合旅游虚拟社区激励机制的特征，进一步考察物质奖励对个体知识再分享意愿的影响及作用机理。

③现有研究关于精神奖励对个体知识分享的促进作用得到了专家学者的一致肯定。但是，也有学者提出精神奖励的来源差异对个体行为意愿会产生不同的影响（杨德锋等，2014）。现实中，旅游虚拟社区的确给予用户多重来源的精神奖励。这些不同来源的精神奖励是否对个体知识再分享意愿产生不同的影响，其作用机理是否存在差异，对于这些问题，现有研究未能给出系统的分析和解读。因此，未来的研究应该将精神奖励的来源纳入旅游虚拟社区知识再分享激励机制的研究框架，厘清不同来源精神奖励对个体知识再分享意愿的影响差异，考察其作用机理。

④现有研究证实了个体知识分享会受到内在动机和外在动机的驱使。内在动机包括自我效能和利他等，外在动机包括获益感知和互惠等。而激励机制对个体知识分享的总体效应，取决于两种动机正向的主效应和外在动机对内在动机负向的挤出效应间的权衡（谢荷峰和刘超，2011）。所以，不同的激励机制会通过不同的路径激发个体的知识再分享意愿。但学者们尚未解构激励机制的不同组合，也未考察这些组合对个体知识再分享意愿的影响路径存在何种差异。

基于上述分析，本研究力求解决以下问题。

①现有旅游虚拟社区知识再分享激励机制的内部构成是什么？不同的激励要素组合对知识再分享意愿影响的路径有何差异？

②知识再分享激励机制诱导因素中的物质奖励和精神奖励对再分享意愿是否存在交互作用？作用机理是什么？

③不同形式物质奖励对再分享意愿的影响有无差异？作用机理是什么？

④精神奖励来源的差异是否会影响精神激励的效果？不同来源的精神奖励对再分享意愿的影响是否有差异？作用机理是什么？

1.2 研究目的与意义

鉴于知识分享激励机制的现有研究存在诸多相矛盾的结论，且缺乏对旅游虚拟社区知识再分享激励机制的深入探究，难以为网站制定知识再分享激励机制提供有效的理论指导。本研究基于自我决定理论、双加工理论、精细加工可能性模型等理论，试图解构旅游虚拟社区知识再分享激励机制的内部要素，考察不同的激励要素组合对知识再分享意愿影响的路径及作用机理，为旅游虚拟社区制定知识再分享激励机制、提升用户再分享意愿、促使用户更积极地参与旅游虚拟社区的价值共创提供理论基础和决策依据。

（1）理论贡献

①分析现有旅游虚拟社区知识再分享激励机制，厘清知识再分享激励机制的主要构成要素。

组织激励机制通常包括诱导因素集合、行为导向制度、行为幅度制度、行为时空制度和行为规化制度五个方面的因素（刘正周，1996）。这些因素随着组织特性的不同会有所差异。旅游虚拟社区是用户基于兴趣可自由参与及退出的平台，因此，这种平台对用户行为的约束力不强，需要通过引导来强化用户实施组织期望的行为。所以，旅游虚拟社区的激励机制存在自身的特殊性。本研究采用内容分析法对现有旅游虚拟社区的知识再分享激励制度进行文本分析，厘清旅游虚拟社区知识再分享激励机制的主要构成要素、各要素的相关特征以及要素组合方式，从而为分析旅游虚拟社区知识再分享激励机制的内在构成、构建旅游虚拟社区知识再分享激励机制影响机理的研究框架提供理论基础。

②系统考察了旅游虚拟社区知识再分享激励机制对知识再分享意愿的影响及作用机理，为研究旅游虚拟社区用户知识再分享提供一个完整的理

论框架，完善了知识再分享激励机制的相关理论。

在众多影响知识分享的组织因素中，激励机制是学者们关注的焦点，然而激励机制与知识分享间的关系呈现彼此矛盾的结论。自我决定理论认为知识分享主要受个体的内在动机和外在动机的影响，激励机制与知识分享间的关系呈现出彼此矛盾的结论是由于激励机制对知识分享的总体效应，取决于正向的主效应和外在动机对内在动机负向的挤出效应间的权衡。因此，本研究借鉴经典的 S－O－R 模型，以激励机制诱导因素的奖励类型为逻辑起点，将内在动机、外在动机整合到该研究框架中，呈现激励机制对知识再分享意愿不同的影响路径，解读不同激励要素对知识再分享意愿影响的路径差异，搭建旅游虚拟社区中激励机制影响再分享意愿的研究框架。

③对不同激励要素组合影响再分享意愿的作用机理进行差异分析，厘清了旅游虚拟社区中物质奖励"挤出效应"的边界条件，拓展了知识再分享激励机制的相关研究。

旅游虚拟社区在物质奖励形式和水平上都会与线下情境存在差异。基于此，本研究探讨不同形式物质奖励的激励要素组合对个体知识再分享意愿的影响及作用机理的差异，以及不同来源精神奖励的激励要素组合对个体知识再分享意愿的影响及作用机理的差异。进一步探究不同来源精神奖励对个体知识再分享意愿的影响差异，厘清了旅游虚拟社区中物质奖励"挤出效应"产生的边界条件，拓展了知识再分享激励机制的相关研究。

（2）实践价值

①为旅游虚拟社区设计有效的知识再分享激励机制提供依据。有助于管理者从知识再分享激励机制的主要构成要素、各要素的相关特征，以及要素组合方式等方面清晰地认识旅游虚拟社区现有知识再分享激励机制的架构，了解不同激励要素组合对再分享意愿的影响，为旅游虚拟社区合理配置资源、设计有效的知识再分享激励机制提供指导。

②有助于旅游虚拟社区管理者意识到自我效能是影响用户再分享意愿的重要因素。激励机制的设置应该以提升分享者自我效能为着力点，从激励类型、形式、水平、来源等多方面构建激励要素的有效组合，强化用户自我效能，充分激发用户知识再分享的内在动机。

③指导旅游虚拟社区管理者重新审视物质奖励对用户再分享意愿的影响，不适宜的形式、水平的物质奖励可能导致事与愿违的结果。因此，在

设置物质奖励时，管理者应从形式和水平两个方面考虑，具体而言，应采用对价值信息认知负荷高、无法直观判断价值的物质奖励形式，并适当地控制物质奖励的额度，避免诱发分享者的金钱算计功能。

④帮助旅游虚拟社区管理者清晰认识精神奖励来源对用户再分享意愿的影响，单一来源的精神奖励无法让个体信服，从而影响精神激励效果。因此，在设置精神奖励时，管理者应采用用户和网站综合来源精神奖励，最好是网站授予的荣誉是建立在用户的积极评价的基础上，使两种来源的精神奖励有机结合，这样对个体的精神激励效果最佳。

旅游虚拟社区的出现改变了旅游产业的营销模式，虚拟社区中用户分享的知识能有效地影响旅游者的旅游决策及对旅游相关产品、服务的购买。因此，本研究探讨物质奖励和精神奖励交互作用对旅游虚拟社区用户知识再分享意愿的影响及作用机理，为旅游虚拟社区设计有效的激励机制、促进用户更积极地参与旅游虚拟社区价值共创、推动旅游产业的发展提供参考。

2. 旅游虚拟社区、知识分享
与激励机制

本章共分为五节，第一节介绍旅游虚拟社区内涵的界定、本质特征及旅游虚拟社区的用户参与；第二节介绍知识分享的界定、旅游虚拟社区知识分享、旅游虚拟社区知识分享影响因素及知识再分享相关研究；第三节介绍激励与激励机制、知识分享激励机制相关研究；第四节介绍相关理论基础；第五节总结目前的实证研究现状，并提出本书的研究思路，为下一章研究假设的提出提供文献基础。

2.1 旅游虚拟社区

旅游虚拟社区是由旅游爱好者通过互联网平台沟通、互动所形成的群体，是虚拟社区的一种重要类型。信息技术和移动通信技术的快速发展，使互联网进入了以内容自生成技术（User Generated Content，UGC）为特征的时代。与此同时，用户仅作为内容消费者的单向信息传播模式的传统旅游信息渠道，被有倾向性的信息、虚假信息所充斥（Schwabe & Prestipino，2005）。因此，更为可靠、及时的旅游信息被人们需要，同时旅游爱好者也期望将自己的旅行经验与大众分享。基于上述背景诞生了旅游虚拟社区。旅游虚拟社区不仅为旅游爱好者提供沟通平台，也便于旅游者搜集相关出行信息，为制订出行计划提供参考（Dholakia et al.，2009；Fang & Prybutok，2018）。旅游虚拟社区的产生极大地改变了人们获取旅游信息的途径、方式以及旅游市场的营销方式（Llach et al.，2013；Kunz et al.，2015），成为旅游企业进行顾客关系管理、提升企业竞争力的一种新的途径（韩小芸等，2016）。

2.1.1 旅游虚拟社区内涵的界定

旅游虚拟社区属虚拟社区，旅游虚拟社区满足虚拟社区的定义以及一般特征，但旅游虚拟社区也存在一定的特殊性。虚拟社区的产生源于互联网的发展和普及，对于虚拟社区这一事物的称呼有很多种，不同学者对其命名不同，如 Rheingold（1993）将其称为"Virtual community"、Bughin & Hagel（2000）将其称为"Online community"、Armstrong & Hagel（1996）将其称为"Electronic community"、Churchill 等（2013）将其称为"Digital community"，国内赵夫增（2009）将其称为"在线社区"、贺小光和兰讽（2011）将其称为"网络社区"、黄凤等（2018）将其称为"虚拟社区"等。目前，国外学者趋向采用"virtual community"和"Online community"的提法；国内学者趋向采用"虚拟社区"这一称呼。虚拟社区是一个跨学科的概念，学者们根据自身学科的不同对虚拟社区给出了不同的界定。

在社会学研究视角下，学者从群体、社会关系的角度界定虚拟社区。Rheingold（1993）认为虚拟社区是人们以互联网为沟通手段，就某一感兴趣的话题进行公开讨论、分享知识，通过交互活动逐渐形成的个体间关系网络的社会团体。Bagozzi & Dholakia（2002）研究认为虚拟社区是具有可调节性的一种社会空间，具体表现为其是基于数字环境下不间断的交流而形成的。徐小龙和王方华（2007）强调虚拟社区成员的关系，从广义视角来定义虚拟社区，指出其是人们通过"网络"这个媒介而形成的具有组织活动形式（任何形式皆可）的群体关系；从狭义视角来定义虚拟社区，指出其是人们通过"网络"进行交流和沟通进而形成的社会关系。Wellman（2010）认为虚拟社区是人际关系的网络，能提供社交、支持、信息和归属感及社会认同。Kaya 等（2017）认为虚拟社区是人们通过非面对面的方式进行聚会，基于计算机建立的，用于交流、接受情感支持并可进行玩乐、身份重建的社交世界。

在情报学研究视角下，学者从信息、网络的角度界定虚拟社区。Hagel & Armstrong（1997）认为虚拟社区是以计算机为中介的空间，用于集成内容，特别是成员交流生成的内容等。Wasko & Faraj（2000）亦认为虚拟社区是为便于知识分享与集成而建立的信息系统。Lee 等（2002）强调虚拟社区形成的原因是技术支持，有了技术支持后，交流者在该平台上进行交流而形成的网络空间就是虚拟社区。Kankanhalli 等（2005）认为虚拟社区是对知识进行编码和存储以便于知识再利用的空间。Hsu 等（2007）认为虚拟社区是互联网支持的知识交换平台。

在管理学研究视角下，学者从满足人的需要的角度界定虚拟社区。Armstrong & Hagel（1996）的观点是人们需要通过一个平台来分享自己的喜好，而这一在线平台同时也会创造社会及商业价值。Preece（2001）认为互联网提供了一个没有时空障碍的新交流空间，虚拟社区是人们为了得到信息、分享信息，或是为了寻找知己等原因而形成的网络虚拟空间，虚拟社区为知识分享提供了有效的交流形式。Gupta & Kim（2004）认为虚拟社区是通过电子方式建立关系、分享知识、享受乐趣或进行经济交易的平台，它是人们与志同道合的人互动沟通的地方。Koh & Kim（2004）强调了构成虚拟社区的条件，即人、交互性、目标共享和网络空间。他们认为虚拟社区在网络空间的特定区域内，为拥有相同志趣的人们提供通过社区活动实现交换思想、分享知识、共创利益的机会。赵玲等（2009）认为虚拟社区是在计算机技术的依托下，参与者能够在网络上进行沟通和交流，从而在网上形成的人际交往圈。这个网络空间具有特殊性，具体体现在：依托计算机技术，参与者之间具有相同的爱好和兴趣，人们通过交流形成社会关系，且这种关系仅存在于网络空间。Faraj 等（2017）认为虚拟社区是一种虚拟的组织形式，资源的动态更新促使知识协作以前所未有的规模和范围进行。

综合分析国内现有研究，可以归纳出与虚拟社区密切相关的要素是共同目标、群体关系、相互交流和网络空间。具体来看，第一，共同目标。虚拟社区成员们之所以能够在一起进行交流和沟通，主要的原因在于他们之间有着共同的兴趣、情感等目标。第二，群体关系。虚拟社区实际上是一种社会关系，那么它就由人与人、人与群体、群体与群体间的交流所组成。因此，虚拟社区会呈现结构性特征。第三，相互交流，即成员进行人际互动和交流沟通。虚拟社区中最日常、最主要的行为是知识分享，成员根据各自的需求或者爱好交流信息、情感。第四，网络空间。基于计算机及多媒体技术，虚拟社区可提供成员聚集、活动并产生关系的开放性空间，不受时间和地域的限制。

学者们借鉴了虚拟社区的定义，试图对旅游虚拟社区进行界定。Wang 等（2002，2004）从旅游学这一学科领域进行研究，将网络虚拟社区与旅游学进行结合，形成旅游虚拟社区概念，并提出旅游虚拟社区用户参与需求模型等旅游虚拟社区相关的理论，认为用户有信息搜索、资讯获取等功能性需求，与其他用户互动、建立信任等社会性需求，自我表达、获得认同等心理需求，以及参与体验、感受愉悦等享乐需求四种基本需求。国内学者对旅游虚拟社区也进行了定义。范晓屏（2009）认为旅游虚拟社区是用户在某一规则下为实现旅游这一目的而进行在线交流，从而形成的网络共同体，但这一网络共同体的形成是建立在满足旅游者特定需求的基础上。余意峰（2012）将旅游虚拟社区定义为旅游爱好者以网络作为媒介进行在线交流而形成的虚拟社会网络。陈国松和李雪松（2013）认为旅游虚拟社区是指成员在网络平台上围绕同一个感兴趣的主题进行交流和沟通，自然而然形成的具有普遍约束力的旅游文化网络。

本研究总结国内外现有研究对于旅游虚拟社区的定义，将旅游虚拟社区界定为：以互联网作为媒介，具有相似旅游兴趣、爱好或旅游经历的用户可在这一媒介上自由地进行沟通和交流，且能满足用户功能需求、社会需求、心理需求和享乐需求的网络空间。

2.1.2　旅游虚拟社区的本质特征

旅游行业属于信息密集型行业。随着互联网技术的不断发展，旅游虚拟社区不断兴起，旅游爱好者们通过网络平台来获取自己感兴趣的旅游相关信息，为确定旅游目的地、出行方式等搜集参考意见。同时，在旅游虚拟社区中，成员可以将自己的旅游心得分享给更多的群体，甚至寻觅到"驴友"一同出行，进而社区成员建立起一种新型的社会关系。旅游虚拟社区具有如下本质特征。

①从参与目的来看，用户是因为共同旅游兴趣爱好或旅游经历而参与旅游虚拟社区（Wang et al.，2002），用户在旅游虚拟社区中可以做很多有意义的活动，如分享旅游经验及建议、查询旅游信息、寻找"驴友"、维持成员关系等。

②从成员身份来看，旅游虚拟社区中用户的身份都是虚拟的（徐小龙和王方华，2007），用户可隐藏自己实际身份，扮演着与现实生活中不同的角色，并且可以随时变更，不受约束。黄颖华（2014）认为每个参与旅游虚拟社区的用户都在扮演不同符号意义的角色。

③从交流方式来看，旅游虚拟社区以互联网作为媒介，因此，用户之间交流的方式主要是"文本"，这样的好处就在于世界各地的用户在任何

时间和任何地点均可以参与旅游虚拟社区，并在不断地主动分享信息与信息反馈中，调整对旅游信息的认识，而不是被动地从传统渠道获得旅游信息。也正是因为旅游虚拟社区中用户的身份是虚拟的，用户们才能够畅所欲言，不受现实生活中身份的约束，从而使个性化的旅游方式得到了充分的展示。此外，用户的表达方式随意，对交流内容不需要承担过多责任（Bagozzi，2002）。Xiang & Gretzel（2010）研究发现社交媒体在在线旅游领域的重要性日益增长。

④从组织结构来看，旅游虚拟社区用户可以自由加入或者退出，组织结构随用户的变化处于动态变化之中，因此旅游虚拟社区组织结构简单、松散（徐小龙和王方华，2007），传统的社会力量难以约束成员行为。

⑤从虚拟社区类型来看，Armstrong & Hagel（1996）按照成员加入虚拟社区的目的，将虚拟社区划分为交易型、兴趣型、幻想型和人际关系型。其中，交易型社区主要是为了促进商品、服务的交易；兴趣型社区是用户出于相同的兴趣而聚集在一起；幻想型社区是用户为了在虚拟社区扮演虚拟的角色，而与社区成员进行互动；人际关系型社区是为了便利虚拟社区成员间的交流。可见，旅游虚拟社区是兼具兴趣型、人际关系型和交易型特征的综合虚拟社区。

2.1.3 旅游虚拟社区的用户参与

旅游虚拟社区的相关研究开始于20世纪末。21世纪初，旅游虚拟社区相关研究逐渐增多，特别是用户的参与行为备受关注。学者们从旅游学、心理学、消费者行为学、社会学、人类学等多学科研究旅游虚拟社区，多元化的研究视角深化了人们对旅游虚拟社区的认识。通过相关文献的梳理，本研究发现该领域的研究重点主要集中在用户参与影响因素、用户参与行为以及用户参与结果三个方面。

2.1.3.1 用户参与影响因素

（1）参与动机

动机是用户参与旅游虚拟社区的重要因素，学者们对参与动机进行了较为深入的研究。Yoo & Gretzel（2008）认为旅游虚拟社区用户知识分享动机包括自我提升和享乐、关注他人以及帮助旅游服务提供商，并且排解负面情绪并非重要动机。Hagel（1999）认为用户参与虚拟社区的动机可以分为交易动机、兴趣动机、幻想动机和社交动机四种类型。其中，交易动机是指用户在虚拟社区获取交易信息后产生商品、服务买卖的意向；兴趣动机指用户渴望与有共同兴趣爱好的人相互沟通交流；幻想动机指用户为了逃避现实而参与网络活动；社交动机是指为了满足人际交往的需要，用户间相互交流沟通建立联系，形成一定的社会关系。Bishop（2007）认为虚拟社区用户参与动机有五种类型，分别是生存欲望、社交欲望、命令欲望、报复欲望和创造欲望。周刚和裴蕾（2016）研究认为旅游虚拟社区用户参与动机主要可分为八大动机：内在化、强化、逃避、信赖、工具、收获、认同感和联系。

Wang 等（2002，2004）构建了旅游虚拟社区用户参与需求模型，认为用户有功能性需求、社会性需求、心理需求和享乐需求四种基本需求。功能性需求即信息搜索、资讯获取等具体的活动，对应用户感知的实际价值。功能性需求的主导因素是信息需求，而信息需求的内容涉及知识、风险和效率。社会性需求即与其他用户沟通、联系，建立信任并形成社会关系，对应旅游虚拟社区的用户互动功能。心理需求即实现自我表达，获得社区认同、社区归属感，对应旅游虚拟社区成员身份。享乐需求即用户通过交流互动，心情变愉悦、压力得到缓解，对应用户的参与体验。

用户的需求呈现动态性。旅游虚拟社区新用户会从功能性需求转向社会性需求；在做旅游决策时，用户起初会关注风险信息，在选定目的地后转向关注效率信息。用户需求强度也呈现变化的趋势，Hwang 等（2013）证实目的地形象等要素显著影响用户的需求强度。

（2）身份特征

用户的身份特征也是用户参与旅游虚拟社区的重要影响因素。Jensen（2008）研究发现知识分享者的旅游经验越丰富，其所分享知识的受欢迎程度越高，而且分享者的受欢迎程度也与情感及审美观密切相关。Hee 等（2011）通过考察猫途鹰旅游虚拟社区的在线声誉系统，发现被公认为有用评论的知识的分享者大都具有旅游经验丰富、积极参与知识分享的特征，他们通常给予酒店较低的评价，而且人口统计特征对知识分享有用性的影响不显著。Arsal 等（2010）考察认为目的地居民和经验丰富的旅游者在旅游虚拟社区的在线发布内容显著影响其他用户，但影响的内容存在差异，目的地居民所发布的当地住宿、餐饮方面的信息对其他用户的旅游决策更有影响力，具有丰富旅游经验的用户在目的地信息类别方面更有影响力。

2.1.3.2 用户参与行为

用户参与这一概念源于顾客参与，顾客参与即顾客在服务的生产和消费过程中的努力和卷入程度（Cermak，1994）。Kellogg 等（1997）从事前准备、关系建立、信息交换和行为干涉四个方面探讨了顾客参与的形式。Ennew & Binks（1999）从人际互动、信息分享和责任行为三个方面探讨了顾客参与的维度。基于此，旅游虚拟社区用户的参与行为包括用户间的互动、知识分享、旅游产品购买和结伴同游等。

目前，旅游虚拟社区用户参与行为主要是用户知识分享和旅游产品购买。Wang & Fesenmaier（2004）认为用户参与旅游虚拟社区主要是出于社会交往和享乐的目的，工具、效能和与预期相关的激励会影响用户知识分享的程度。Noor 等（2005）通过调研旅游虚拟社区，发现感知信任和分享风险是用户知识分享行为的影响因素。Lee & Hyun（2016）证实利他主义、预期的互惠收益、声誉及信任影响旅游虚拟社区用户的知识分享行为。

不少学者考察了旅游虚拟社区用户的参与程度。Armstrong & Hagel（1996）认为虚拟社区成员可根据参与程度和贡献价值分为浏览者、潜水者、贡献者和购买者四种类型，四种类型的成员之间具有演化的特性。其中，浏览者指社区的新成员，他们通常在社区中随意浏览，对社区的贡献最低；潜水者指较长时间在社区中，获取社区中的信息，但不主动参与贡献的用户群体；贡献者指积极主动参与贡献和创作的用户，通常部分浏览者经过一段时间会转变为贡献者；购买者指经常在社区购买产品和服务的用户。Haeyoung 等（2014）发现旅游虚拟社区用户的参与程度存在明显差异，有些用户只是通过旅游虚拟社区浏览旅游相关信息，而有些用户与其他用户积极互动，与志同道合的旅游者建立强关系，但旅游虚拟社区中贡献信息的用户比例较小，约占 10% ~20%。

2.1.3.3 用户参与结果

（1）心流体验

心流体验着重研究在线消费者网络购物过程中的心理满足感。Csikszentmihalyi（1975）认为心流体验是描述个体完全被当下专注的事深深吸引，心情非常愉悦并且感觉时间飞逝的体验。Csikszentmihalyi（1997）认为心流体验具有九个特征：①清晰的目标；②即时反馈；③个人技能与任务挑战相匹配；④行动与知觉的融合；⑤专注于所做的事情；⑥潜在的控制感；⑦失去自我意识；⑧时间感的变化；⑨自身有目的的体验。互动性是虚拟社区用户心流体验最重要的影响因素（张爱平等，2013），旅游虚拟社区的互动性强，用户在参与过程中容易产生心流体验（Wu & Chang，2005）。旅游虚拟社区成员表现出远程呈现（telepresence）、享受（enjoyment）和时间扭曲（time distortion）等心流体验的特征。

Mathwick & Rigdon（2004）认为，网络用户在信息交流中所产生的愉悦的心流体验会激发用户对于网络平台、企业和产品品牌的忠诚感。Levin & Steele（2005）认为，当虚拟品牌社区用户间的交流互动逐渐积极、频繁时，用户就会逐渐产生心流体验。并且，心流体验又会反过来促进虚拟品牌社区成员的积极参与。Wu & Chang（2005）在研究旅游虚拟社区时，进一步证实互动和信任这两个因素相互影响；互动是影响旅游虚拟社区用户心流体验的重要因素；心流体验能增强用户在旅游虚拟社区中的交易意愿。Ku（2011）研究发现，在旅游虚拟社区中，心流体验通过行为意向正向影响成员的社区参与度。Yeu & Bae（2016）在考察非商业社区用户满意度时，发现社会资本在心流体验对用户满意度的正向影响中发挥重要的中介作用。

（2）社区情感

社区情感是指社区成员之间亲密的人际关系，社区情感包括社区认同、归属感等（Tönnies，1963）。Kim 等（2004）认为旅游虚拟社区情感影响因素包括成员身份、需求满足程度和成员间关系，其中成员身份、成员间关系与成员的社区忠诚密切相关。Sanchez & Rondan（2010）发现用户的满意度、信任正向影响旅游虚拟社区的情感忠诚度。Koh & Kim（2004）发现，知识分享正向影响虚拟社区用户忠诚度，进而提升社区绩效。Min 等（2014）研究发现在知识分享过程中，感知社区氛围能强化知识分享和社区忠诚的关系。Ruiz-Mafe 等（2016）通过考察西班牙旅游虚拟社区385名活跃用户的行为，发现主观规范和态度直接影响其旅游虚拟社区忠诚。

并且，社区情感也会反过来影响成员的社区参与行为。Casaló 等（2010）发现社区情感显著正向影响用户的购买行为。此后，Casaló 等

（2011）研究了旅游虚拟社区中，社区情感对新用户融入的影响，发现归属感显著正向影响社区融入和知识分享等社区参与行为。Qu 和 Lee（2011）研究探讨了旅游社区用户的社会认同与社区经验、用户积极行为的关系，认为社区参与度通过社区认同影响知识分享等贡献行为，其中成员间的互动是重要的调节变量。Haeyoung 等（2014）考察旅游虚拟社区用户知识分享行为，发现社区认同正向影响用户参与和社区利益。综上，用户的社区情感能积极促进其参与行为。

（3）影响旅游决策行为

ComScore 公司调查了在线消费者评论对线下购买行为的影响，发现84% 阅读了在线评论的消费者认为在线评论显著影响其旅游产品购买决策，而且由其他用户发布的评论较专业人士发布的评论更能影响其购买决策。Sen & Lerman（2007）和 Vermeulen & Seegers（2009）的研究指出，由其他用户发布的评论较专业人士发布的评论更能影响其购买决策的原因是旅游者认为其他用户的评价更客观公正。

从经济角度看，虚拟社区用户可以分为知识贡献者和消费者。Arsal 等（2010）考察认为不同身份的知识贡献者，如当地居民或经验丰富的旅游者生成的内容不同，对旅游决策的影响存在显著差异。Gretzel & Yoo（2008）研究发现旅游者在制订出行计划时，较多关注酒店方面的评论，因此评论内容对酒店选择的影响较大，对出行计划等其他方面的影响不大。另外性别会影响个体的感知有用性，女性的感知有用性更强，特别是在乐趣和创意方面，年龄也会影响个体感知有用性。Casaló 等（2011）通过考察西班牙知名旅游虚拟社区用户对其他用户的建议进行采纳的行为意向，发现信任、感知有用性和态度均正向影响用户建议采纳行为意向。Jeon 等（2016）通过分析 227 名用户在旅游虚拟社区中购买旅游相关产品行为的数据，发现功利价值和在线信任在旅游虚拟社区互动性对用户回购意愿的影响中发挥完全中介作用。Bilgihan 等（2016）发现用户在制定旅游决策或购买旅游相关产品和服务时，信任互联网中其他用户给予的建议。

2.2　知识分享

知识分享的研究始于 20 世纪 90 年代中期组织内知识管理的实践。知识是组织中有核心竞争力并且能使组织保持可持续优势的资源，知识分享被认为是组织利用现有知识资源培育创新能力过程中最重要且最艰难的环节（Ruggles，1998），为此，大量关于知识分享的研究集中在组织内知识分享方面。

进入 21 世纪，信息技术和移动通信技术的快速发展改变了信息流动和信息处理的方式（Ou et al.，2016），用户被动作为内容消费者的单向信息传播模式转变为以内容自生成技术为特征的传播模式。用户既是内容生产者又是内容消费者，用户根据自己的兴趣、目标在不同种类的虚拟社区中，通过发布、回复、讨论、建议等行为分享知识。根据中国互联网信息中心发布的第 41 次《中国互联网发展状况统计报告》，截至 2017 年 12 月，我国网民规模达 7.72 亿，互联网普及率达到 55.8%。互联网中社交网站等虚拟社区成为知识分享的重要平台，虚拟社区知识分享逐渐成为知识分享研究的热点。

2.2.1 知识分享的界定

关于知识分享的定义，学者们从不同的研究视角进行了描述，本研究从知识学习、知识沟通、知识转化、知识交易四个视角，将国内外相关领域的代表性观点整理如下。

（1）知识学习视角

知识学习视角强调知识内化的过程，认为知识分享需要持续、动态的学习。学者们指出知识分享是通过知识在个体、组织间的转移，并为知识接收者所吸收、整合、运用，从而形成新的知识的过程。例如，Gilbert & Cordey-Hayes（1996）强调知识分享是持续动态学习的过程，可划分为接收、交流、消化、接受、应用五个阶段。Dixon（2000）认为通过社会化、教育培训、组织学习等方式，可以使组织内的其他成员知道，只有将自有知识转化成组织共有知识，才能为组织赢得持续竞争优势。Senge（1997）认为知识分享应该不仅包含知识传递，更重要的是帮助其他人接收、整合并创造新的知识。所以，可以将知识分享理解为知识分享者帮助他人学习的行为。因此，他将知识分享整合为个体分享、机会分享、鼓励分享三种类型。个体分享即个体通过相关媒介将自身知识和积累的经验传递给其他组织或者个体；机会分享即学习机会的分享；激励分享即帮助他人清除学习障碍并鼓励其积极主动学习。张爽等（2008）也认为知识分享是知识拥有者帮助知识接收者了解自身拥有的知识、经验及技能的内涵及从中学习知识、经验及技能的互动行为。

（2）知识沟通视角

这种观点强调知识分享是知识拥有者和知识重建者之间互动沟通的过程。知识拥有者必须有分享知识的意愿并且以演示、讲解等外化的方式与他人分享知识，而知识重建者通过倾听、阅读、体验、模仿等内化的行为认知、理解所接收的知识。知识分享分为两大主体，知识传递者和知识接收者，二者通过中间媒介相互联系。知识传递者首先将自身知识库中的知识进行筛选和整理后传递到中间媒介上，知识接收者根据自身的需求选择部分知识进行学习、整合并内化到自身知识库中。Verkasolo & Lappalainen（1998）认为知识分享是一个双向互动的过程，其前提在于知识接收者必须具备一定的知识基础即先验知识，只有当知识接收者明白先验知识和新知识之间的关系时，知识才能被成功分享。Davenport & Prusak（2001）认为知识分享如果只有知识传递，那么知识分享将失去意义，无法创造价值，只有将知识传递与知识接收结合在一起，知识分享才是一个完整的闭环。Ipe（2003）认为知识分享的实质是一个沟通、交流的过程，与传统沟通的主要区别在于需要借助一定的中间媒介，因此沟通的效果会受到诸多因素的影响，如沟通的模式、技术、频率、程度等因素均会影响知识分享的效率。Usoro 等（2007）认为知识分享是知识提供方将其拥有的知识和信息向知识获取方传播的行为，是两方或多方交流的过程。Šajeva（2014）认为知识分享是知识、经验等有价值的信息从个人到组织内其他成员的转移、传播和交换。

（3）知识转化视角

这种观点强调知识分享是隐性知识和显性知识不断转化的过程。Nonaka（1994）提出知识转化模式，他根据知识能否被清晰地表述和有效地传递，将知识分为隐性知识和显性知识。隐性知识是指那些不能用语言、文字等来清晰表达和有效传递的知识，如经验、信仰、洞察力、直觉、感悟、价值观等；而显性知识是经过处理的理性知识，可以用语言、文字、图表、数字、公式等清楚地表达。隐性知识和显性知识缺一不可，对于知识分享同等重要，在分享的过程中，知识通过整合、重建、转化得到升华与再创造。根据知识转化的类型可将知识分享分为四种模式：社会化、外在化、组合化以及内在化。社会化是指隐性知识在个体间相互传递和内化的过程，如观察、模仿别人的行为，这种模式不借助文字、语言、数字等系统化的表达形式。外在化是指隐性知识显性化，个体可通过组织统一梳理业务流程而获取知识或者通过人际交流的方式将自身的经验整理成系统化的文档或其他形式，供大家学习。组合化是指个体或组织根据自身需求将混乱、重复、复杂的知识通过分类、重组等一系列操作将其转化为对自身有用的知识的过程。内在化是指通过实际操作和反复试错等方式，促进知识的内部化和学习，即显性知识经过提炼成为隐性知识的过程，也是知识成为有价值的资产的过程。知识分享的过程中，这四种模式不是单独存在的，可能同时存在于一项活动中，它们之间的转化不仅使组织内成员获得知识，更能帮助组织与成员之间得到有效沟通。

（4）知识交易视角

从知识交易视角来看，知识分享可以被类比为商品的交易，知识拥有者是卖方，而知识接收者是买方。知识的有用性和稀缺性使知识作为经济资源，可在知识市场中进行交易。所谓知识市场即个人或组织对知识资产进行展示、搜寻、交换的场所或渠道（Natalicchio et al.，2014）。知识资源进行交易的效率、成本等因素也会对知识分享的水平产生影响。Ensign（1999）将知识分享描述为一种交易，认为知识分享是不同知识拥有者之间进行交易的过程。有需求就有交易，当交易双方就某种商品或服务达成一致意见的时候交易就很可能成功，可以看出，在交易中，需求的出现以及交易成本的确定是交易得以实现的前提条件。在知识市场里，知识拥有者是知识卖方，知识需求者或重建者是知识买方。参与知识市场交易的人们也是为了目前或未来的利益进行资源的互换。Lee & Ahn（2005）认为分享知识不仅需要耗费知识拥有者的时间和精力，还会降低员工在组织中独有的价值或权力，因此只有当收益高于成本时，知识拥有者才愿意进行知识分享。代明等（2016）认为，在知识市场中知识分享者除了获得经济利润，还有社会认同、被他人所欣赏，以及愉悦感等。

综上所述，由于研究视角的不同，知识分享的概念描述存在差异。本研究认为知识分享是知识提供方将其拥有的知识和信息向知识获取方传播的行为，其强调知识分享内容的自发创新，且通过两方或多方的交流实现，因此将知识分享定义为涉及知识提供和知识获取的两个或更多的参与者的沟通过程。

2.2.2 旅游虚拟社区知识分享

张蒙等（2017）认为虚拟社区的知识分享包括两个方面：一方面是虚

拟社区的用户之间的知识交流，主要由某个用户针对某个主题主动分享知识或提出问题，其他对该主题感兴趣的用户参与讨论；另一方面是虚拟社区用户和虚拟社区之间的知识交流，虚拟社区收集整理用户的交流文本，形成知识库，用户可根据主题从虚拟社区中查找知识，这大大节约了用户的查询信息的成本。旅游虚拟社区的知识分享，前者体现为用户主动撰写游记或者回复其他用户的询问帖子，后者体现为旅游虚拟社区整理用户游记，形成旅游攻略。

游记主要包括个人旅途中的所见所闻以及主观感受，分享者通过文字描述以及照片、视频等形式，个性化地展现自己的出游经历。帖子包括询问帖子与回复讨论帖子，对于其他用户在社区中发布的询问帖，分享者根据个人的兴趣和能力参与社区的信息交流，为其他用户解答疑问。旅游攻略通常由旅游虚拟社区根据众多分享者的游记整理而成，内容涉及旅游地的吃、住、行、游、购、娱等信息及出游建议，如当地的气候特征、风俗习惯、货币、语言、签证办理等较完备的信息，实用性较强，可为用户旅游决策提供参考。杨雪雁和张晓霓（2011）采用内容分析法对芒果旅游网的旅游虚拟社区的分享帖进行研究分类，认为知识分享涉及新闻、景点、咨询、图片、组团等 14 种类型，发现其中的 31% 与旅游信息直接相关。Arsal 等（2010）认为不同身份的知识贡献者（当地居民或经验丰富的旅游者）生成的内容不同，当地居民主要分享旅游路线、饮食、安全建议等；经验丰富的旅游者主要分享住宿、气候、交通、钱币以及旅游过程中可能会遇到的问题。总体而言，旅游虚拟社区为社区成员提供的信息绝大多数与旅游信息直接相关，且以各种各样丰富的形式表现出来。

大量研究文献表明，旅游虚拟社区知识分享的内容对旅游信息搜寻、感知、信息交流等产生了巨大影响（张爱平等，2013；Llach et al.，2013；Kunz et al.，2015；Fang & Prybutok，2018）。旅游者在做出旅游决策前都会先去查阅旅游虚拟社区目的地相关的游记、攻略。用户通过个体视角表达的旅游体验，极大地丰富了旅游目的地形象。旅游者在出行前对目的地的认识不再限于传统媒体所构建的形象，更多小众群体的话语权得到增强。张高军等（2013）运用社会网络分析中的密度分析等方法发现虚拟社区中存在意见领袖，他们主导着整个旅游社区的沟通交流，使得传统模式下的封闭现象不再存在。Cosma 等（2012）发现很多社区成员更愿意相信同伴们分享的旅游经验，旅游虚拟社区为他们创造了一个有价值的开放式的交流空间。

2.2.3 旅游虚拟社区知识分享影响因素

从知识分享主体来看，旅游虚拟社区知识分享包括两类，一类是用户之间的知识分享，另一类是用户和虚拟社区之间的知识分享。旅游虚拟社区存储的知识需要及时更新，以不断满足用户新的个性化需求，因此，旅游虚拟社区知识分享行为主要还是发生在用户个体之间。本研究从用户个体的视角，梳理了外部环境、平台因素、个体因素等对旅游虚拟社区知识分享的影响。

2.2.3.1 外部环境因素

（1）组织文化

在虚拟社区中，信任是社区文化建设的重要组成部分，是用户知识分享行为关键的环境因素，虚拟社区信任机制直接影响知识分享的频率与强度（雷雪等，2008）。虚拟社区的时空分离特性导致用户间缺乏面对面的交流，同时用户对系统的安全性与有效性也存在担忧，因此可将虚拟社区中的信任进一步细化为人际信任和系统信任。人际信任的对象是虚拟社区中的其他用户；系统信任的对象是虚拟社区本身。Hsu 等（2007）同时测验用户的人际信任和系统信任，通过分析 324 名技术虚拟社区用户的数据，证实了人际信任和系统信任均对知识分享意愿有重大影响。张鼐和周年喜（2012）利用社会资本理论，证实了虚拟社区用户之间的人际信任会对知识分享行为产生积极的影响。Chang & Chuang（2011）进一步考察知识分享的数量和质量，证实信任对知识分享的质量有正向提升作用。张敏等（2016）从博弈论的角度考察虚拟社区用户知识分享行为，通过分析完全信息静态博弈模型和动态博弈模型，认为用户之间的信任关系可以有效地缓解囚徒困境，促进用户选择知识分享策略，因此人际信任是用户在学术虚拟社区进行知识分享的决定性因素。系统信任对用户知识分享的促进作用也被证实。Wu & Tsang（2008）通过在旅游、游戏和计算机信息虚拟社区进行实证研究，发现系统的监督、保密政策，特别是社区的监督对社区成员的信任产生积极的影响。Casaló 等（2011）研究表明在旅游虚拟社区中，信任、感知有用性和态度正向影响成员遵循建议的意愿。潘澜等（2016）证实信任正向影响用户对旅游 App 持续使用的意愿。Liang 等（2016）基于社会交换理论考察组织文化的影响和互动效应，证实信任、沟通和领导能力显著影响在线知识分享。Lee & Hyun（2016）对从亚马逊劳务众包平台（Amazon Me-chanical Turk）获取的旅游虚拟社区用户样本进行回归分析，证实信任是旅游虚拟社区用户知识分享重要的影响因素。

互惠规范（norms of reciprocity）是指双方平等、相互的知识交换，对知识分享具有重要的促进作用。Rheingold（1993）研究认为互惠规范会推动虚拟社区成员的交互行为，与知识分享行为有正向显著关系。根据社会交换理论，由于互惠规范，当虚拟社区用户获取所需知识时，会产生对其他用户分享知识的义务，因此产生知识分享行为。Chiu 等（2007）基于社会资本理论，证实互惠规范能显著正向影响专业虚拟社区个人的知识分享行为。Lin 等（2009）认为互惠规范会促使专业虚拟社区成员建立信任关系，而信任能正向促进知识分享行为。Chang & Chuang（2011）通过实证研究，发现互惠规范有利于知识分享。Casaló 等（2013）认为感知互惠性正向影响旅游虚拟社区用户的满足感和成员参与度。胡昌平和万莉（2015）通过实证研究，发现互惠规范不仅能直接显著正向影响虚拟社区用户知识贡献行为及知识搜索行为，还能通过信任正向影响知识分享质量。

（2）分享语言、分享目标或意愿、分享文化或叙事

虚拟社区用户社会资本的认知维表征变量一般包括分享语言、分享目标或愿景、分享文化或叙事。赵大丽等（2016）基于理性行为理论研究朋友圈知识分享意愿的影响因素，发现分享语言显著影响知识分享。Chiu 等（2007）发现分享语言显著影响分享质量，但不影响分享数量。Chang & Chuang（2011）、陈红明等（2015）基于社会资本视角，发现分享语言对知识分享的质量和数量具有显著正向影响。分享目标显著正向影响创新知识分享（Yong & Kim，2011；Yong & Kang，2016）。Chumg 等（2015）认为分享目标通过员工幸福感间接影响虚拟社区的隐性和显性知识分享。Chiu 等（2007）研究发现分享愿景显著正向影响知识分享质量，却显著负向影响知识分享数量。Yu 等（2010）研究发现分享文化显著影响知识分享行为。Wasko & Faraj（2005）研究发现分享叙事显著影响知识分享数量，不影响知识分享质量。

2.2.3.2 平台因素

（1）社会网络

虚拟社区知识分享更注重社会网络。Cross & Cummings（2004）在调

研知识密集型工作中的个人绩效时，发现知识分享嵌入在诸如虚拟社区等更广泛的组织网络中，社会网络中个人之间的关系可以促进知识分享，提升知识分享质量。Wasko & Faraj（2005）认为网络的开放性创造了个人与集体的关系，这些个体关系是社会资本的主要来源，它影响着个人与他人的关系，并促进网络中的知识创造和贡献。Chen（2007）考察知识质量和成员与他人的联系程度，认为个人通过频繁参与基于网络的专业社区，维持和加强其社会联系的期望，进而正向影响其持续参与社区的意愿。Reagans & Mcevily（2003）考察了非正式网络的不同特征对知识分享的影响，发现知识提供方和接收方的联系强度及社会凝聚力与个人愿意投入时间、知识分享动机正相关，而且网络的范围与不同的知识池的联系，增强了个体分享复杂信息的能力。Khosravi & Ahmad（2016）在考察知识分享影响因素时，发现社会网络对个体知识分享有积极的影响，但影响程度不及知识分享能力等个体因素和 IT 系统等技术因素对知识分享的影响。这些研究关注了知识分享者之间的关系，结果表明人际关系网络对虚拟社区知识分享有促进作用。

（2）激励和奖励

虽然影响知识分享的因素有很多，但是众多学者最关注激励。首先，从成本收益的角度分析，知识分享是存在成本的，即知识分享需要知识分享者付出努力，如需要花费大量的时间以及精力。知识分享是将有价值的知识转让给他人，这种转让带来的成本虽然无法用统一的货币准确计量，但是如果虚拟社区无法对付出的这些成本给予补偿以及额外的奖励，分享者可能会失去分享的动力。其次，知识作为一种有价值的资源，创造知识会带来财富，由此必然会带来社会层级的划分，鉴于知识分享涉及资源价值的转让，因此来自对外界补偿的预期会促使知识拥有者分享知识。最后，知识分享并不一定都是成功的，分享的知识很可能没有人接受或者认同（Bock et al，2005），这种情况势必导致个体倾向于囤积知识，因此，要想让分享者主动并且积极分享知识，虚拟社区需要采取一定的激励形式对风险进行补偿。

Szulanski（2000，2015）认为知识分享的激励机制是企业内个体知识和群体知识分享的重要影响因素，组织激励会有效促进个体知识分享的积极性与效果。Chen 等（2012）实证研究发现激励机制能有效预测虚拟社区成员知识分享。丛海涛和唐元虎（2007）认为激励机制无法显著影响隐性知识分享的原因有两个，一是隐性知识是模糊的，无法用文字、语言清晰表达和传递，这就对知识分享者的能力提出了较高的要求；二是现如今的激励力度比较平稳，无法为分享隐性知识的分享者提供足够的补偿和奖励，他们认为只有付出的分享成本能够得到充足的补偿时分享者才会产生分享意愿。Wolfe & Loraas（2008）研究认为无论是货币还是非货币类型的激励，激励会促进知识分享，但当个体自我决定因素充足时，仅有非货币类型的激励是不够的。

虚拟社区对用户知识分享的激励主要是虚拟社区或其他外部组织对于知识分享行为的奖励，通常采用提升等级、授予荣誉称号、提升经验值，以及发放现金或虚拟货币、积分冲抵现金等奖励方式（周婷等，2014）。张敏等（2017）研究发现虚拟社区中用户通常期望借助知识分享行为获得更高的等级或一些虚拟的物质奖励，如积分、财富值等。

然而奖励对虚拟社区知识分享的作用呈现彼此矛盾的结论。徐美凤和叶继元（2011）研究发现，激励措施能直接促进社区成员的知识分享，并且间接通过提升虚拟社区活跃度来促进分享。刘海鑫和刘人境（2014）在考察企业虚拟社区时，发现企业提供的奖励一方面是对虚拟社区用户积极知识分享行为的肯定；另一方面，企业通过奖励弥补用户知识编译等知识分享成本，使用户感受到知识交换过程中的公平和互惠，鼓励虚拟社区用户间形成相互认可、信任、互惠的良好氛围，从而增强用户的参与动机。但石艳霞（2010）在研究 SNS 虚拟社区知识共享时，对知识分享者进行积分、级别等经济奖励、表彰奖励，发现变量"奖赏"对知识搜索动机及知识贡献动机均无显著影响，说明人们参与虚拟社区知识分享并非为了获得外在奖赏。更多的文献则显示目前虚拟社区没有提供明显的奖励，但用户愿意与陌生人分享知识（Cho & Jahng，2009；Chang & Chuang，2011）。

（3）技术、知识性因素

用户对技术的主观接受程度是虚拟社区知识分享的关键影响因素（Hung & Cheng，2013）。在信息沟通技术的研究中，Hendriks（2015）认为信息和通信技术（ICT）可以通过破除知识工作者之间的时间和空间障碍，以及通过增加获取知识的途径来促进知识分享。Lee 等（2016）研究认为软件过程改进（software process improvement）能有效促进知识分享。Somantri 等（2018）认为计算机支持的协作工作将支持和促进知识分享。在平台技术的研究中，Bilgihan 等（2016）发现在旅游相关在线社交网络中，感知易用性显著正向影响用户知识分享行为。Yuan 等（2017）研究发现计算机自我效能和计算机趣味性正向影响用户感知易用性，而感知易用性正向影响感知有用性，感知易用性和感知有用性正向影响知识分享行为。Khosravi & Ahmad（2016）通过调研马来西亚理工大学计算机系 150 名学生，发现除了技术因素，IT 系统对知识分享的影响最大。Yuan 等（2016）发现在感知有用性和易用性对分享行为产生促进作用的同时，感知有用性还能在易用性和知识分享行为之间起到桥梁作用。Agag & El-Masry（2016）基于创新扩散理论和技术接受模型考察旅游虚拟社区用户参与行为，证实了感知易用性、感知有用性、信任和态度对用户参与旅游虚拟社区的正向促进作用。

另外，信息的客观性、准确性、趣味性等信息本身的特性（常亚平和董学兵，2014）也会影响知识分享的效果。这就对网络平台提出了更高的要求，为了促进社区成员进行知识分享，平台需要不断提升服务水平，提升界面的反应性和可操作性，完善信息处理能力，提高信息反应灵敏度。

2.2.3.3　个体因素

（1）动机因素

基于社会交换视角，知识分享是将知识作为人际互动中有价值的资源出让从而获得利益的过程。只有当知识拥有者觉得有利可图时，才会在知识市场中进行知识分享（Davenport & Prusak，2001）。基于社会交换视角对知识分享的研究主要着眼于行为主体的动机、目的以及交换资源的价值期望。从经济学角度看，人都是理性的，当其所获得或者感受到的补偿或奖励高于所付出的成本时，知识分享就会产生。知识分享者寻求经济报酬或者利益最大化。Wolf（2011）实证研究发现经济动机对社区用户的知识分享有积极的促进作用，但石艳霞（2010）发现经济动机对知识搜索和知识贡献均无显著影响，经济动机对知识分享作用的研究结果存在较大分歧。从社会角度看，知识分享者认为知识获得者有义务为获得知识提供相应的回报，回报包括互惠、声誉、权力、社会关系等社会性的激励要素。Thorn & Connolly（1987）研究发现互惠互利是一种激励知识转移的有效方式。Wasko & Faraj（2005）研究发现广义的互惠，即来自其他成员的回报（不一定来自同一个人），有助于个体在网络社区分享知识。Lee & Hyun（2016）通过实证研究发现预期的互惠利益和名誉是旅游虚拟社区用户知识分享重要的影响因素。Moghavvemi 等（2017）考察影响学生在 Facebook 分享知识的因素，发现结果期望是影响学生知识分享的主要因素，其次是预期互惠利益和感知乐趣。刘蕤等（2012）进一步考察了中国文化情境下的虚拟社区，认为"争面子"是影响用户知识分享的重要因素。

社会资本是行为主体借助社会网络来获得各种利益的能力，能为个体提供物质支持和情感支持。基于社会资本视角，Nahapiet & Ghoshal（2000）认为组织社会化、社会关系均会影响知识分享，这可以借助社会资本理论解释每个维度在创建和交换知识过程中的作用。在虚拟社区领域，Chow 等（2008）的研究分别将"社会网络"、"信任"和"共同目标"作为测量结构维、关系维和认知维的社会资本变量。阳震青和彭润华（2015）通过问卷的形式研究发现在移动 UGC 环境下，在成员分享动机方面，感知娱乐、自我展示与分享意愿显著正相关；在知识分享活动机会方面，人际互动与感知娱乐显著正相关，感知激励与分享意愿显著正相关；在成员知识分享能力方面，个体的专业技能与感知娱乐、知识分享行为增值性和有效性显著正相关。张敏等（2017）基于 S – O – R 范式展开分析，证实信任对知识分享有正向影响，愉悦感对虚拟社区知识分享有正向影响，感知规范同时对信任和愉悦感的产生有正向影响。Chang & Chuang（2011）研究发现利他、互惠、共同语言、认同显著正向影响知识分享，分享双方的信任、虚拟社区成员互动以及分享者的声誉会对分享知识的质量产生影响，但对知识分享数量影响不明显；成员参与调节了利他和分享知识质量之间的关系。

自我效能和期望收益是社会认知理论的核心概念，前者是个体对完成任务所具有的能力的评估，后者是对特定行为未来收益的评估，分别用于描述个体从事特定行为的内在动机和外在动机（Hsu et al.，2007）。基于社会认知理论，Hsu 等（2007）从个人和环境两方面构建虚拟社区知识分享影响因素模型，考察了"自我效能"、"社区结果预期"和"个人结果预期"对知识分享的影响。实证分析结果表明，自我效能直接或间接正向影响知识分享，个人结果预期亦显著正向影响知识分享，但社区结果预期对知识分享影响不显著。Papadopoulos 等（2013）探讨员工在博客进行知识分享的影响因素，发现自我效能、特定的个人结果期望、感知乐趣以及个人对知识分享的态度与员工在博客进行知识分享的意愿正相关。

组织公民行为（organizational citizenship behavior）是一种角色外行为，

是自觉自愿地表现出来的，与奖励制度没有联系，但这种行为有助于提高组织效能。Organ（1988）认为利他主义是自愿以帮助他人为目的，不期望得到任何回报，而且可能会给利他者带来一定损失的行为。知识分享作为一种组织公民行为，以帮助组织或者个体满足知识需求为动机，所以依据组织公民行为理论，个体是出于利他主义的需求进行知识分享。Hsu & Lin（2008）对212名博客用户的调查表明，利他主义对用户对博客的态度有积极的影响，从而显著影响了用户继续使用博客的意愿。Ma & Chan（2014）考察用户使用社交媒体的影响因素，证实了利他主义作为知识分享的内在动机对使用社交媒体进行知识分享的促进作用。Ullah 等（2016）通过对巴基斯坦团队中319名软件经理进行基础调查，证实了利他主义会显著影响成员的知识分享行为。

（2）个体特征

学者们从人口统计学差异、人格特征、专业技能、学历和工作经历等方面探讨了个体特征对知识分享的作用。

关于人口统计学差异对知识分享的影响，Lenhart & Madden（2007）研究发现，年龄、性别是影响社区用户知识分享的因素之一，调查还发现，年龄较大的青少年，尤其是女孩，更有可能使用社交网站。对于女孩来说，使用社交网站主要是为了巩固已有的友谊；对于男孩来说，网络也提供了调情和结交新朋友的机会。Boyd（2017）认为美国青少年将Myspace、Facebook 等社交网站作为身份标识和与同龄人交往的空间。

关于人格特征对知识分享的影响，Jani 等（2011）调查发现，开放的人相对传统的人更有可能从互联网上搜寻旅游信息。Korzaan & Boswell（2008）研究发现，亲和性对个体对信息隐私的关注有显著影响，而神经质对计算机焦虑有显著影响。Amichaihamburger 等（2008）比较了维基百科用户与非用户的个性特征，认为维基百科的用户相对于非维基百科用户，会更频繁地使用互联网以达到自我实现。维基百科用户和非维基百科用户在亲和性、开放性和尽责性方面存在显著差异，而维基百科的用户更低。此外，内向的女性更可能是维基百科的用户。Guadagno 等（2008）研究了大五人格与写博客的关系。研究结果表明，那些对新体验持开放态度和神经质高的人很可能是博主。此外，神经质高的女性更有可能成为博主，而男性则没有差异。社会化途径是社交网络用户进行网络交流的主要途径，Sin & Kim（2013）对使用 SNS 的用户进行研究，发现大多数用户是年龄偏低的大学生且性格较外向。Muscanell & Guadagno（2012）在调研 Facebook 和 MySpace 等在线社交网站时，发现男性使用社交网站来建立新的关系，而女性则更多地使用社交网站来维持关系。此外，在随和性方面，女性在社交网站上使用即时通信功能的频率更高；并且大多数网络游戏玩家的开放性得分都不高；而具有尽责性特征的用户在使用社交网络进行日常信息交流的时候更倾向于私信。Ryan & Xenos（2011）的研究表明，Facebook 的用户往往更外向、更自恋，但比非用户更不自觉、更孤僻。此外，对 Facebook 使用频率和对特定功能的偏好也因用户的某些特征而异，如神经质、孤独、害羞和自恋。

此外，Jensen（2008）研究发现旅游虚拟社区分享帖的受欢迎程度与撰写者的旅游经历密切相关。Hee 等（2011）指出分享的知识更为有用的用户是那些旅游经历丰富、积极发表评论的用户。

2.2.4　知识再分享相关研究

虚拟社区的组织结构松散，用户可以随时加入或退出。学者们观测到许多用户在某个虚拟社区仅有一次知识分享行为，他们在不同虚拟社区间的转换率非常高。用户的黏性会影响知识分享的质量（Hee et al.，2011），因此用户的知识再分享行为对虚拟社区的生存发展有着至关重要的作用。甚至，Lai & Hsieh（2013）认为用户是否持续分享知识是衡量虚拟社区成功与否的关键指标。

学者们对"持续参与行为""持续分享"等概念进行了界定。Fang & Neufeld（2009）把持续参与行为界定为用户在虚拟社区中的一种临境存在状态的长度。Xia 等（2012）认为"持续知识分享"强调用户的"黏性"。本研究认为旅游虚拟社区生存发展的关键在于用户在初始知识分享后，未来持续在该虚拟社区分享知识。因此，本研究借鉴"重购"的概念，将用户这种持续知识分享的意愿称为"再分享意愿"（knowledge re-sharing intention），指用户在初始分享知识后，未来持续在该虚拟社区分享知识的主观可能性。

学者们对持续分享行为进行了探讨研究。Fang & Neufeld（2009）基于合法边缘参与理论（LPP）考察开放源代码软件开发人员参与志愿者社区的行为，认为身份构建和情境性学习影响持续参与行为。Jin 等（2010）考察虚拟社区用户持续分享意愿，通过分析在线回收的 240 份用户数据，发现娱乐价值（享乐/情感感知）有力地增进了虚拟社区情感认同，进而影响用户在虚拟社区的持续分享意愿。Zhang 等（2010）研究发现信任通过心理安全影响用户的持续知识分享行为。袁留亮（2016）考察 QQ 群成员持续分享的意愿，发现互惠、利他和学习动机正向影响用户持续分享意愿；有用性、关系支持通过互惠、学习和利他三种动机间接影响分享意愿；自主支持通过学习和利他两种动机间接影响分享意愿。龚主杰等（2013）基于信息系统持续使用模型考察虚拟社区成员持续知识分享意愿，发现感知价值直接正向影响持续知识分享意愿，同时还通过满意度间接影响持续知识分享意愿。Hashim & Tan（2015）基于委托 – 信任理论，实证发现用户满意度通过情感承诺和识别信任影响持续知识分享意愿。陈明红（2015）考察学术虚拟社区持续知识分享意愿，发现感知有用性、感知易用性和社会资本可通过促进知识分享满意度提升持续知识分享意愿；并基于启发式 – 系统式模型，发现启发式因素（知识共享数量、知识来源可信度）和系统式因素均正向影响持续知识分享意愿。潘澜等（2016）考察了旅游 App 持续使用意愿，认为服务质量、信任、满意度、感知有用性正向影响持续使用意愿，其中服务质量影响最大，转换成本正向调节信任、满意度、感知有用性对持续使用意愿的作用。Lee & Hyun（2016）认为知识分享动机通过持续知识分享意愿影响社区提升。Kang（2018）基于期望确认理论和组织公平理论，考察社交问答社区活跃用户持续知识分享意愿的影响因素，发现感知娱乐、确认、感知网站公平和感知提问者公平显著正向影响用户持续知识分享意愿。

从经济学的角度来看，用户在旅游虚拟社区中无偿、自愿地分享知识，这种行为违背了个人追求利益最大化的理性人假设，同时机会主义的搭便车行为不断出现。从旅游虚拟社区发展的视角来看，旅游虚拟社区作为一种独特的电子商务模式要得到发展，必须吸纳大量忠诚用户参与其中。每一个网民的时间和精力都是有限的，而虚拟社区作为以用户自生成内容为特征的社区，用户时间和精力必然是稀缺资源，因此发展越成熟的虚拟社区聚集的用户就越多（徐小龙和王方华，2007）。因此，一个旅游虚拟社区要想拥有竞争力，不仅需要提供技术保障，更需要社区用户的投入（Butler et al.，2018）。用户分享的知识越多、质量越高越能吸引其他用户参与，激励机制作为促进用户知识分享的重要手段，是旅游虚拟社区提高竞争力的关键所在。

2.3 激励机制

激励问题是行为管理研究中的重要问题（要仲华，2014）。无论是理论研究还是管理实践，对激励问题的探讨都具有重大的意义。

2.3.1 激励与激励机制

激励这一概念来自拉丁文"Movere"，意为"驱动"，被激励意味着被推动去做某件事情。在管理实践中，激励是指激发人的动机（单凤儒，2012），使个人目标与组织目标相一致，并竭力达成的过程。

国内外研究者从不同角度给出了"激励"的内涵。Atkinson（1964）认为"激励是对个体行动方向、强度和持久性的共同的、直接的影响"。Gagné 和 Deci（2005）则对 Atkinson（1964）的激励定义进行了拓展和深化，在他们看来，在个体对任务有清晰认知，并且掌握了相当技能的条件下，所有由此产生的结果都应该是恒定的，此时激励便可以用于解释个体行为的变化。孔茨等（1998）指出个体会因未被满足的需要而对某一目标产生强烈的欲望，在这一欲望未被满足之前会给个体带来强烈的不安，这种不安会驱使个体通过不断调整自己的行为以实现这一目标。苏东水（2005）则强调激励是一个过程，即个体在外界环境的影响下，自发地去趋近目标的心理状态。综上，激励是不断鼓励个体行动的过程。激励机制是机制设计者为使经济活动参与者的个人利益和设计者既定的目标一致，而制定的相关制度和规则（田国强，2003）。

关于激励机制的设计，学者们进行了探索研究，研究初期，Hurwicz（1960，1972）研究了机制的信息及信息成本计算，未考虑激励问题。Myerson（1979）则提出了贝叶斯纳什均衡，以及拍卖理论和规制理论等。Dasgupta & Maskin（1977）为解决显示原理未涉及多个均衡题的问题，提出了实施理论。显示原理与实施理论的发展深化了激励机制设计。刘正周（1996）认为组织激励机制通常包括五个方面的因素——诱导因素集合、行为导向制度、行为幅度制度、行为时空制度和行为规化制度。

2.3.2 知识分享激励机制的相关研究

现有对于激励机制的研究，更多是从经济学角度和组织行为学角度进行分析的。

从经济学的角度来看，个体是"理性人"，这意味着这些人在参与经济活动的过程中更倾向于从个人利益出发，力求用最小的经济代价获得最大的经济利益，它是对从事经济活动的所有人的基本特征的抽象。激励相容是激励机制设计最关键的问题。在"经济人"、"完全信息"和"完全竞争"的假设下，20 世纪 70 年代委托代理理论（principal-agent theory）被提出，用于解决信息不对称条件下的激励问题，这一理论试图为经济活动的参与者提供一个促进其与机制设定者目标相一致的有效机制。

从组织行为学的角度来看，对于人的本性的关注，促进了内容激励理论、过程激励理论和行为改造激励理论的产生与发展。内容激励理论关注的是那些引发个体行为的重要因素，因此这一理论更强调个体需要的满足。内容激励理论包括需求层次理论、ERG 理论、成就需要论、双因素理论等。过程激励理论则沿着"需要的出现—动机的产生—行为的激发—目标的实现"这一路径，关注激励产生的全过程，包括目标设置理论、公平理论和期望理论。行为改造激励理论更加强调环境对于个体后续行为的改造和修正，包括强化理论和归因理论。

在组织管理中，奖励是组织激励员工的重要途径，通常是在员工工作进展顺利时提供的利益或认可（Wang et al.，2018）。给予员工更高的薪酬和更好的晋升激励，似乎是社会上普遍认同的做法（张旭等，2017）。根据激励机制研究的经济学视角和组织行为学视角，学者们考察了物质奖励和精神奖励对个体行为意愿的激励作用。物质奖励主要通过物质刺激来诱导激励对象达到社会、组织或个人预期行为的目的。精神奖励则指社会、组织或个体在一定的社会环境中，利用观念、思想、信念、情感、期望、荣誉等精神载体，来刺激激励对象，引导激励对象在精神、思想、心理和行为等方面产生变化，从而有效地实现社会、组织或个体的预期目标（申来津，2002）。

精神奖励类诱导因素对个体知识分享的促进作用得到了专家学者的一致肯定，如 Deci 等（1999）发现，无形的口头奖赏会增加个体内在动机。声誉回报对组织内部个体间的知识分享有积极的促进作用（Ensign & Hébert，2010；Coleman & Lieberman，2015）。当个体获得成就感和自我价值时，个体会表现出积极的态度（Wang et al.，2018）。但关于物质奖励对知识分享的作用存在较大的分歧。

正向影响。Jennex & Wah（2007）研究知识管理和知识共享的模型时发现，当工作能力很强的人察觉到自己的知识分享行为所获得的奖励很少或不被组织认可时，就不太可能分享他们所知道的东西，因此薪酬奖励是知识分享有力的预测因素之一。Lee & Ahn（2005）认为分享知识不仅需要耗费知识拥有者的时间和精力，还会降低员工在组织中独有的价值或权力，因此只有当收益高于成本时，知识拥有者才愿意进行知识分享。刘灿辉和安立仁（2016）认为经济奖励会促进个体知识分享，其中适应者比创新者对经济奖励更敏感。Kankanhalli 等（2005）在研究组织利用知识管理系统时，证实"组织奖励"能促进知识分享。Wolf（2011）在研究大型汽车公司跨部门的实践社区知识管理时，发现"获益感知"对知识分享有积极的促进作用。Kuo（2013）通过调研三家技术公司，发现预期的个人收益与员工的知识分享显著正相关。Hanif 等（2018）认为在组织中，奖励制度能让员工从中获得利益，促使员工创造新知识并积极地参与知识分享，证实了奖励对员工知识分享的积极作用。

影响不显著。预期回报曾被许多人认为是知识分享最重要的激励因素，而 Lin（2007）发现，预期的组织奖励对知识分享态度和行为意愿的影响均不显著。另外，Chennamaneni（2007）在研究组织情境中促进或阻碍知识工作者知识分享行为的因素时，发现感知的组织奖励对知识分享行为影响不显著。Tohidinia & Mosakhani（2010）在评价不同因素对知识分享的作用时，发现期望外部奖励对知识分享并没有显著作用。黄彦婷等（2014）通过对高科技企业研发人员的调研，发现物质奖励对知识分享意愿无显著影响。

负向影响。Bock 等（2005）通过对来自 27 个韩国组织的 154 名管理者的实地调查，发现期望奖励负向影响知识分享行为，而奖金破坏人与人之间的关系并损害内在动机。Huber（2001）认为，当员工意识到知识分享会导致他们不能明显优于其他成员，从而影响到个人成就时，组织的经济激励就会阻碍知识分享的发生。Lombardi 等（2017）在考察扁平化的结构组织中员工间的合作和知识分享时发现更高的薪水与奖励可能会严重破坏组织中的横向整合机制，削弱员工知识分享的内在动机，不利于员工的社会关系和知识分享行为。

实际上，已有的许多研究结果表明，外在奖励不一定总是有效的。特别地，一些心理学家发现了物质奖励的"挤出效应"，即物质奖励不但不能对个体行为起到激励的作用，甚至还可能破坏个体原有的内在动机，起到负面作用。Kohn（1993）发现，如果想要达到短期的激励效果，金钱奖励相对而言比较有效，但是随着时间的流逝，这一激励效果会逐渐减弱。Gneezy & Rustichini（2000）通过实验发现被奖励金钱的个体比没有被奖励的个体表现更差。Liu 等（2015）在考察客户关系管理时，发现被庸俗化的金钱，即物质奖励不如一句简单的"谢谢你"。

学者们进一步研究发现，物质奖励的激励效果与物质奖励的形式有关。Heyman & Ariely（2004）在奖励和绩效关系的研究中，把物质奖励的形式分为金钱和礼物。不同的物质奖励形式将引导个体按照不同的市场规则进行思考。他们认为与经济交换和社会交换相对应，市场可分为经济市场和社会市场。当回报为金钱时，个体会使用经济市场的框架和规范进行衡量；当回报是礼物时，其作为象征性的奖励不涉及金钱，个体会使用社会市场的框架和规范进行衡量。在金钱市场中，个体基于对等互利原则，会依据补偿的数量而付出相应的个人努力；而在社会市场，个体对补偿水平不敏感，会尽自己的努力而不图回报，从而产生高绩效行为。

针对金钱奖励，学者们又进一步发现，金钱奖励的激励效果和奖励水平有关（朱翊敏等，2011）。Gneezy & Rustichini（2000）则发现了金钱奖励与绩效的非线性关系，即当金钱奖励水平较高时，其对于绩效的改善作用较好；但是当金钱奖励水平较低时，其对于绩效的改善作用反而不好，甚至低于无奖励时的效果。因此，低水平的物质奖励可能会取得适得其反的效果。而 Kuester & Benkenstein（2014）在研究推荐奖励计划时发现，小奖励会增加推荐者对推荐奖励提供者的积极态度和忠诚度，但大奖励则没有显著影响。Kamenica（2012）则认为，金钱奖励对行为的影响是不规则的，具体而言，对个体固有兴趣的行为和亲社会行为给予金钱奖励，奖励水平太高或者太低，以及奖励选择机会太多，都可能降低个体行为的积极性，取得适得其反的结果。因此，物质奖励需要根据具体的情境进行恰当设计，才能取得良好的效果。

2.4　相关理论基础

2.4.1　自我决定理论

自我决定理论（self-determination theory，SDT）关注个体行为意愿在

多大程度上是自愿的和自我决定的（Deci & Ryan，2000）。该理论认为人是积极的有机体，天生具有积极发展的倾向，但这种先天倾向会受环境因素的影响。当环境因素满足个体基本心理需求时，会支持这种先天倾向发挥作用，个体产生积极的行为；当社会环境削弱个体基本心理需求时，会阻碍这种先天倾向发挥作用，个体产生消极的行为。

自我决定理论包括四个分理论，分别是有机整合理论（organismic integration theory）、基本需要理论（basic needs theory）、认知评价理论（cognitive evaluation theory）和因果定向理论（causality orientations theory）。

（1）有机整合理论

有机整合理论主要阐述外在动机发展为内在动机的连续过程中存在的状态。该理论认为根据自我决定程度，可将动机视为从无动机、外在动机到内在动机的连续体。无动机是无目标、无自我控制的状态。外在动机指个体的行为意愿受外界环境的影响而产生。根据外部规则与个体自我决定的整合程度，外在动机可分为外部调节（external regulation）、内摄调节（introjected regulation）、认同调节（identified regulation）、整合调节（integrated regulation）。

外部调节指个体的行为直接与获取报酬或避免惩罚相关。内摄调节指个体认为是否遵循外部规则与其自身的价值密切相关，其虽不认同规则，但遵循规则，个体处于受控状态。认同调节指个体认同规则，认识到行为对其自身的重要性，因此在行为中能感受到自我决定的成分，不处于受控状态。整合调节是外在动机内化的最高程度，由于具有工具性成分，行动本身还不是个人的终极目标，因此与内在动机相似，但还不是内在动机。在四种调节状态中，外部调节和内摄调节被视为受控动机（controlled motivation），个体处于受控制状态，其行为是出于外部环境的压力。认同调节和整合调节被视为自主动机（autonomous motivation），由于个体接受了外部环境的要求，并在很大程度上将外部环境的要求与自我进行整合，因此认同调节和整合调节中个体的自我决定成分较高。

（2）基本需要理论

基本需要理论主要归纳了人类先天的三种基本心理需要。三种基本心理需要包括：自主需要（the needs for autonomy）、胜任需要（the needs for competence）、关系需要（the needs for relatedness）。自主需要是指个体自主决定自身的行为，而非受他人控制的需要；胜任需要指个体从事活动时，认为自身的行为能达到某种水平的需要；关系需要指个体感受周围环境对其自身的支持和关爱的需要。

（3）认知评价理论

认知评价理论解释了外部环境因素对于内在动机的影响。根据来源，动机可分为内在动机（intrinsic motivation）与外在动机（extrinsic motivation）。内在动机由行为本身产生的快乐和满足所引发；外在动机则基于外力的作用产生。满足人三种基本心理需要的外部环境则支持个体内在动机和外在动机内化；损害人三种基本心理需要的外部环境则会削弱个体内在动机。该理论认为外部环境因素可通过个体的认知评价实现对其内在动机的影响（Deci & Ryan，1985）。

个体将外部环境因素认知评价为三种类型：信息性的、控制性的、去动机的。①信息性的因素给予个体积极反馈，个体认为自身的能力胜任该活动，其胜任需求得到满足，从而促进个体外在动机内化和内在动机提升。②控制性的因素使个体感知自己的行为受到外部环境的控制，其自主性降低，从而削弱个体内在动机。③去动机的因素意味着无效的事件，个体有无力胜任的感觉，其胜任感降低，从而削弱个体内在动机。

（4）因果定向理论

因果定向理论探讨人先天倾向中的个体差异，以及这些差异对于个体对环境的选择和适应的影响。该理论认为个体具有对有利于自我决定的环境进行定向的发展倾向，包括三种水平的因果定向：自主定向、控制定向、非个人定向。自主定向是指个体对能够激发内在动机的环境的定向。这样的环境具有挑战性并且有即时的信息反馈。高水平自主定向的个体勇于承担责任，倾向于参与有挑战性的、创新的、有趣的活动。控制定向是指个体行为易受环境控制的倾向。高水平控制定向的个体更依赖报酬等控制性因素。非个人定向是指个体认为自身无法控制行为结果，高水平非个人定向的个体认为取得成绩很大程度上是凭借运气。

近年来，自我决定理论在教育学习、体育训练、心理治疗、组织管理、人际关系等不同领域被广泛应用。这些研究检验了自主动机在促进人的积极行为方面的作用。Taylor 等（2014）利用自我决定理论预测学生的学业成绩，并通过对加拿大和瑞典的高中生和大学生学业成绩的实证研究，发现内在动机是唯一一个在一年的时间里始终与学生学业成绩正相关的动机。Choi 等（2014）利用自我决定理论作为理论框架，将满足个体基本需求、刺激个体自主动机作为方向，探讨了戒烟的智能手机应用程序应具有的应用特性。Camilla 等（2017）基于自我决定理论考察自主定向、控制定向对亲密伴侣间暴力行为的影响，发现自主定向预测亲密伴侣间的暴力行为可能性低，控制定向预测亲密伴侣间的暴力行为可能性高，即高水平自主定向的个体较少实施亲密伴侣间的暴力行为，高水平控制定向的个体较多实施亲密伴侣间的暴力行为。

2.4.2　双加工理论

双加工理论（dual-process theory）是用以解释个体行为决策的心理学理论。该理论认为个体在评估、决策时有两个信息加工系统：基于直觉的启发式系统（heuristic system）和基于理性的分析系统（analytic system）（Sloman，1996；Evans，2002）。

启发式系统主要依赖个体的直觉，能够快速、自动地将信息与已有的知识结构进行同化，并利用已有的经验、知识结构或事件关联度等进行评价、决策，不占用或占用很少的心理资源，因此个体通常不会意识到加工的过程。分析系统的运行基础则是个体认知能力的获得与应用，个体更多依赖数学统计和逻辑关系等理性规则进行分析，不容易受外在情景的影响，其运行过程需占用较多的心理资源，因此加工速度较慢，信息加工过程和加工的结果都能被意识到。

现有研究认为启发式系统与分析系统同时对信息加工过程起作用。当启发式系统与分析系统的作用方向一致时，评估、决策的结果既合乎理性又遵从直觉；当两个系统作用方向不一致，存在竞争关系时，占优势的系统可以控制评估、决策的结果（孙彦等，2007；Kahneman & Frederick，2002）。动机（任务卷入度）和认知能力是影响何种信息加工系统占优的重要因素（Petty & Wegener，1999）。

任务卷入是指个人基于内在需要、价值观和兴趣而感知到的与任务的关联性（Zaichkowsky，1985）。如果个体认为某任务对他来说意义重大，那么他完成任务的动机就会非常强烈，呈现高卷入度状态，就愿意调动更多的认知资源对信息进行加工处理，此时分析系统占优。但如果个体认为某任务对他来说不重要，那么就会缺乏进行信息加工的动机，呈现低卷入度状态，导致认知懒惰（cognitive laziness），此时启发式系统占优。Reinhard & Sporer（2010）通过实验证实发现，当被试的任务卷入度较高时，分析系统占优，被试对信息进行深加工；当被试的任务卷入度较低时，启发式系统占优，被试仅仅使用易于加工的信息源线索进行判断。个体的认知能力越强，则决策任务中分析系统越占优，非理性偏差越小。West & Stanovich（2003）利用 SAT（Scholastic Assessment Tests）测试被试的认知能力，发现 SAT 成绩越高的个体，其决策任务分析系统的作用越大，非理性偏差越小。

双加工理论应用于解释个体在消费、安全、健康等各个领域的决策。Sanjari 等（2017）通过双加工理论考察了营养标签的格式对消费者选择健康食品的影响。Hagan 等（2018）利用双加工理论解释了少数族裔、犯罪率高的社区中存在的悖论，即这些社区的居民并不认可警察过去的工作，但又指望警察能预防犯罪。Houlihan（2018）利用双加工模型解释了人们关于健康方面的决策。

2.4.3 精细加工可能性模型

精细加工可能性模型（elaboration likelihood model，ELM）为解释说服性沟通提供了理论框架（Petty et al.，1981）。该理论认为个体的信息加工路径有两条：中枢路径（Central route）和边缘路径（Peripheral route）。两条路径的选择通常取决于个体对信息的涉入程度（Elaboration）。个体进入不同的信息处理路径，可能导致个体对信息产生不同的态度。当个体对信息的涉入程度高时，信息处理路径为中枢路径，个体会对信息进行周全而有逻辑性的思考。当个体对信息的涉入程度低时，信息处理路径为边缘路径，个体通过启发式系统分析边缘信息（如信息来源）并形成态度。

精细加工可能性模型被广泛应用于信息系统采纳、广告信息传播等研究领域。Yoo 等（2016）基于精细加工可能性模型探讨智能旅游技术（STT）特征对旅游决策支持满意度的影响，发现信息质量、信源可信度、交互性、可达性等特征正向影响旅游决策支持满意度。Bhutada 等（2017）基于精细加工可能性模型分析了处方药广告中代言人形象的广告效果（对广告的态度、品牌、公司、代言人形象、广告关注度、药品查询意愿、感知产品风险），以及消费者参与的调节效果。金晓玲等（2018）基于精细加工可能性模型探讨了健康信息的质量及信源可信度对移动社交媒体用户关于健康信息的采纳意图的影响，并认为不同类型的用户之间也存在影响差异。

2.5　国内外研究述评

迄今为止，旅游虚拟社区知识分享和激励机制相关主题得到了许多学者的关注，同时也受到众多企业管理者的重视，但相关领域仍存在一些未解决的问题，有待未来继续探索。

第一，如前所述，无论是从成本收益、知识拥有者主观藏匿知识的本能，还是知识分享存在的风险等角度，知识分享是需要被激励的，该观点已达成共识。因此，大量研究考察了如何激励知识分享。关于精神奖励对知识分享的积极促进作用，研究达成了一致的共识，但是，也有学者提出精神奖励的来源差异对个体行为意愿会产生不同的影响。因此，精神奖励的来源可能会影响知识分享，未来的研究应该将精神奖励的来源纳入考察的维度，如考察用户来源的精神奖励、网站来源的精神奖励以及用户和网站综合来源的精神奖励对分享者知识分享的影响。

第二，关于物质奖励对知识分享的影响，目前研究仍存在诸多矛盾。部分研究证实了物质奖励对知识分享的正向作用；但也有实证研究表明物质奖励对知识分享作用不显著；甚至有研究表明二者负相关。出现上述矛盾的原因，可能是由于变量测量指标的差异、选取样本存在文化背景和地域等差异、遗漏相关调节变量等，也有可能与物质奖励的形式、奖励的水平等影响因素有关。

物质奖励的形式包括金钱和礼物。金钱奖励对行为的促进作用有限，甚至低水平的金钱奖励会导致事与愿违的结果；但礼物对行为的促进作用较好。奖励水平被划分为高水平和低水平。有的研究认为高水平金钱奖励对行为的促进作用较好，但低水平金钱奖励的效果则较差（Gneezy & Rustichini，2000）；但有的研究持反面观点，认为低水平金钱奖励对个体态度有积极的影响，但高水平奖励则没有影响；还有研究认为对于亲社会行为，金钱奖励水平太高或太低都无法对行为产生积极影响，金钱奖励对行为的影响呈现不规则的状态。由此可见，奖励的效果会受到奖励类型、物质奖励形式和奖励水平的影响。在未来的研究中，应该将奖励类型、物质奖励形式和奖励水平纳入考察因素。

第三，已有研究仅仅考察了精神奖励和物质奖励对知识分享的单独影响。但在现实中，精神奖励和物质奖励在虚拟社区中往往是同时存在的。

不单独使用物质奖励或精神奖励，是因为管理者往往会直觉地认为，这两种激励会产生汇聚效应，或者认为精神奖励会使低水平的物质奖励发挥最大的激励效果。那么，同时采用两种激励措施对再分享意愿的影响如何？究竟是独自作用，还是相互替代，抑或是叠加影响？Gneezy 等（2011）也谈到，"奖励的效果在很大程度上取决于奖励的设计、奖励的形式、奖励与个体内在动机和社会动机的交互作用"。因此，在未来的研究中应该继续深入探讨精神奖励和物质奖励对知识分享的交互作用。

第四，已有研究证实了知识分享会受到多种因素的影响，然而，不同中介变量的解释水平在不同的情境下会发生变化，因此，在后续研究中，研究者有必要根据研究目的找到解释力度最大的中介变量。关于动机因素，已有研究考察了内在动机（自我效能、利他等）和外在动机（获益感知、互惠等）对知识分享的影响。谢荷峰和刘超（2011）认为，内在动机是知识分享的主要驱动力，外部激励对知识分享的总体效应，取决于其正向的主效应和外在动机对内在动机负向的挤出效应。然而在具体的情境中，外部激励对内在动机和外在动机的作用需要进一步寻找边界条件。因此，在未来研究中应针对不同的奖励组合对内在动机和外在动机的作用进行区别分析，考察外部激励对外在动机与内在动机的相互作用的边界条件。

第五，现有研究大多静态地考察知识分享行为，然而在时间维度上知识分享行为可分为初始知识分享和知识再分享，但目前对知识再分享的研究较少。再分享意愿是指用户在初始分享知识之后，决定未来持续在该虚拟社区分享知识的主观可能性。然而，现实中更多用户倾向于在多个虚拟社区间转换，较少固定在某一社区进行持续分享，用户的黏性会影响知识分享的质量甚至虚拟社区的生存发展，因此如何激励用户再分享意愿对虚拟社区来说至关重要。少量研究考察了持续知识分享，但其中大多是直接采用问卷的方式调研虚拟社区用户的持续知识分享意愿。该方式能有效地考察虚拟社区持续知识分享影响因素，但难以考察虚拟社区采取的激励措施的效果。未来的研究中应考虑时间维度，用情景模拟实验的方式动态考察用户的再分享意愿。

3. 旅游虚拟社区知识再分享
激励机制探索性研究

激励机制是机制设计者为使经济活动参与者达到既定目标，而设计的一系列制度和规则（田国强，2003）。现有研究表明激励机制是影响旅游虚拟社区知识分享的重要因素。旅游虚拟社区为激励用户知识再分享而制定的激励机制由哪些要素构成？本章在文献综述的基础上，收集了排名前十的旅游虚拟社区知识再分享激励制度相关资料进行探索性研究，旨在厘清知识再分享激励机制的主要构成要素，分析现有旅游虚拟社区知识再分享激励各要素的相关特征，为研究假设的提出和理论模型的构建奠定基础。

3.1 激励机制的内涵及构成

激励机制是组织系统中激励主体利用激励因素与激励对象相互作用的方式，即组织中用于调动成员积极性的所有制度的总和（刘正周，1996）。辛鸣（2004）进一步指出机制是对不同主体之间有机联系、相互作用的方式或过程的制度安排，在形式上表现为一系列具有内在联系的制度。现有文献表明组织激励机制通常包括诱导因素集合、行为导向制度、行为幅度制度、行为时空制度和行为规化制度（刘正周，1996）。

（1）诱导因素集合

诱导因素是指用于满足个体需要，从而调动个体积极性的各种奖酬资源。个体的需要是多方面的，既有对经济方面的物质需要，也有对被尊重的精神需要。因此，对应个体物质和精神方面的需要，诱导因素可被设计为经济报酬等物质奖励层面的诱导因素和赞许、认可等精神层面的诱导因素。

（2）行为导向制度

行为导向制度是激励主体对激励对象的价值观、行为指向、行为方式和行为规范等多方面的规束。由于每个激励对象的价值观、动机及行为方式存在差异，诱导因素所激发的个体行为可能与激励主体的期望不一致，因此激励主体需要明确激励对象的行为方式和组织所秉承的价值观，使激励对象的行为能按照组织的期望进行。

（3）行为幅度制度

行为幅度制度是指对激励对象由诱导因素所激发的行为强度方面的控制措施。期望理论指出激励力量等于激励对象的奖酬效价与期望值的乘积。因此激励主体通常利用奖酬与绩效的关联性，通过调整激励强度或激励水平来控制激励对象的行为幅度。因此在研究中，行为幅度表现为激励强度或激励水平。

（4）行为时空制度

行为时空制度是指对于诱导因素作用于激励对象的时间和空间上的规定。该制度要求激励对象在有效期限和有效空间范围内完成任务。

（5）行为规化制度

行为规化制度是对激励对象违反行为规范的事前预防和事后处理。所谓事前预防，是指预先让激励对象知晓若不按规定行事可能带来的后果，提前抑制激励对象的不规范行为；事后处理是通过惩罚和教育让激励对象为不规范行为承担后果，同时通过教育培训强化激励对象对行为规范的认识。

以上五方面因素是组织激励机制重要的组成部分。然而，与企业等组织不同，旅游虚拟社区的组织结构松散，且不受时空限制，用户基于旅游的兴趣，可随时随地自由参与社区活动，行为时空制度和行为规化制度难以对用户的参与行为产生积极的促进作用。因此，旅游虚拟社区知识再分享激励机制因素主要由诱导因素集合、行为导向制度和行为幅度制度构成。

3.2 激励机制探索性研究

内容分析法是一种对文献内容进行客观系统的定量分析的科学研究方法（Krippendorff，2003）。该研究过程包括根据研究对象构建分析框架、样本选取、编码、可靠性检验、分析研究结果（郭俊华和徐倪妮，2017）。目前内容分析法的主要发展方向是网络信息内容分析，而网络信息内容分析的主要对象是网站文本内容。本研究的考察对象是旅游虚拟社区知识再分享激励制度的文本，因此本研究在对激励机制相关文献进行回顾的基础上，采用内容分析法，以旅游虚拟社区知识再分享激励制度作为资料来源，对激励机制进行探索性研究，进而对其类型进行梳理归纳。

3.2.1　样本选取

目前中国的旅游网站分为经营旅游产品的电子商务网站、兼具旅游电子商务与用户分享交流功能的网站两种类型。本研究所界定的旅游虚拟社区是以互联网作为媒介，具有相似旅游兴趣、爱好或旅游经历的用户在这一媒介上自由地进行沟通和交流，能满足用户功能需求、社会需求、心理需求和享乐需求的网络空间。目前，兼具旅游电子商务和用户分享交流功能的旅游网站符合旅游虚拟社区的界定，是旅游虚拟社区的主要表现形式。因此，兼具旅游电子商务和用户分享交流功能的旅游网站是本研究的考察对象。

参考十大品牌网在 2018 年发布的旅游网站的排名和 Alexa 在 2016 年 9 月的统计数据，中国在线旅游网站用户覆盖数排名前 13 的网站依次是：携程旅行网、阿里旅行（现更名为飞猪）、马蜂窝旅游网、穷游网、去哪儿网、途牛旅游网、乐途旅游网、户外资料网、艺龙旅行网、驴妈妈旅游网、腾邦国际、同程网、走吧网。用户覆盖数是衡量网站市场占有率的重要指标，该 13 个旅游网站用户覆盖数均超过了 1 亿人，说明上述 13 家旅游网站是中国用户使用较多、认可度较高的旅游网站。其中阿里旅行、艺龙旅行网仅具有旅游电子商务功能，不符合旅游虚拟社区的特征。腾邦国际包括"腾邦旅游""宝中旅游""欣欣旅游""八爪鱼在线旅游""捷达旅游网""飞人网""腾邦差旅"等 13 个子网站，子网站既包括仅具有旅游电子商务功能的网站，也包括兼具旅游电子商务和用户分享交流功能的网站，但子网站的用户覆盖数均未超过 1 亿人，不属于本研究范畴。因此，本研究在进行资料采集时，排除了阿里旅行、艺龙旅行网和腾邦国际，选取了余下的 10 家旅游网站作为样本进行资料采集（见表 3–1）。

表 3 – 1　作为样本的 10 家中国旅游虚拟社区

排序	旅游虚拟社区	用户覆盖数（亿人）	所在网站介绍
1	携程旅行网	10.955	国内领先的综合性旅行服务公司，向超过 3 亿会员提供集无线应用、酒店预订、机票预订、旅游度假、商旅管理及旅游资讯在内的全方位旅行服务
2	马蜂窝旅游网	3.16	国内较大的旅行分享网站，覆盖全球热门旅行目的地，专业提供旅行社区、旅游攻略、旅游特价、酒店预订等综合旅游服务
3	穷游网	3	为用户提供原创实用的出境游旅行指南/旅游攻略/旅行社区和问答交流平台，提供签证、保险、机票、酒店预订、租车等在线增值服务
4	去哪儿网	2.11	中国领先的旅游搜索引擎，为消费者提供机票、酒店、会场、度假产品的实时搜索，并提供旅游产品团购以及其他旅游信息服务
5	途牛旅游网	2.145	国内极具人气的 OTA 服务提供商，专注于旅游产品在线预订的休闲旅游预订平台
6	乐途旅游网	2.025	在线专业旅游媒体以及增值服务领先提供商，网络上分类最齐全、篇数最多的旅游资料库，旅游相关问题咨询的最有效场所
7	户外资料网	1.54	国内优秀的户外运动网站，是目前国内最具影响力的户外运动资讯网站
8	驴妈妈旅游网	1.375	自助游领军品牌、中国景区门票在线预订模式的开创者，在景区门票、周边游、邮轮等品类处于行业领先地位
9	同程网	1.155	机票代理十大品牌，旅行社知名品牌，中国领先的休闲旅游在线服务商，中国景点门票预订市场处于领先位置的企业
10	走吧网	1.135	为自驾旅行的爱好者提供专业的路书、自驾游线路、游记、旅游攻略以及自驾旅行相关产品的会员制运营商

3.2.2　资料采集

本研究针对携程旅行网、马蜂窝旅游网、穷游网、去哪儿网、途牛旅游网、乐途旅游网、户外资料网、驴妈妈旅游网、同程网、走吧网 10 个旅游虚拟社区的知识再分享激励制度相关内容进行资料收集，收集了与旅游虚拟社区知识再分享激励机制中的诱导因素集合（用来调动用户积极性的各种奖酬资源）、行为导向制度（指导用户的价值观及行为指向、行为方法和行为规范）和行为幅度制度（对由诱导因素所激发的行为在强度方面的控制规则）相关的原始语句共计527条，其构成如表3-2所示。样本采集的时间为2018年6月。

表3-2　旅游虚拟社区知识再分享激励制度原始语句构成

项目	数量（条）
诱导因素集合	499
行为导向制度	28
行为幅度制度	271

注：行为幅度制度和诱导因素集合是同时出现的，所以存在重复计算。

3.2.3　研究方法及过程

本研究按照内容分析法的基本流程，对旅游虚拟社区知识再分享激励制度文本资料进行客观、系统和定量转化（Kolbe & Burnett，1991），并对编码信度、效度以及饱和度进行检验。

3.2.3.1　分析过程

为保证数据分析的客观性和可靠性（Weber，1990），本研究邀请了1位市场营销副教授、2位旅游管理专业博士研究生作为编码人员，独立完成编码工作。首先，编码前对编码人员进行培训，详细说明本研究的研究目的和分析框架；其次，随机从现有样本中抽取200条文本内容，对三位编码人员进行编码训练；最后，提供2018年6月采集的527条排名前10的旅游虚拟社区知识分享激励制度文本内容，三位编码人员独立地采取双盲方式同时对文本内容进行编码。正式编码工作分为三个步骤。

步骤1：确定分析单位。要求编码人员对文本资料进行系统编号，编码的结构为A＊，表示第几个旅游虚拟社区收集知识分享激励制度信息。此步骤对收集的527条激励制度原始文本及对应的初始概念进行整理，剔除含义不清晰、内容重复和与本研究分析框架无关的分析单位，剩余519个分析单位直接进入正式编码。10个网站的分析单位原始语句整理结果详见附录一。

步骤 2：提取关键条目，形成概念化类属。要求编码人员提取分析单位中的关键条目，将其归类到对应的类属要素中。步骤 2 挖掘出 9 个类属，分别是物质层面的诱导因素 - 虚拟货币；物质层面的诱导因素 - 现金；物质层面的诱导因素 - 代金券；物质层面的诱导因素 - 礼品；源于网站的精神层面诱导因素；源于用户的精神层面诱导因素；源于网站和用户的精神层面诱导因素；激励强度；行为导向。表 3 - 3 为得到的若干类属和初始概念，为节约篇幅，对每类概念节选 2～3 条奖励制度呈现语句进行佐证。

表 3 - 3　激励机制概念化类属

类属	编码	原始语句（初始概念）
物质层面的诱导因素 - 虚拟货币	A01	优质点评（海外）100 积分；优质点评（国内）50 积分（物质层面的诱导因素 - 虚拟货币；激励强度）
	A02	"蜂蜜"是马蜂窝的通用虚拟货币，可用于购买自由行产品、兑换优惠券或参与社区活动！（物质层面的诱导因素 - 虚拟货币）
	A03	兑换"滴露免洗抑菌洗手液经典松木 50ml"需 300 穷币（物质层面的诱导因素 - 虚拟货币；激励强度）
物质层面的诱导因素 - 现金	A09	点评奖金（礼包）是您成功游玩后，通过客户端发表景点旅行体验的奖励，奖金数量与订单中包含的门票数有关，如每张门票提供 2 元点评奖金，您的订单包含 2 张门票，待您成功游玩并使用客户端点评后，会有 4 元返至您的点评奖金账户，账户满 200 元可提现（物质层面的诱导因素 - 现金；激励强度）
	A08	"驴妈妈旅游达人"福利现金奖励：旅游达人新发表的精华游记在当月的真实浏览量超过 5 万，可以获得 500 元现金奖励，仅限当月发表（物质层面的诱导因素 - 现金；源于用户的精神层面诱导因素；激励强度）
物质层面的诱导因素 - 代金券	A01	精华/典藏游记每篇奖励任我行礼品卡 100 元国内/200 元海外，含港澳台，礼品卡需参加游记活动或以旅行家身份获取（物质层面的诱导因素 - 代金券；激励强度）
	A05	"旅图换旅费"活动，月度精华状元奖励 200 元旅游券（当月上传旅图，获得精华图片量排名第一）；月度精华榜眼奖励 100 元旅游券（当月上传旅图，获得精华图片量排名第二）；月度精华探花奖励 50 元旅游券（当月上传旅图，获得精华图片量排名第三）；晒图有奖，当月晒满 50 张通过审核的图片奖励 30 元旅游券；当月晒满 20 张通过审核的图片奖励 10 元旅游券（物质层面的诱导因素 - 代金券；激励强度）
	A08	发表【我是达人】前缀的游记，被加 1 个标签的游记达到 4 篇，共奖励价值 100 元驴游卡；每个自然月内发表 4 篇以上单标签游记，超出 4 篇以外的游记，每篇奖励价值 100 元驴游卡（物质层面的诱导因素 - 代金券；激励强度）

续表

类属	编码	原始语句（初始概念）
物质层面的诱导因素 – 礼品	A01	"免费旅行"简介：携程签约旅行家，是携程攻略社区主办的旅行家认证；旅行家们将获得专属权益，并有资格获得出国考察机会，且每期都会邀请非旅行家资质的用户一起共同旅行；如果您是 VIP3 用户，您被邀请的几率将上升；我们将在邀请同行用户时优先考虑 VIP3 用户（物质层面的诱导因素 – 礼品）
	A08	"驴妈妈旅游达人"福利新年台历：表现突出的旅游达人将拥有 2019 年专属新年台历，自己用或送好友，倍有面子！（物质层面的诱导因素 – 礼品）
	A09	微游记活动奖品：黄金大礼 1 名，黑色单肩背包 1 个；彩金大礼 2 名，膜法世家多效亮采黑眼膜 1 盒；白金大礼 5 名，同程定制保温杯 1 个 + 行李牌 1 个（物质层面的诱导因素 – 礼品；激励强度）
源于网站的精神层面诱导因素	A01	携程旅行家（源于网站的精神层面诱导因素）
	A02	蜂首游记：马蜂窝首页每天都会给用户呈现一篇千挑万选的好游记，这篇游记被称为蜂首游记（源于网站的精神层面诱导因素；激励强度）
	A03	经验可以增加等级：乞丐 – 999999999；新进弟子 0；1 袋长老 50；2 袋长老 200；3 袋长老 400；4 袋长老 800；5 袋长老 1500；6 袋长老 2000；7 袋长老 3200；8 袋长老 4900；9 袋长老 8000；10 袋长老 13000；11 袋长老 20000；12 袋长老 30000；13 袋长老 45000；14 袋长老 65000；15 袋长老 90000；16 袋长老 120000；17 袋长老 150000；18 袋长老 180000；19 袋长老 210000；20 袋长老 250000（源于网站的精神层面诱导因素）
源于用户的精神层面诱导因素	A02	choikf：太美了 好想去啊啊啊 超级详细的攻略超级走心的博主。回复 choikf：谢谢，爱你！！！（源于用户的精神层面诱导因素）
	A03	点赞量（源于用户的精神层面诱导因素）
	A08	浏览量（源于用户的精神层面诱导因素）
源于网站和用户的精神层面诱导因素	A02	点评被他人点赞 +1 经验值，每天上限 +10 经验值（源于网站和用户的精神层面诱导因素；激励强度）
	A06	月阅读量排行（源于网站和用户的精神层面诱导因素）
	A08	"驴妈妈旅游达人"福利现金奖励：旅游达人新发表的精华游记在当月的真实浏览量超过 5 万，可以获得 500 元现金奖励，仅限当月发表（物质层面的诱导因素 – 现金；源于用户的精神层面诱导因素；激励强度）
激励强度	A02	蜂蜜兑换流量包：30M 流量包 = 78 蜂蜜起；50M 流量包 = 113 蜂蜜起；300M 流量包 = 388 蜂蜜起；1G 流量包 = 970 蜂蜜起，即领即用，不花钱得流量，你值得拥有！（激励强度）
	A05	游记被评选为精华游记，每月前 8 次每次均可获得 350 牛大头（物质层面的诱导因素 – 虚拟货币；激励强度）
	A08	发表【我是达人】前缀的游记，被加多个标签（2 个及 2 个以上），每篇奖励价值 100 元驴游卡；每个自然月内发表 3 篇以上多标签游记 超出 3 篇以外的游记，每篇奖励价值 200 元驴游卡（物质层面的诱导因素 – 代金券；激励强度）

类属	编码	原始语句（初始概念）
行为导向	A01	典藏游记要求开篇列出特色旅行亮点，原创攻略和美图兼备，行程中每大照片不多于40张，照片清晰度高且构图优秀，无竞品广告植入，张张均为大师级作品，可让游友说走就走（行为导向）
	A05	精华游记怎么写？原创文字 >3500 字，原创图片 >60 张。实用攻略型：内容上包含行程准备、整体形象、景点、美食、住宿、交通、行程、时节、旅途意义、购物、签证等信息，文字丰富有用，原创度高，有亮点，对其他旅游者有重大参考意义。美图散文型：美图多多，照片惊艳，构图与清晰度优秀，文字或优美，或生动风趣，或充满情怀，让人一看就想走（行为导向）
	A07	游记攻略：原创国内三天以上行程长篇游记：照片大于等于30张，照片漂亮美观，对行程从头至尾进行记录，文字大于200字（文字放在第一楼），对照片的描述和对出行过程的详细记录，文字翔实流畅，整体内容对其他驴友出行具有参考价值（行为导向）

注：A∗表示第几个旅游虚拟社区收集知识分享激励机制信息；每句话末尾括弧中语句表示对该原始语句编码后得到的初始概念。

步骤3：对概念化类属进行范畴化。要求编码人员在步骤2的基础上进一步综合编码信息，以组织激励机制构成要素为指导，对各概念化类属要素进行范畴化。

本研究根据不同类属在概念层次上的逻辑次序和相互关系，通过比较和讨论，归纳出3个主范畴，将其命名为激励类型、激励水平和行为导向（见表3-3）。其中，激励类型由物质层面的诱导因素和精神层面的诱导因素2个子范畴以及对应的7个概念构成；激励水平对应激励强度概念；行为导向对应行为导向概念（见表3-4和表3-5）。

表3-4 旅游虚拟社区知识再分享激励机制范畴

主范畴	子范畴	内涵
激励类型	物质奖励	从满足个体物质欲望的角度出发，奖励内容能用经济学成本收益进行计算，以调动个体积极性为目的的诱导因素
	精神奖励	从满足个体精神欲望的角度出发，对心理施加影响；奖励内容不能用经济学成本收益进行计算；以调动个体积极性为目的的诱导因素
激励水平	激励强度	外部刺激的强弱程度，表现为刺激水平的高低
行为导向	行为导向	为用户行为制定明确的目标和方向

表3-5 激励类型对应的概念及内涵

范畴	概念	内涵
物质奖励形式	虚拟货币	由旅游虚拟社区发行的，可在社区内兑换商品的电子支付工具，需换算才能评估价值
	代金券	由旅游虚拟社区发行的，可在社区内预订旅游产品时抵扣部分现金的电子支付工具，价值直接可见
	现金	由银行体系发行的可立刻投入流通的交换媒介
	礼品	旅游虚拟社区赠送给用户的实物或服务性商品
精神奖励来源	网站来源	由网站给予的精神奖励，如等级、荣誉称号等
	用户来源	由其他用户给予的精神奖励，如评论、浏览量、点赞量等
	综合来源	由用户和网站共同给予的精神奖励，往往以网站根据用户评价结果进行表彰的方式呈现

（1）激励类型

本研究以满足用户的需求类型为标准对旅游虚拟社区知识再分享激励机制的制度文本中所列的诱导因素进行类别划分。心理学认为奖励是指一种能够唤醒个体愉悦感和内驱力的一种强化刺激，具有积极的激励能力（Corsini，1999）。在组织管理中，奖励通常是员工工作进展顺利时提供的利益或认可（Stewart et al.，1993），是组织激励员工的重要途径。因此，本研究将诱导因素分为物质奖励和精神奖励。

①物质奖励。旅游虚拟社区对用户分享的物质奖励需要考虑3个因素：从满足个体物质欲望的角度出发；奖励内容能用经济学成本收益进行计算；以调动个体积极性为目的。本研究在编码时，发现旅游虚拟社区使用了虚拟货币、代金券、现金、礼品等物质奖励形式。虚拟货币是由旅游虚拟社区发行的，可在社区内兑换商品的电子支付工具，需换算才能评估其价值，如穷游网的"穷币"、马蜂窝的"蜂蜜"等。代金券是由旅游虚拟社区发行的，可在社区内预订旅游产品时抵扣部分现金的电子支付工具，价值直接可见，如途牛网的"旅游卡"等。现金价值直接可见，流通性最强，可在线上、线下购买商品，如驴妈妈旅游网为优质游记提供现金奖励。礼品是旅游虚拟社区赠送给用户的实物或服务性商品，如驴妈妈赠送的新年台历。虚拟货币、代金券、现金、礼品均符合物质奖励的条件。

②精神奖励。旅游虚拟社区对用户分享的精神奖励需要考虑3个因素：从满足个体精神欲望的角度出发；奖励内容不能用经济学成本收益进行计

算；以调动个体积极性为目的。本研究在编码时，发现旅游虚拟社区使用了网站来源、用户来源和综合来源三种来源的精神奖励。网站来源的精神奖励是由网站给予的，如等级、荣誉称号等，体现了旅游虚拟社区对知识分享行为的肯定。用户来源的精神奖励是由其他用户给予的，如点赞量、浏览量、粉丝量、评论量、分享量等，体现了受其他用户欢迎的程度。综合来源的精神奖励由用户和网站共同给予，往往以网站根据用户评价结果进行表彰的方式呈现，如马蜂窝旅游网"点评被他人点赞 + 1 经验值"体现了其他用户和网站对分享行为的共同认可。

（2）激励水平

它是奖励的强弱程度，表现为外部刺激水平的高低。激励机制因素中的行为幅度制度是指对由诱导因素所激发的行为强度的量的控制措施。这种量的控制通过激励强度、激励水平与绩效起作用。因此，旅游虚拟社区在制定知识再分享激励机制时，可以通过调整刺激物的激励强度、激励水平从而对用户的努力程度进行控制。因此，行为幅度制度在旅游虚拟社区激励机制中表现为激励强度或激励水平。

（3）行为导向

它是对激励对象的努力方向和所倡导的价值观的规定。旅游虚拟社区通过为用户行为制定明确的目标和方向，实现组织目标。例如，旅游虚拟社区对用户知识分享的内容从原创程度、行程长度、照片及文字的数量、质量、效果等进行要求，形成制度。

3.2.3.2 编码信度、效度检验

编码信度即编码专家按照同一编码框架或分析维度，对相同材料的分析单元进行归类的结果一致性程度，是反映分析结果可靠性和客观性的重要指标。现有研究通常采用霍斯提公式来计算编码信度，即计算编码专家意见一致的编码条目数与总编码条目数之比（Holsti，1969），公式如下：

$$CA = \frac{n \times m}{m_1 + m_2 + \cdots m_n}$$

CA 代表编码信度，n 代表编码者人数，m 代表达成一致的编码条目数，m_n 代表第 n 位编码者的编码条目数。通常认为，编码信度达到 0.85 以上则表示一致性程度较好，达到 0.9 以上则表示一致性程度非常理想（周翔，2014）。本研究的编码信度均在 0.85 以上（见表 3 - 6），已达到一

致性程度较好的信度水平。

表 3-6 编码信度

编码类属	编码信度
物质层面的诱导因素 - 虚拟货币	0.95
物质层面的诱导因素 - 现金	0.97
物质层面的诱导因素 - 代金券	0.91
物质层面的诱导因素 - 礼品	0.91
源于网站的精神层面诱导因素	0.93
源于用户的精神层面诱导因素	0.95
源于网站和用户的精神层面诱导因素	0.90
激励强度	0.87
行为导向	0.93

内容效度是反映资料编码后形成的类属合理性的判断指标（Holsti，1969）。可通过内容效度比对编码类属进行检验，计算公式如下：

$$CVR = \frac{ne - n/2}{n/2}$$

CVR 代表编码内容效度比，n 代表编码者人数，ne 代表认为某一编码条目能够反映研究所需的编码要素。内容效度比的基本检测思想为查看在某一编码条目上意见达成一致的编码者人数是否过半。具体而言，如果 $CVR < 0$，则说明一半以上编码者对该条目有异议；若 $CVR = 0$，则表示刚好一半的人数在该条目上意见达成一致；若 $CVR > 0$，则表示一半以上编码者认同该条目。通常而言，CVR 介于 0 到 1 之间，则认为编码结果的内容效度可接受（周翔，2014）。由于编码专家有 3 位，因此本研究只选取了 2 位以上编码专家均认可的编码条目，以保证编码结果的内容效度在可接受范围之内。

3.2.3.3　饱和度检验

当收集到的新数据不再出现新范畴时，核心范畴就达到"饱和"状态。本研究用另外 1/3 的激励机制内容进行饱和度检验。结果显示，相关内容仍然归类为激励类型、激励水平和行为导向，没有发现新的主范畴，3 个主范畴内部也没有发现新的构成因子。由此可以认为本研究所采集的旅游虚拟社区用户知识分享激励机制案例已达理论饱和。

3.3 激励机制探索性研究结论

激励机制是组织系统中激励主体利用激励因素与激励对象相互作用的方式，即组织用于调动成员积极性的所有制度的总合。刘正周（1996）研究认为组织激励机制通常包括诱导因素集合、行为导向制度、行为幅度制度、行为时空制度和行为规化制度五个方面。本研究通过对携程旅行网、马蜂窝旅游网、穷游网、去哪儿网、途牛旅游网、乐途旅游网、户外资料网、驴妈妈旅游网、同程网、走吧网 10 个旅游虚拟社区的知识再分享激励制度相关内容进行梳理，发现旅游虚拟社区知识再分享激励机制只包括诱导因素集合（用来调动用户积极性的各种奖酬资源）、行为导向制度（指导用户的价值观及正确的行为指向、行为方法和行为规范）和行为幅度制度（对由诱导因素所激发的行为在强度方面的控制规则）三个方面的因素。

本研究将旅游虚拟社区知识再分享激励机制的诱导因素集合、行为导向制度和行为幅度制度进行采集，并对采集到的文本资料进行编码，对旅游虚拟社区知识再分享激励机制进行维度划分，检验编码信度、效度以及饱和度，得到如下结论。

第一，旅游虚拟社区知识再分享激励机制包含 3 个主范畴，分别对应现有文献中的诱导因素集合、行为幅度制度和行为导向制度，本研究将其命名为激励类型、激励水平和行为导向。其中，激励类型由物质层面的诱导因素和精神层面的诱导因素 2 个子范畴以及对应的 7 个概念构成；激励水平对应激励强度概念；行为导向对应行为导向概念。通过文本分析发现，行为导向在 10 个旅游虚拟社区中的表述均无明显差异，现有旅游虚拟社区主要是通过激励类型和激励水平两方面的因素来影响用户的知识再分享行为，因此研究旅游虚拟社区用户知识再分享的影响因素应着重考虑激励机制中的激励类型和激励水平。另外，本研究发现激励类型和激励水平两个维度在旅游虚拟社区知识再分享激励机制设计中通常交互使用。例如，"A08 驴妈妈旅游达人"福利现金奖励为旅游达人新发表的精华游记在当月的真实浏览量超过 5 万，可以获得 500 元现金奖励，仅限当月发表。可见，该条制度对用户来源的精神奖励、现金形式的物质奖励和激励水平进行了综合运用，所以在知识再分享激励机制的研究中应考虑激励类型和激励水平的交互作用。

第二，本研究以满足用户需求类型为标准，对旅游虚拟社区知识再分享激励机制的制度文本中所列的诱导因素进行类别划分，将其分为物质奖励和精神奖励两种类型。通过文本分析，发现现有旅游虚拟社区通常将二者交互使用，在本研究收集的392条原始语句中，共有102条原始语句同时提及物质奖励和精神奖励。例如，"A02每篇蜂首游记会获得2000蜂蜜；每篇宝藏游记会获得1500蜂蜜"，"蜂首游记"和"宝藏游记"是马蜂窝对优质游记给予的荣誉称号即精神奖励，同时，不同的精神奖励对应2000蜂蜜和1500蜂蜜不同水平的物质奖励。现有的大多数文献仅考察了精神奖励、物质奖励对知识分享的独立作用（赵文军，2015），忽略了两种类型的奖励对用户知识再分享的交互作用，无法为现有旅游虚拟社区的知识再分享激励机制设计提供有效的理论指导。

第三，旅游虚拟社区知识再分享激励机制选择了多种表现形式的物质奖励，主要包括虚拟货币、现金、代金券和礼品。本研究收集的191条物质奖励原始语句中，提及虚拟货币的有146条，现金有2条，代金券有22条。同时，在激励水平上也呈现明显的差异，而且旅游虚拟社区的物质奖励形式通常与激励水平结合使用，如"1000积分""2000蜂蜜""500穷币"等，所收集物质奖励形式的激励制度条目80%以上是以奖励强度和奖励形式有机结合的形式出现的。因此，旅游虚拟社区的知识再分享激励机制通常通过物质奖励形式和激励水平的变化来影响用户知识再分享行为。

第四，旅游虚拟社区知识再分享激励机制中的精神奖励的来源呈现多元化特征。通过文本分析，本研究发现旅游虚拟社区的精神奖励按来源可分为网站来源精神奖励、用户来源精神奖励和综合来源精神奖励。网站来源精神奖励通常表现为网站对分享者所授予的荣誉称号、等级等；用户来源精神奖励通常表现为用户与分享者进行的互动、交流，如点赞、评论等；综合来源精神奖励通常体现为网站根据用户的评价结果所设立的奖项，如乐途旅游网设计的"月阅读量排行榜"。本研究收集的302条精神奖励原始语句中，网站来源精神奖励有200条，用户来源精神奖励有69条，综合来源精神奖励有33条。这三种来源的精神奖励在旅游虚拟社区中的运用都较普遍。

4. 物质奖励和精神奖励对
再分享意愿的影响研究

现有对激励和虚拟社区知识分享之间关系的研究还存在诸多矛盾，并且需要进一步明确二者关系的工作机制。这种矛盾的、不清晰的研究现状无法为旅游虚拟社区设计知识再分享激励机制提供有效的指导，甚至会误导激励措施的制定。因此，本研究基于第 3 章旅游虚拟社区知识再分享激励机制探索性研究的结果，根据双加工理论和自我决定理论，探索不同水平物质奖励和精神奖励的激励要素组合对再分享意愿的影响及作用机理，为旅游虚拟社区合理设计奖励制度提供方法指导。

4.1 理论模型和关键变量

4.1.1 理论模型

S－O－R 理论认为，刺激（Stimulus）通过有机体感知（Organism）影响行为（Response）（Belk，1975）。刺激作为一种外在影响，能影响个体的心理状态，进而促使个体做出反应（Namkung & Jang，2010）。这里的个体是有机体，其对外部刺激不是机械接收或被动反应，而是主动、有选择地获取刺激并进行加工。依据双加工理论，个体在评估、决策时有两个信息加工系统：基于直觉的启发式系统（heuristic system）和基于理性的分析系统（analytic system）。启发式系统更多地依赖直觉，不占用或占用很少的心理资源，加工速度较快，容易受刻板印象、经验的影响。当个体通过启发式系统进行信息加工时，通常会忽略过程，只会意识到加工结果。分析系统更多基于理性规则进行分析，考虑信息间的逻辑关系，需占用较多的心理资源，加工速度较慢，不容易受刻板印象、经验的干扰，其信息加工过程和加工的结果都能被意识到（孙彦等，2007）。现有研究认为启发式系统与分析系统同时对信息加工过程起作用。当启发式系统与分析系统的作用方向一致时，评估、决策的结果既合乎理性又遵从直觉。当两个系统作用方向不一致，存在竞争关系时，占优势的系统可以控制评估、决策的结果（Kahneman & Frederick，2002）。

自我决定理论进一步认为个体评估、决策的结果会影响个体的内在动机、外在动机，进而作用于个体的行为意愿。该理论认为个体是能动的有机体，天生就具有自我建设、自我整合、自我完善的内在倾向，但这种先天的内在倾向并不会自然而然地起作用，而是需要外部环境的支持才能实现。也就是说，外部环境可以支持，也可以阻碍个体的积极行为（Deci & Ryan，1985）。自我决定理论揭示了外在因素影响个体动机的有效路径，即个体与外部环境之间是有机互动的辩证关系。它认为个体有胜任、自主和关系三种与生俱来的基本心理需要（Deci & Ryan，2000），当外部环境支持个体基本心理需要时，外部环境会强化内在动机，并促使外在动机内化，进而提升个体行为意愿的积极性；反之，则导致外在动机内化的失败，对内在动机产生削弱作用，进而降低个体行为意愿的积极性（Deci，1975）。

因此，面对不同类型的奖励刺激，个体心理反应会有所不同，所激发的个体动机也会有很大差别，从而最终形成对外在刺激的态度或行为意愿的差异。据此，本研究以 S－O－R 理论为逻辑线索，建构物质奖励和精神奖励的交互作用对再分享意愿影响的理论模型，如图 4－1 所示。

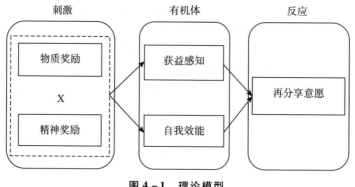

图 4－1　理论模型

4.1.2 关键变量

（1）前置变量选择

旅游虚拟社区知识再分享激励机制诱导因素按类型可分为物质奖励类诱导因素和精神奖励类诱导因素。当前关于知识分享激励机制的研究，大多考察单一类型奖励的激励效果，或是控制其中一类奖励不变，研究另一类型奖励的"净激励效果"（Davenport et al., 2001；Lin, 2007；Bock et al., 2005；谢荷峰和刘超，2011），很少关注这两类奖励之间的交互作用。但目前我国旅游虚拟社区往往同时采用精神奖励和物质奖励对这种自发的知识分享行为进行控制。并且，来自多个学科领域的研究表明，多种类型奖励并存时，不同类型的奖励会对某些行为存在不同程度的相互作用，从而增强、抵消甚至削弱激励效果（Frey, 2001）。这恰恰可能是导致外部激励对知识分享影响相关研究结论存在争议的关键。因此，本研究将"物质奖励"和"精神奖励"同时作为前置变量，考察二者的交互作用对再分享意愿的影响。

（2）中介变量选择

认知评价理论认为个体的行为动机可划分为内在动机和外在动机（Deci, 1975；Deci & Ryan, 1985）。因此，Lee & Ahn（2005）在研究个体知识分享激励时，将激发个体知识分享的动机划分为内在动机和外在动机。

内在动机由行为本身产生的快乐和满足所引发，而知识分享作为"角色外"行为，主要由内在动机驱动。在知识分享内在动机影响因素中，学者们主要考察了"自我效能"和"利他"两方面因素。

自我效能（self-efficacy）是指一个人对成功完成某项任务的能力的信念，是个体对自身行为能力的判断（Bandura, 1986）。自我效能在知识分享情境中进一步被界定为个体对自身知识分享能力的判断（Bock & Kim, 2002）。自我效能是个体努力和工作表现等的决定性因素，能有效预测个体行为绩效（Heslin & Klehe, 2006）。研究认为，个体对自己行为能力的判断会影响其行为态度，自我效能高的个体会因为充满信心而行为态度积极，反之亦然。知识分享领域的研究发现，自我效能有助于激励个体分享知识，高自我效能个体往往对自己提供知识的价值充满信心，更倾向进行知识分享。大量研究证实了自我效能是典型的内在动机，能显著有效地正向促进知识分享的态度和行为（Wasko & Faraj, 2005；Kankanhalli et al.,

2005；Bock et al.，2005；Lin，2007；Papadopoulos et al.，2013；Singh et al.，2018）。

利他（altruism）是指自愿采取帮助他人的行为，且预期不会得到任何形式的回报。心理学研究表明，个体在帮助他人的过程中会天然地产生内在愉悦感（Baumeister，1982）。Chennamaneni（2007）亦认为，个体能从帮助他人的过程中获得内在的快乐，因此人们愿意帮助他人。大量的研究证实了利他正向影响知识分享的数量和质量（Wasko & Faraj，2005；Lin，2007；Ma & Chan，2014；Ullah et al.，2016）。这种利他行为是不求回报的，是一种自愿承担责任的行为，与外部激励无关。

与利他动机不同，自我效能作为内在动机可能会受情境因素影响，基于本研究考察奖励对知识再分享意愿的影响，因此选择"自我效能"作为内在动机的测量变量。本研究将"自我效能"界定为用户在知识分享后所形成的个人主观判断，是自身能为其他用户提供有价值的知识能力的自我评估。

外在动机是由外部因素诱发的，基于外力的作用而产生，包括基于他人或组织给予的回报或惩罚。在知识分享的外在动机中，学者们主要考察了经济报酬和期待的互惠两方面因素。

关于经济报酬，基于经济交换理论，当个体感知到知识分享所获得的经济收益高于其行为成本时，知识分享行为产生。在组织中，组织将对知识分享行为给予奖励和补偿，为知识分享者提供经济报酬（Chua，2013）。大量的学者研究了经济报酬对知识分享意愿的影响，在实证研究中，学者们主要采用获益感知、感知收益、期望报酬、组织奖励、预期回报等变量考察经济报酬对知识分享的影响。部分学者认为经济报酬正向影响知识分享意愿；部分学者认为无显著影响；甚至有学者发现经济报酬负向影响知识分享意愿。尽管研究结论存在较大分歧，但经济报酬对知识分享的作用一直是学者们关于知识分享外在动机关注的焦点。

期待的互惠是指个体当下的行为是希望日后能获得他人的帮助。在知识管理情境中，期待的互惠特指知识拥有者在分享知识后，期待在未来自己有需要时，他人也能积极分享，以满足自己的知识需求（Kollock，1999）。知识分享是一种难以评估价格的不确定性交换，是知识分享主体参与交换的重要原因。众多学者研究证实了互惠对知识分享意愿的积极影响（Bock & Kim，2002；Bock et al.，2005；Chennamaneni，2007；Lin，

2007；Moghavvemi et al.，2017）。

期待的互惠对象是其他用户的知识分享行为，难以由激励制度直接影响，而经济报酬可以由平台给予，因此，本研究选择与经济报酬相关的"获益感知"作为外在动机的测量变量。本研究将"获益感知"界定为用户对自身知识分享所获得物质收益的主观感知。

（3）结果变量选择

从时间的维度划分，知识分享可分为初始知识分享和知识再分享。高质量的知识分享往往出自有经验的分享者，但研究发现，许多用户在某个虚拟社区仅有一次知识分享行为，他们在不同虚拟社区间的转换率非常高（Joyce & Kraut，2006；Jones et al.，2004）。因此，研究如何有效实施奖励措施提高用户知识再分享意愿是虚拟社区亟待解决的关键问题。

Xia 等（2012）认为"持续知识分享"强调用户的"黏性"，且本研究认为旅游虚拟社区生存发展的关键在于用户在初始知识分享后，未来持续在该虚拟社区进行知识分享。因此，本研究借鉴"重购"的概念，将用户这种持续知识分享的意愿称为"再分享意愿"（knowledge re-sharing intention），指用户在初始分享知识后，未来持续在该虚拟社区分享知识的主观可能性，并将其作为结果变量。

4.2 研究假设

4.2.1 物质奖励对再分享意愿的影响

在旅游虚拟社区，分享者主要通过游记、旅游评论、分享帖等形式（张爱平等，2013），分享具有参考性、实践性和默会性旅游经验（阳震青和彭润华，2015）。知识分享需要付出努力，优质的游记不但对字数、照片张数有要求，对原创性、实用性和审美性也有要求。分享者需要对旅游经历进行归纳整理，对景点、住宿、餐饮、购物、娱乐、路线、费用、最佳旅行时间等实用信息进行辨别和梳理。这要求分享者具有审美观、丰富情感和较强的文字表达能力，且旅游经验丰富，并愿意积极进行分享（Bao et al.，2002；Hee et al.，2011）。因此，高质量的知识分享需要分享者的前期积累，并投入大量的时间、精力及金钱等，而这些付出需要得到物质补偿和激励。

知识分享行为作为一种利他性的亲社会行为，对个体的物质补偿和激励是否遵循成本收益对等的市场运行机制和规律呢？Dan 等（2009）研究发现，在公开场合下，个体不愿意他人认为自己的亲社会行为受金钱驱动。因此，物质奖励的市场运行机制在公开情况下对利他性的行为不起作用，只在私下起作用。旅游虚拟社区具有匿名特征，在无精神奖励的情况下，物质奖励等同于在私下实施，物质奖励越高，知识分享行为越积极。因此，在无精神奖励刺激下，两种信息加工系统作用方向一致，旅游虚拟社区知识再分享行为可视作一种市场交换行为，物质奖励水平越高，越能激发用户的再分享意愿。

因此，单独施加物质奖励时，分享者倾向于用获得的物质奖励作为衡量收益的尺度，物质奖励越高，用户再分享意愿越强。

据此，本研究提出如下假设：

H1：在无精神奖励的情况下，物质奖励会强化再分享意愿，且再分享意愿会随着物质奖励水平提升而增强。

4.2.2 物质奖励和精神奖励对再分享意愿的交互影响

社会心理学家认为，知识分享并不依赖外部的物质奖励，主要出于分享者自我展示和自我提升的目的（姚琦等，2014；Utz et al.，2012；Yoo & Gretzel，2008）。旅游虚拟社区是由具有共同旅游兴趣爱好或旅游经历的人通过互联网进行沟通互动所组成的群体，它为用户提供了自我展示的平台和获得"观众"的机会（Wang & Fesenmaier，2004；Bergman et al.，2011）。精神奖励，与成就感、认可等行为特征因素和价值认知因素相关（Bénabou & Tirole，2006）。旅游虚拟社区对用户分享行为的认可，可满足个体的胜任感，进而增强其知识分享内在动机。因此，精神奖励能提升用户再分享意愿。旅游虚拟社区的精神奖励往往通过点赞量、等级、荣誉等体现。点赞量反映了分享者的受欢迎程度；经验值、等级是分享者能力的体现；荣誉、排行榜使分享者充分展示自我。精神奖励的存在引发旅游虚拟社区内其他用户对分享者的关注，这种表彰信息公开可见，使用户行为可见度大大提高（Deng et al.，2009）。

当精神奖励与物质奖励同时实施时，分享者对不同水平物质奖励的解读是不同的。双加工理论认为，两个系统作用方向不一致，存在竞争关系时，占优势的系统可以控制行为的结果（Kahneman & Frederick，2002）。动机（任务卷入度）是影响何种信息加工系统占优的重要因素（Petty & Wegener，1999）。

当给予低水平物质奖励时，计算物质奖励的价值对个体来说意义不大，因此个体缺乏动机，呈现低任务卷入度状态，此时启发式系统占优。在这种信息加工系统中，低水平物质奖励，主要发挥信息性刺激作用，也即，此时的物质奖励实际上是虚拟社区对个体分享付出（如努力程度）和分享绩效（知识的价值溢出）的评价信息，这种评价信息通过物质奖励的信息属性反馈给分享者，是对分享行为的肯定，从而能提高个体的胜任感。依据自我决定理论，环境因素可以通过满足个体的胜任、自主和关系三大心理需要，增强内部动机以及促进外部动机的内化（Deci&Ryan，2000）。当旅游虚拟社区提供低水平物质奖励时，实际上提高了分享者的胜任感，强化了个体知识分享的内在动机，从而增强再分享意愿。Boucher等（2015）的研究也证实了小金额的奖励作为象征性奖励，不会启动个体金钱算计功能，即便是在可见度高的情境中，个体也不会感知外在压力，所以低水平物质奖励的控制性不起作用。

当给予高水平物质奖励时，计算物质奖励的价值对个体来说较有意义，因此个体计算动机较强烈，呈现高任务卷入度状态，此时分析系统占优。在这种信息加工系统中，高水平的物质奖励，实际上是把个体行为与物质报酬联系起来了，个体会感受到外部压力，处于一种受控制状态（刘丽虹和张积家，2010）。这时的物质奖励被视为控制性刺激，分享者将其解读为旅游虚拟社区管理者对分享行为的干预和控制，这必然会削弱分享者的自主感，弱化知识分享的内在动机，降低再分享意愿。此外，高水平物质奖励也传递出网站对分享内容有更高要求，需要分享者付出更多努力的信号。但旅游虚拟社区分享者感知的高水平物质奖励，与现实社会的"高水平"有很大差距，分享者会比较分享行为的成本与收益，从而降低再分享意愿。也就是说，高水平的物质奖励会使分享者的注意力集中在交易关系上，弱化了以"兴趣""享受感"为驱动力的知识再分享意愿。

据此，本研究拟提出如下假设：

H2：在有精神奖励的情况下，低水平物质奖励时的再分享意愿高于无物质奖励时的再分享意愿；高水平物质奖励时的再分享意愿不如低水平物质奖励时的再分享意愿。

4.2.3　获益感知和自我效能的中介作用

获益感知是用户对自身知识分享所获得物质收益的主观感知。物质奖励将诱发获益感知这一外在动机，此时分享者将启动金钱算计功能，其行为遵循"理性自利"原则（文鹏和廖建桥，2008）。当物质收益能补偿分享者付出的时间、精力、经济等成本时，知识分享将发生，且物质奖励越高，分享者的获益感知越高，其知识再分享意愿越强烈，反之亦然。因此，对于单独的物质奖励刺激，分享者行为意愿主要受市场交换准则激励，与获得多少物质收益密切相关。也即，物质奖励将增强分享者的获益感知，从而提升知识再分享意愿。

自我效能（self-efficacy）指用户在知识分享后所形成的个人主观判断，是自身能为其他用户提供有价值知识能力的自我评估，自我效能在影响人们的动机和行为上扮演着重要的角色（Bandura，1997）。通常高自我效能的人比低自我效能的人更愿意实施相关行为（Bandura，1982）。单独实施物质奖励时，物质奖励同时还具有信息性特征，体现对分享行为的评价和肯定，物质奖励水平越高，意味着对分享者的正向评价越高，越能满足分享者的胜任感，并由此提高知识再分享意愿。因此，在无精神奖励情况下，物质奖励通过获益感知和自我效能影响知识再分享意愿。

在有精神奖励的情况下，分享行为可见度大大提高，此时的低水平物质奖励作为象征性奖励，不影响分享者的获益感知，只表示网站对分享行为的认可和肯定，以此影响分享者的自我效能。此时，当旅游虚拟社区给予低水平物质奖励时，个体的自我效能强，再分享意愿高。但是，高水平物质奖励被视作对分享行为的物质报酬，会诱使分享者启动金钱算计功能，促进其进行线上与线下世界的收益比较。而目前旅游虚拟社区物质奖励水平很难达到现实社会中个体的期望价值，所以获益感知不显著。与此同时，高水平物质奖励被视为控制性刺激（刘丽虹和张积家，2010），分享者的自主感降低，导致个体内在动机下降，自我效能降低。因此，在有精神奖励的情况下，当旅游虚拟社区给予高水平物质奖励时，个体的自我效能弱，再分享意愿低。

据此，本研究拟提出如下假设：

H3：在无精神奖励的情况下，物质奖励对再分享意愿的影响以获益感知和自我效能为中介。

H4：在有精神奖励的情况下，物质奖励对再分享意愿的影响以自我效能为中介。

H4a：在有精神奖励的情况下，当旅游虚拟社区给予低水平物质奖励时，个体的自我效能强，再分享意愿高。

H4b：在有精神奖励的情况下，当旅游虚拟社区给予高水平物质奖励时，个体的自我效能弱，再分享意愿低。

4.3 研究设计

本研究主要采用实验法和问卷调查的方式考察物质奖励和精神奖励对再分享意愿的影响及作用机理。

本研究选择实验法的原因如下。①从实验法的特点来说，实验法的目的性强，可以探索到奖励和再分享意愿的因果关系，并且实验法可以排除其他变量的干扰，能对变量进行严格控制，获取相对客观的信息；②奖励类型和奖励水平不同组合的设置在实验中更易于操控，如果直接利用网站数据，难以操控奖励的设置；③能有效考察再分享意愿，知识分享分为初始知识分享和知识再分享，而直接获取的网站数据难以将二者进行区分，但通过实验的设置，可以在被试经历初始知识分享后，给予奖励刺激，再测试被试的知识分享意愿，确保考察的是被试的再分享意愿。

此外，研究还需要验证实验的操作是否成功，并考察个体自我效能、获益感知等心理感知，而问卷调查可以调查个体的心理感知，并利用心理感知指标对研究假设进行检验。

4.3.1 实验一设计

实验一的主要目的是考察物质奖励和精神奖励对旅游虚拟社区再分享意愿的影响，以及物质奖励和精神奖励对旅游虚拟社区再分享意愿的作用机理，即获益感知和自我效能的中介作用。

4.3.1.1 实验分组

实验一采用 3（物质奖励：无/低/高）×2（精神奖励：无/有）共 6
个组间的实验设计，被试将被随机分配到 6 个实验组。

表 4-1 实验一分组情况

实验组编号	物质奖励	精神奖励
实验组 1	无物质奖励	
实验组 2	低物质奖励	无精神奖励
实验组 3	高物质奖励	
实验组 4	无物质奖励	
实验组 5	低物质奖励	有精神奖励
实验组 6	高物质奖励	

4.3.1.2 实验材料

实验刺激材料包括网站材料和纸质材料。有研究认为虚拟社区是否知
名会影响用户的知识分享行为（严贝妮和叶宗勇，2017），因此网站材料
包括知名旅游虚拟社区和实验旅游虚拟社区。马蜂窝旅游网的用户累计达
1 亿人次、月活动用户 8000 万，是国内知名旅游虚拟社区，因此本研究的
知名旅游虚拟社区选择了马蜂窝旅游网。同时，为了避免旅游虚拟社区知
名度等因素对被试的影响，本研究仿照马蜂窝旅游网并隐去其名称，设计
了实验旅游虚拟社区。

纸质材料包括奖励刺激和"蜂蜜商城"。奖励刺激材料采用文字阐述
的形式，为了控制文字字号、字体、颜色等无关变量的干扰，每个情境设
计的文字细节基本一致，字体均为楷体，颜色为黑色，字号采用四号。

精神奖励的刺激材料设计为：您分享的游记截至昨天已超过 3000 点击
量，网友认为您游记的内容很实用，非常精彩！在逾千篇的游记中脱颖而
出，被授予"最佳游记"的荣誉称号！（"最佳游记"荣誉只有点赞量排
名前 3 的游记才能获得。）没有谈及则为无奖励。

物质奖励的刺激材料参照了马蜂窝旅游网的设计，采取虚拟货币奖励

的方式。虚拟货币名为"蜂蜜"。高水平物质奖励刺激设计为："您将获得 2000 蜂蜜奖励"；低水平物质奖励设计为："您将获得 10 蜂蜜奖励"。并对 "蜂蜜"进行描述："蜂蜜"是专属货币，可以到蜂蜜商城兑换等价实物和 纪念品，是针对您对其他蜂蜂做出的帮助而设立的奖励！没有谈及则为无 奖励。

"蜂蜜商城"是为了让被试能很好地感知所获得的物质奖励的高低， 针对有物质奖励的实验组提供的材料。"蜂蜜商城"显示了兑换不同的商 品需要支付的蜂蜜数量。"蜂蜜商城"的内容源于马蜂窝旅游网的"蜂蜜 商城"，通过截图的方式获得，并采用彩色打印的方式，尽可能还原网页 效果。

4.3.1.3 前测

（1）奖励类型和奖励强度操控

通过前测，确定本研究的奖励类型和奖励强度。通过举行 10 人次的深 度访问和两次焦点小组座谈形成本研究的刺激材料。

操控奖励类型。72 名本科生参与前测，34 名被试阅读物质奖励的刺 激材料，均认为该奖励属物质奖励；38 名被试阅读精神奖励的刺激材料， 均认为该奖励属精神奖励。因此，变量操控检验结果显示被试对刺激材料 中奖励类型的认知符合实验设计，奖励类型操控成功。

操控物质奖励强度。67 名本科生参与前测，要求其在分享后对获得 2000 蜂蜜奖励或 10 蜂蜜奖励属于高水平或低水平奖励进行打分（采用李 克特 5 点评分法，1 = 非常低，5 = 非常高）。结果表明，高水平物质奖励的 奖励强度均值显著高于低水平物质奖励的奖励强度均值，$M_{高物质} = 3.58$，$M_{低物质} = 1.97$（$t = 7.545$，$P < 0.001$），对物质奖励强度操控成功。

（2）旅游虚拟社区类型差异前测

本研究通过独立样本 t 检验，对比被试在马蜂窝旅游网（知名旅游虚 拟社区）与实验旅游虚拟社区中，在同种奖励类型激励下，再分享意愿有 无显著差异。在高水平物质奖励/有精神奖励情形下，两个网站的用户再 分享意愿无显著差异（$t = 0.187$，$P > 0.05$）；低水平物质奖励/有精神奖 励情形下，两个网站的用户再分享意愿无显著差异（$t = -0.074$，$P > 0.05$）；无物质奖励/有精神奖励情形下，两个网站的用户再分享意愿无显 著差异（$t = 0.282$，$P > 0.05$）；高水平物质奖励/无精神奖励情形下，两个网站的用户再分享意愿无显著差异（t = - 0.412，P > 0.05）；低水平物质奖励/无精神奖励情形下，两个网站的用户再分享意愿无显著差异（t = 0.072，P > 0.05）；无物质奖励/无精神奖励情形下，两个网站的用户再分享意愿无显著差异（t = - 0.084，P > 0.05）。由此可见，旅游虚拟社区的知名度等因素对用户再分享意愿影响不显著，也就是说，在同种奖励类型激励下，知名旅游虚拟社区和实验旅游虚拟社区用户的再分享意愿无显著差异。因此，正式实验可以在实验旅游虚拟社区中开展。

4.3.1.4 测量量表

（1）量表来源

本研究中的再分享意愿、获益感知和自我效能的测量题项均借鉴国内外相关文献的成熟量表，原量表都在以往的研究中被证实拥有良好的信度和效度。针对国外的量表，本研究根据我国旅游虚拟社区用户实际情况进行修订、翻译和回译，并请旅游管理专业和营销专业的教授进行审核，完成最终的中文修订版量表（见表 4 - 2）。问题采用李克特 7 点评分法，由被试根据自身实际感知选择（1 表示非常不符合，7 表示非常符合）。

再分享意愿的测量，参考了 Bock 等（2005）的研究，提取"我愿意在该旅游虚拟社区上更频繁地分享旅行的攻略、照片等信息"；"我愿意经常在该旅游虚拟社区上分享我的游记、得失和旅行技巧"；"我愿意和其他用户更频繁地分享我的旅行经验及旅行体会" 3 个题项。

获益感知是知识分享者对所获激励性物质收益的主观评价，不仅包括对收益绝对水平的感知，也包括对收益相对水平的感知，即分享者对收益分配的公平感知。因此，本研究不仅对收益的绝对水平进行测量，还对知识分享收益的相对（比较）水平进行测量，提取了"我对所得到的蜂蜜感到满意"；"我认为该旅游虚拟社区的蜂蜜奖励制度合理"；"我认为自己的付出和回报是公平的"；"我认为目前该旅游虚拟社区的奖励制度对分享者有激励作用" 4 个题项。

自我效能的测量借鉴 Lin（2007）的研究，提取"我自信向该旅游虚拟社区提供其他用户认为有价值的信息"；"我拥有为该旅游虚拟社区提供有价值的信息所需的技能" 两个题项。

表 4 - 2　实验一的测量量表

潜变量	测量变量
再分享意愿	我愿意在该旅游虚拟社区上更频繁地分享旅行的攻略、照片等信息
	我愿意经常在该旅游虚拟社区上分享我的游记、得失和旅行技巧
	我愿意和其他用户更频繁地分享我的旅行经验及旅行体会
获益感知	我对所得到的蜂蜜感到满意
	我认为该旅游虚拟社区的蜂蜜奖励制度合理
	我认为自己的付出和回报是公平的
	我认为目前该旅游虚拟社区的奖励制度对分享者有激励作用
自我效能	我自信向该旅游虚拟社区提供其他用户认为有价值的信息
	我拥有为该旅游虚拟社区提供有价值的信息所需的技能

（2）前测：量表检验

①信度检验。信度采用克朗巴哈系数（Cronbach's α）来判定，Cronbach's α 是内部一致性信度系数，量表的信度越高，代表量表越稳定，Cronbach's α 至少大于 0.5，最好大于 0.7。自我效能、获益感知和再分享意愿的 Cronbach's α 值均高于 0.7，组合信度（CR）分别为 0.918、0.906、0.913，均高于 0.7（见表 4 - 3），表明本研究量表具有较好的信度。

表 4 - 3　前测相关测量量表的信度检验

指标	自我效能	获益感知	再分享意愿
Cronbach's α	0.823	0.861	0.858
CR	0.918	0.906	0.913

②探索性因子分析。量表 KMO 值为 0.762，大于 0.7，Bartlett 球形检验卡方值为 695.265（P < 0.001），通过了显著性检验，表明本研究适合进行探索性因子分析。采用主成分因素法，抽取特征值大于 1 的因子，探索性因子分析结果见表 4 - 4。

表 4 - 4　前测探索性因子分析

题项	因素		
	获益感知	再分享意愿	自我效能
KRI1 我愿意在该旅游虚拟社区上更频繁地分享旅行的攻略、照片等信息		0.842	

续表

题项	因素		
	获益感知	再分享意愿	自我效能
KRI2 我愿意经常在该旅游虚拟社区上分享我的游记、得失和旅行技巧		0.905	
KRI3 我愿意和其他用户更频繁地分享我的旅行经验及旅行体会		0.817	
BP1 我对所得到的蜂蜜感到满意	0.847		
BP2 我认为该旅游虚拟社区的蜂蜜奖励制度合理	0.838		
BP3 我认为自己的付出和回报是公平的	0.800		
BP4 我认为目前该旅游虚拟社区的奖励制度对分享者有激励作用	0.803		
SE1 我自信向该旅游虚拟社区提供其他用户认为有价值的信息			0.883
SE2 我拥有为该旅游虚拟社区提供有价值的信息所需的技能			0.910
特征值	2.837	2.348	1.747
解释变异量	31.527	26.085	19.411
累计解释变异量	31.527	57.612	77.023

③验证性因子分析。本研究采用 PLS – SEM 软件进行验证性因子分析。通常情况下，该分析工具在样本数量偏少或者测量数据偏离正态的情况下仍能保持稳健的结果，实现最大化的预测效力（Lohmoller，1988）。因此，本研究选择 Smart-PLS 3.0 分析量表的结构效度。结构效度分为聚合效度和判别效度。

聚合效度从因子载荷、平均方差提取值两个方面进行考察。如表 4 – 5 所示，自我效能的因子载荷为 0.939、0.902，获益感知的因子载荷为 0.823、0.860、0.856、0.820，再分享意愿的因子载荷为 0.917、0.898、0.829，均高于 0.7；自我效能、获益感知和再分享意愿的平均方差提取值分别为 0.848、0.706、0.778，均高于 0.5。这表明本研究量表具有较好的聚合效度。

表 4 – 5　前测各变量聚合效度检验结果

潜变量	题项	因子载荷	平均方差提取值
自我效能	SE1	0.939	0.848
	SE2	0.902	

续表

潜变量	题项	因子载荷	平均方差提取值
获益感知	BP1	0.823	0.706
	BP2	0.860	
	BP3	0.856	
	BP4	0.820	
再分享意愿	KRI1	0.917	0.778
	KRI2	0.898	
	KRI3	0.829	

判别效度需检验平均方差提取值的平方根，一般认为平均方差提取值平方根需大于各变量之间的相关系数。如表4-6所示，自我效能、获益感知和再分享意愿的平均方差提取值的平方根分别是0.921、0.840、0.882，均大于各变量之间的相关系数，表明本研究量表具有较好的判别效度。

表4-6 前测各变量判别效度检验结果

潜变量	自我效能	获益感知	再分享意愿
自我效能	0.921		
获益感知	0.262	0.840	
再分享意愿	0.351	0.381	0.882

注：矩阵对角线为平均方差提取值的平方根，变量间的相关系数位于对角线下。

再分享意愿、获益感知和自我效能三个变量都是借鉴国内外学者所开发的成熟量表，已经经过了严谨的调整和修改，并通过了信度检验，保证了量表具有良好的内容效度。

因此，本研究量表具有较高的信度和效度，可应用于模型分析。

4.3.2 实验程序

4.3.2.1 被试选择

实验一正式实验的参与者是西南某大学的290名本科学生，有效被试274人，有效率94%。其中，男性114人，占42%；女性160人，占58%；平均年龄为21岁。

4.3.2.2 实验步骤

第一步，请被试登录实验旅游虚拟社区，在浏览网站上已有的游记后，添加一篇自己撰写的游记，并确认发表。

第二步，随机将被试分配到3（物质奖励：无/低/高）×2（精神奖励：无/有）共6个实验情景组中。

第三步，2~3天后，主持人首先与被试回顾当天的游记分享，引发被试进入思考状态。然后根据实验情景，对无精神奖励且无物质奖励的实验组不给予刺激，对有奖励刺激的实验组的被试分发实验刺激材料，告知有奖励的实验组被试，这是旅游虚拟社区针对他们分享的游记给予的奖励。

第四步，请被试仔细阅读实验刺激材料后填写问卷，问卷包括被试人口统计学特征信息、经历背景和"自我效能"、"获益感知"及"再分享意愿"等变量题项。针对有物质奖励的实验组，问卷中还有物质奖励强度操控检验；无物质奖励的实验组，问卷中则没有物质奖励强度操控检验；无精神奖励且无物质奖励的参照组，则在无任何刺激的情况下，直接填写问卷。待填写完成，回收问卷，对被试表示感谢，实验结束。

4.3.2.3 量表信度、效度检验

在正式实验中，本研究采用 PLS-SEM 软件进行验证性因子分析，选择 Smart-PLS 3.0 分析量表的信度和结构效度。

①信度利用组合信度（CR）考察，自我效能、获益感知和再分享意愿的组合信度分别为 0.819、0.900、0.903，均高于 0.7，表明本研究量表具有较好的信度。

②效度一般包括内容效度和结构效度。再分享意愿、获益感知和自我效能三个变量都借鉴了国内外学者所开发的成熟量表，并通过了信度检验，保证了量表具有良好的内容效度。

结构效度分为聚合效度和判别效度。在聚合效度方面，自我效能的因子载荷为 0.902、0.760，获益感知的因子载荷为 0.811、0.854、0.852、0.811，再分享意愿的因子载荷为 0.888、0.905、0.815，均高于 0.7；自我效能、获益感知和再分享意愿的平均方差提取值分别为 0.695、0.693、0.757，均高于 0.5（见表 4-7），表明本研究量表具有较好的聚合效度。

表4-7　实验一各变量组合信度和聚合效度检验结果

潜变量	题项	因子载荷	组合信度	平均方差提取值
自我效能	SE1	0.902	0.819	0.695
	SE2	0.760		
获益感知	BP1	0.811	0.900	0.693
	BP2	0.854		
	BP3	0.852		
	BP4	0.811		
再分享意愿	KRI1	0.888	0.903	0.757
	KRI2	0.905		
	KRI3	0.815		

　　在判别效度方面，自我效能、获益感知和再分享意愿3个变量的平均方差提取值的平方根分别是0.834、0.832、0.870，均大于各变量之间的相关系数（见表4-8），表明本研究量表具有较好的判别效度。

　　因此，本研究量表具有较高的信度和效度，可应用于模型分析。

表4-8　实验一各变量判别效度检验结果

潜变量	自我效能	获益感知	再分享意愿
自我效能	0.834		
获益感知	0.325	0.832	
再分享意愿	0.422	0.436	0.870

4.4　数据分析[①]

4.4.1　操控检验

　　操控物质奖励强度，高水平物质奖励的奖励强度均值显著高于低水平物质奖励的奖励强度均值，$M_{高物质} = 3.80$，$M_{低物质} = 2.30$（t = 12.706，P < 0.001），实验对物质奖励强度操控成功。

---

① 本研究采用SPSS24.0进行数据分析和处理。

4.4.2 物质奖励、精神奖励对再分享意愿的影响

为验证物质奖励对再分享意愿的影响，本研究对 3 组无精神奖励情境中不同物质奖励水平下的再分享意愿进行 ANOVA 分析。结果表明，在无精神奖励的情况下，物质奖励水平对再分享意愿的影响差异显著 [F (2, 119) = 30.908，P < 0.001，见表 4 - 9]。通过独立样本 t 检验进行两两对比，在无精神奖励的情况下，高水平物质奖励时的再分享意愿 $M_{高物质}$ = 4.89 显著高于低水平时的再分享意愿 $M_{低物质}$ = 4.48（t = 2.493，P < 0.05），同时显著高于无物质奖励时的再分享意愿 $M_{无物质}$ = 3.47（t = 7.259，P < 0.001）；低水平物质奖励时的再分享意愿 $M_{低物质}$ = 4.48 显著高于无物质奖励时的再分享意愿 $M_{无物质}$ = 3.47（t = 5.065，P < 0.001）。这表明，在无精神奖励的情况下，物质奖励水平对再分享意愿的影响差异显著，物质奖励水平越高，再分享意愿越强（见图4 - 2）。因此，假设 H1 得到验证。

为验证物质奖励和精神奖励对再分享意愿的交互影响，本研究对有精神奖励情境中不同物质奖励水平下的再分享意愿进行 ANOVA 分析。结果显示，在有精神奖励的情况下，不同的物质奖励水平对再分享意愿的影响差异显著 [F (2, 155) = 21.134，P < 0.001，见表 4 - 9]。通过独立样本 t 检验进行两两对比，发现不同于无精神奖励的情况，在有精神奖励的情况下，低水平物质奖励时的再分享意愿 $M_{低物质}$ = 5.22 显著高于无物质奖励时的再分享意愿 $M_{无物质}$ = 4.50（t = 4.301，P < 0.001），同时显著高于高水平物质奖励时的再分享意愿 $M_{高物质}$ = 4.03（t = 6.254，P < 0.001）；而无物质奖励时的再分享意愿 $M_{无物质}$ = 4.50 显著高于高水平物质奖励时的再分享意愿 $M_{高物质}$ = 4.03（t = 2.435，P < 0.05）。这表明，在有精神奖励的情况下，低水平物质奖励时的再分享意愿高于无物质奖励时的再分享意愿；高水平物质奖励时的再分享意愿不如低水平物质奖励时的再分享意愿。因此，假设 H2 得到支持。

表 4 - 9　物质奖励和精神奖励对再分享意愿影响的方差检验

物质奖励	精神奖励	
	无精神奖励	有精神奖励
无物质奖励	3.47（0.932）	4.50（0.867）
低水平物质奖励	4.48（0.738）	5.22（0.837）

续表

物质奖励	精神奖励	
	无精神奖励	有精神奖励
高水平物质奖励	4.89（0.777）	4.03（1.081）
组间单因素方差检验	30.908（P < 0.001）	21.134（P < 0.001）

注：括号内为标准差。

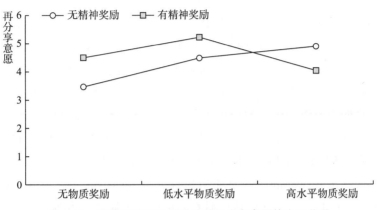

图 4 - 2　精神奖励和物质奖励对再分享意愿的交互作用

4.4.3　获益感知和自我效能的中介效应检验

为了深入分析物质奖励和精神奖励对再分享意愿的作用机理，本研究将进行中介效应检验，来确定获益感知和自我效能是否在物质奖励和精神奖励对再分享意愿的影响中发挥中介作用。

（1）中介变量

中介变量是一种由自变量引起并通过其影响因变量的变量，即自变量通过中介变量影响因变量。引入中介变量的意义在于揭示自变量对因变量影响的作用机理。假设 X 表示自变量，Y 表示因变量，考察自变量 X 对因变量 Y 的影响，如果自变量 X 通过影响变量 M 来影响因变量 Y，则称 M 为中介变量（见图 4 - 3）。

本研究的自变量 X 为 k 个类别（$k \geqslant 3$）的多类别分类变量（multiple-categorical independent），且中介变量 M 为多个并列中介变量，因此本研究选择了 Zhao 等（2010）提出的中介效应分析程序，参照 Preacher&Hayes（2004）和 Hayes（2013）提出的 Bootstrap 方法进行多重中介效应检验。

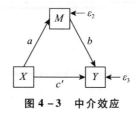

图 4-3 中介效应

（2）Bootstrap 方法的步骤和原理

第一，基于原有样本（样本量为 n）进行有回访的随机重复抽样，共抽取 n 个样本（每个样本被抽到的概率为 $1/n$，抽取到的 n 个样本中很可能存在重复样本）；第二，基于抽取的 n 个样本计算中介效应的估计值 $\hat{a}\hat{b}$；第三，重复上述步骤若干次（记为 B，一般设定 $B=5000$），将 B 个中介效应估计值的均值作为中介效应的点估计值，将 B 个中介效应估计值 $\hat{a}\hat{b}$ 按数值大小排序，得到序列 C，用序列 C 的 2.5 百分位数（LLCI）和第 97.5 百分位数（ULCI）来估计 95% 的中介效应置信区间。

以上三步 Bootstrap 方法是非参数百分位 Bootstrap 法（percentile bootstrap CI method），该方法默认序列 C 的中值等于原样本数据计算得到的中介效应估计值 $\hat{a}\hat{b}$，但是序列 C 的中值往往接近，但不等于该中介效应估计值 $\hat{a}\hat{b}$。鉴于此，方杰和张敏强、Hayes（2013）提出了通过调整序列 C 的百分位来纠正上述问题的偏差校正的非参数百分位 Bootstrap 法（bias corrected percentile bootstrap CI method）。

①自变量为多类别分类变量的 Bootstrap 中介效应检验方法。

Hayes 和 Preacher 使用"相对中介效应"（relative indirect effect）的概念用以分析和阐述多类别自变量（$k \geqslant 3$）的中介效应检验。

第一，根据研究目的选择自变量的某个水平作为参照水平。其他 $k-1$ 个水平都与该水平进行对照，相对中介效应就是其他水平相对于该参照水平的中介路径的作用。由此可知，参照水平选择的不同，相对中介效应的大小和显著性会发生相应的改变。因此，在报告中介效应分析的结果时，必须说明是基于哪个参照水平的中介分析结果。

第二，对自变量进行编码，常用的编码方法是哑变量编码（dummy coding）。当自变量存在 k 个水平时，即会产生 $k-1$ 个哑变量（D1，D2，…，D（$k-1$)）。在 Hayes 和 Preacher 编写的 PROCESS 插件中，可以自动将自变量编码成哑变量，软件默认第 1 组为参照组，进行哑变量编码。

第三，在 SPSS 中安装 PROCESS 插件，将自变量、中介变量、因变量依次选入相应选项框，设定样本量为 5000，置信区间置信度为 95%，Bootstrap 取样方法选择偏差校正的非参数百分位法，X 编码框中选择 "Indicator"，进行回归分析，得到 $k-1$ 个相对中介效应。

第四，数据汇报主要包括两部分。其一，相对中介效应是否显著的结果，若研究中有 $k-1$ 个哑变量，则需要分别给出 $k-1$ 个哑变量的中介效应 $D1$，$D2$，$\cdots$，$D(k-1)$，如果相应的置信区间不包括 0，则表明中介路径存在。其二，控制了中介变量后，哑变量的直接效应是否仍旧显著。可根据使用 Baron 和 Kenny 提出的因果逐步回归方法得到三个模型的数据结果，三个模型中的自变量均为编码后的哑变量。

②多个并列的中介变量的 Bootstrap 中介效应检验方法。

针对多个并列的中介变量，Preacher 和 Hayes 提出使用 Bootstrap 方法进行中介效应检验。该方法有三个优点：其一，可以检验所有的并列中介变量共同发挥中介作用的大小；其二，可以观测在剔除了其他中介路径的作用后，单个的中介路径的作用大小；其三，可以对比不同中介路径的作用大小是否存在显著差异。

打开 SPSS 中的 PROCESS 插件，将自变量、中介变量、因变量依次选入相应选项框，选择模型 4，设定样本量为 5000，置信区间的置信度选择为 95%，Bootstrap 取样方法选择偏差校正的非参数百分位法，选择比较间接作用选项，点击确认，得到检验结果。

数据汇报主要包括四个方面：其一，多个中介变量共同发挥的中介作用大小和显著性（total indirect effect）；其二，在分别提出其他中介变量作用后，每个中介变量各自独立的中介作用大小和显著性；其三，每个中介变量各自独立的中介作用大小的相互比较；其四，剔除掉所有变量共同的中介作用之后，自变量对因变量的直接作用。

本研究根据 Zhao 等（2010）提出的中介效应分析程序，参照 Preacher & Hayes（2004）和 Hayes（2013）提出的 Bootstrap 方法进行中介效应检验，将自变量以无物质奖励组作为参照编码为两个哑变量，样本量选择 5000。

如表 4-10 所示，在无精神奖励情况下，低水平物质奖励（vs. 无物质奖励）对再分享意愿的正向影响受到获益感知的中介影响，95% 置信区间为 [0.0435，0.3808]，不包含 0，中介效应为 0.1664；高水平物质奖励（vs. 无物质奖励）对再分享意愿的正向影响受到获益感知的中介影响，

95% 置信区间为［0.1069，0.5631］，不包含 0，中介效应为 0.2845。低水平物质奖励（vs. 无物质奖励）对再分享意愿的正向影响受到自我效能的中介影响，95% 置信区间为［0.0081，0.3183］，不包含 0，中介效应为 0.1102；高水平物质奖励（vs. 无物质奖励）对再分享意愿的正向影响受到自我效能的中介影响，95% 置信区间为［0.0563，0.4590］，不包含 0，中介效应为 0.2048。

此外，控制了中介变量获益感知和自我效能之后，低水平物质奖励（vs. 无物质奖励）对因变量再分享意愿的直接作用显著，95% 置信区间为［0.3954，1.1068），不包含 0；高水平物质奖励（vs. 无物质奖励）对因变量再分享意愿的直接作用也显著，95% 置信区间为［0.5705，1.3140］，不包含 0。这表明，在无精神奖励情况下，获益感知和自我效能在物质奖励对再分享意愿的影响中发挥部分中介作用。因此，假设 H3 得到支持。

表 4 - 10   中介效应分析（无精神奖励）

变量类型	变量名称	获益感知	自我效能	再分享意愿			
		模型 1	模型 2	模型 3	模型 4	模型 5	模型 6
控制变量	性别	0.2593	0.3952 *	0.1283	0.0327	- 0.0277	- 0.0573
	年龄	- 0.0541	0.0545	- 0.0931	- 0.0732	- 0.1146	- 0.0940
自变量	D1	0.6058 **	0.3807 *	1.0277 ***	0.8042 ***	0.8774 ***	0.7511 ***
	D2	1.0360 ***	0.7076 ***	1.4315 ***	1.0494 ***	1.1522 ***	0.9423 ***
中介变量	获益感知				0.3688 ***		0.2747 **
	自我效能					0.3948 ***	0.2894 **
	R^2	0.2239	0.1832	0.3593	0.4534	0.4507	0.4964
	F	8.2243 ***	6.3932 ***	15.9853 ***	18.7473 ***	18.5459 ***	18.3984 ***

注：***、**、* 分别表示在 0.1%、1% 和 5% 的水平下显著；D1 代表低水平物质奖励（vs. 无物质奖励）；D2 代表高水平物质奖励（vs. 无物质奖励）；下同。

如表 4 - 11 所示，在有精神奖励情况下，在 95% 置信区间下，低水平物质奖励（vs. 无物质奖励）对再分享意愿的正向影响中，获益感知中介效应不显著，95% 置信区间为［- 0.0148，0.1932］，包含 0；高水平物质奖励（vs. 无物质奖励）对再分享意愿的负向影响中，获益感知中介效应不显著，95% 置信区间为［- 0.1001，0.1271］，包含 0。低水平物质奖励（vs. 无物质奖励）对再分享意愿的正向影响受到自我效能的中介影响，

95% 置信区间为 [0.0041, 0.1991]，不包含 0，中介效应为 0.0695；高水平物质奖励（vs. 无物质奖励）对再分享意愿的负向影响受到自我效能的中介影响，95% 置信区间为 [−0.2215, −0.0065]，不包含 0，中介效应为 −0.0753。此外，控制了中介变量自我效能之后，低水平物质奖励（vs. 无物质奖励）对因变量再分享意愿的直接作用显著，95% 置信区间为 [0.1943, 0.8903]，不包含 0；高水平物质奖励（vs. 无物质奖励）对因变量再分享意愿的直接作用也显著，95% 置信区间为 [−0.7540, −0.0629]，不包含 0。

因此，在有精神奖励情况下，自我效能在物质奖励对再分享意愿的影响中发挥了部分中介作用，并且在不同物质奖励水平下，作用方向完全不同。在有精神奖励的情况下，当旅游虚拟社区给予低水平物质奖励时，个体的自我效能强，再分享意愿高，假设 H4a 得到支持；当旅游虚拟社区给予高水平物质奖励时，个体的自我效能弱，再分享意愿低，假设 H4b 得到支持。综上，在有精神奖励情况下，物质奖励对再分享意愿的影响以自我效能为中介，假设 H4 得到支持。

表 4−11   中介效应分析（有精神奖励）

变量类型	变量名称	获益感知	自我效能	再分享意愿		
		模型 7	模型 8	模型 9	模型 10	模型 11
控制变量	性别	−0.2608	−0.2343	−0.2617	−0.2064	−0.0825
	年龄	−0.0165	−0.0043	−0.0886	−0.0876	−0.1350
自变量	D1	0.2347	0.3665 *	0.6859 ***	0.5993 **	0.5423 **
	D2	0.0401	−0.3976 *	−0.4711 *	−0.3773 *	−0.4084 *
中介变量	获益感知					0.3156 ***
	自我效能				0.2361 *	0.1895 *
R^2		0.0416	0.1537	0.2445	0.2767	0.3401
F		1.6280	6.8091 ***	12.1385 ***	11.4014 ***	12.7143 ***

4.5   结果讨论

实验一的结果表明，首先，在无精神奖励的情况下，单纯的物质奖励对再分享意愿有影响，且影响随着物质奖励的强度增加而增强。这表明，单独施加物质奖励时，出于对分享行为投入的时间、精力、金钱等成本的补偿心理，分享者会用物质奖励的多少来衡量分享行为的经济利益。因此，在无精神奖励的情况下，物质奖励对分享者的激励作用是"越多越好"。

其次，在有精神奖励的情况下，物质奖励对知识再分享意愿的影响与物质奖励水平有关。一是，低水平物质奖励时的再分享意愿强于无物质奖励时的再分享意愿。这是由于低水平物质奖励被分享者视为象征性奖励，这一信息性因素能传达胜任的信息，会强化精神奖励对内在动机的促进作用，与 Dan 等（2009）的研究结果一致。二是，物质奖励不是越多越好，甚至存在"多不如无"的现象。高水平物质奖励被视为对分享者的物质报酬，但其金额由于受旅游虚拟社区行业限制，未达到现实社会中自我的期望价值，所以获益感知不显著。同时，高水平物质奖励被视为控制性刺激，导致自我效能降低。这一结论与既有研究有一定不同，Heyman & Ariely（2004）、Kamenica（2012）认为，只有精神奖励时，个体会将精神奖励视为收益，而一旦涉及物质奖励，个体对奖励的关注点就只有物质奖励。也就是说，在现实社会中，当物质奖励一旦出现，个体的金钱算计功能就会启动，但本研究发现，在旅游虚拟社区中，物质奖励在达到一定强度时个体才会启动金钱算计功能。

最后，精神奖励与物质奖励对知识再分享意愿的交互影响机理与物质奖励独自影响再分享意愿的机理不同。一方面，在无精神奖励的情况下，物质奖励通过激发分享者的获益感知和自我效能影响知识再分享意愿。这一结果证实了单独实施物质奖励时，分享者理性自利的外部动机被启动，同时物质奖励蕴含的价值信号也将通过提升分享者的内在动机进一步强化其知识再分享意愿。另一方面，在物质奖励和精神奖励交互作用情形下，当给予低水平的物质奖励时，个体自我效能强，再分享意愿高，此时的物质奖励实际上是物化了的精神奖励；当给予高水平的物质奖励时，个体自我效能弱，再分享意愿低。这实际上揭示了分享者同时接受物质奖励和精神奖励时，影响知识再分享意愿的关键是自我效能。

5. 不同形式物质奖励对再分享
意愿的影响差异研究

第 4 章关于物质奖励和精神奖励对再分享意愿的影响及作用机理的研究，是基于虚拟货币形式的物质奖励进行考察的。第 3 章探索性研究发现现有旅游虚拟社区的物质奖励形式除了虚拟货币外，还有代金券、现金。虚拟货币、现金与代金券这三种物质奖励形式在价值信息加工负荷、面额水平和适用范围等方面存在明显的不同，我们推断不同形式的物质奖励对再分享意愿的影响是有差异的。因此，本章首先分析不同形式物质奖励的特征差异，并在此基础上分析不同形式的物质奖励对再分享意愿影响的差异及作用机理。

5.1 不同形式物质奖励的差异分析

虚拟货币、现金和代金券等形式的物质奖励在价值信息加工负荷、面额水平和适用范围等方面存在差异。

首先，虚拟货币的价值信息加工负荷高，现金和代金券的价值信息加工负荷低。现金和代金券的面额就代表它的价值，信息直观可见，个体认知现金和代金券的价值只需要占用很少的认知资源，因此现金和代金券的价值信息加工负荷低。虚拟货币的面额通常高于其价值，需要对比换购礼品的虚拟货币数额和市场价格才能换算出虚拟货币的价值，认知虚拟货币的价值需要占用个体更多的认知资源，因此虚拟货币的价值信息加工负荷高。

其次，个体对同等价值虚拟货币的直观奖励强度感知高于现金或代金券。同等价值的虚拟货币面额通常高于现金和代金券。以马蜂窝旅游网的虚拟货币"蜂蜜"为例，78 蜂蜜可兑换 30M 流量包（市场价格 5 元），换算可知 1 蜂蜜价值 0.06 元。可见，同等价值的情况下，虚拟货币的面额是现金或代金券面额的 10 余倍。因此，在不启动金钱算计功能的情况下，个体对同等价值的虚拟货币所感知的直观奖励强度远高于现金或代金券。

最后，现金奖励适用范围更广，个体获益感知更强。在三种形式的物质奖励中，现金的流通性最强，适用范围最广。而虚拟货币和代金券由旅游虚拟社区发行，使用范围、使用规则均受发行方的限制，适用范围较窄。代金券还兼具促销的商业功能。因此，在同等价值的情况下，现金比虚拟货币或代金券的适用范围更广，个体在启动金钱算计功能考察三种形式的物质奖励的价值时，个体对现金的获益感知会高于虚拟货币或代金券。

5.2 研究假设

5.2.1 不同形式物质奖励和精神奖励交互作用对再分享意愿的影响差异分析

在有精神奖励的情况下，精神奖励会促使个体更关注自身内在动机，对外在动机的关注降低，则个体对物质奖励的价值评估卷入度降低。当物质奖励处于低水平时，个体对三种形式物质奖励的价值评估卷入度都低。但物质奖励形式的不同会导致信息加工负荷的差异。评估虚拟货币的价值需要占用个体较多的认知资源，信息加工负荷高，因此在低卷入度下，启发式系统占优。虚拟货币的直观奖励力度通常较大，因此在个体的金钱算计功能不启动的情况下，个体一般将低水平虚拟货币奖励视为"象征性奖励"，从而感知到旅游虚拟社区的肯定与认可，其胜任需要得到满足，这会增强其知识分享内在动机，提升再分享意愿。

现金（代金券）是直接信息，评估其价值只需占用很少的认知资源，信息加工负荷低，因此，即使在低卷入度下，个体仍然容易进行估计、判断，此时分析系统占优。个体启动金钱算计功能，会发现低水平现金（代金券）奖励的产出效用明显偏低，这会削弱其知识分享外在动机；同时，偏低的奖励水平也传递了低水平的评价信息，个体的胜任需要未能得到满足，从而削弱其知识分享内在动机，降低再分享意愿，出现"挤出效应"。

当物质奖励处于高水平时，个体对三种形式物质奖励的价值评估的卷入度都高，分析系统均占优，金钱算计功能启动。当物质奖励为虚拟货币时，个体仅在高水平奖励时才启动金钱算计功能，但受虚拟货币适用范围的限制，获益感知难以达到现实社会中个体的期望价值，因此才会导致个体在高水平奖励时的再分享意愿不及低水平奖励时的再分享意愿。当物质奖励形式为现金（代金券）时，与虚拟货币不同，无论奖励水平是低还是高，个体均会启动金钱算计功能。相较于低水平的现金（代金券）奖励，高水平的现金（代金券）奖励的产出效用更高，这会增强个体的知识分享外在动机；而且高水平的奖励也传递了高水平的评价信息，个体的胜任需要得到满足，这会增强个体知识分享内在动机，提升其再分享意愿。

据此，本研究拟提出如下假设：

H5：在有精神奖励的情况下，不同形式物质奖励对再分享意愿的影响存在差异。

H5a：在同时给予精神奖励和虚拟货币形式的物质奖励的情况下，低水平物质奖励时的再分享意愿显著高于无物质奖励和高水平物质奖励时的再分享意愿，即随着物质奖励水平的提高，再分享意愿呈现倒"U"形。

H5b：在同时给予精神奖励和现金（代金券）形式的物质奖励的情况下，低水平物质奖励时的再分享意愿显著低于无物质奖励和高水平物质奖励时的再分享意愿，即随着物质奖励水平的提高，再分享意愿呈"U"形。

在同时给予精神奖励和物质奖励的情况下，现金（代金券）奖励对再分享意愿的影响与虚拟货币对再分享意愿的影响存在差异，但单独给予物质奖励时，现金（代金券）奖励对再分享意愿的影响与虚拟货币则可能无差异。

5.2.2 不同形式物质奖励对再分享意愿的影响

在无精神奖励的情况下，旅游虚拟社区具有匿名特征，因此分享者无法感知他人的关注，物质奖励等同于在私下实施。Dan 等（2009）认为物质奖励在公开场合下无效，但在私下能促使个体更加努力。也就是说，在无精神奖励的情况下，个体遵循成本收益对等的市场运行机制和规律，物质奖励越高，知识分享行为越积极。现金、代金券虽然在形式上与虚拟货币不同，但均属于物质奖励，作为收益可补偿知识分享所付出的成本。因此，在无精神奖励刺激下，现金和代金券与虚拟货币对再分享意愿的影响无差异，奖励水平越高，越能激发用户的再分享意愿。

据此，本研究提出如下假设：

H6：在无精神奖励的情况下，现金（代金券）奖励对再分享意愿的影响与虚拟货币对再分享意愿的影响无差异，再分享意愿随着物质奖励水平提升而增强。

5.2.3 不同形式物质奖励下获益感知和自我效能的中介作用

在有精神奖励的情况下，分享行为被表彰的可见度大大提高，个体对物质奖励的关注度降低，此时低水平虚拟货币奖励会被视为象征性奖励，个体金钱算计功能不会启动，分享者的获益感知不明显；低水平虚拟货币奖励只表达网站对分享行为的认可和肯定，因此，当旅游虚拟社区给予低水平虚拟货币奖励时，个体自我效能增强，再分享意愿提升。但是，当虚拟货币的物质奖励强度提高时，个体会将此奖励视为对其分享行为的物质报酬，金钱算计功能会启动。但目前旅游虚拟社区物质奖励水平很难达到现实社会中个体的期望价值，所以个体的获益感知不显著，获益感知中介作用不显著。与此同时，高水平物质奖励被个体视为控制性刺激，这会削弱分享者的自主感，导致分享者内部动机下降，自我效能降低。因此，在有精神奖励的情况下，旅游虚拟社区给予高水平虚拟货币奖励时，个体自我效能削弱，再分享意愿降低。

与虚拟货币奖励不同，现金和代金券奖励的价值信息加工负荷低，即便是在低卷入度的情况下，个体仍然容易进行估计、判断，从而采用分析系统评估物质奖励的价值（孙彦等，2007），由此导致物质奖励和精神奖励对再分享意愿的交互影响，在现金（代金券）奖励的情况下和在虚拟货币奖励的情况下存在两方面的差异。第一，现金（代金券）奖励会启动个体金钱算计功能，所以现金（代金券）奖励和精神奖励会通过获益感知影响再分享意愿。当物质奖励形式为现金（代金券）时，无论奖励水平高低，个体都会启动金钱算计功能，使用信息加工系统中的分析系统来评价物质奖励的价值。因此，不同于虚拟货币的物质奖励形式，现金（代金券）奖励会通过获益感知影响再分享意愿。具体地，当给予低水平现金（代金券）奖励时，低收益弱化了个体的获益感知，再分享意愿低；当给予高水平现金（代金券）奖励时，高收益强化个体的获益感知，再分享意愿高。第二，基于认知评价理论，物质奖励会传递对分享行为的评价信息，现金（代金券）奖励和精神奖励会通过自我效能影响再分享意愿。低水平现金（代金券）奖励传递出低水平的评价信息，这会弱化个体的胜任感，降低自我效能，再分享意愿低。高水平现金（代金券）奖励传递出高水平的评价信息，这会增强自我效能，再分享意愿高。因此，在有精神奖励的情况下，现金（代金券）奖励和精神奖励的交互作用通过获益感知和自我效能影响再分享意愿。

据此，本研究拟提出如下假设：

H7：在有精神奖励的情况下，不同形式物质奖励与精神奖励交互作用对再分享意愿影响的中介效应不同。

H7a：虚拟货币奖励与精神奖励的交互作用对再分享意愿的影响，以自我效能为中介。其中，当旅游虚拟社区给予低水平虚拟货币奖励时，个体的自我效能强，再分享意愿高；给予高水平虚拟货币奖励时，个体的自我效能弱，再分享意愿低。

H7b：现金（代金券）奖励与精神奖励的交互作用对再分享意愿的影响，以获益感知和自我效能为中介。其中，当旅游虚拟社区给予低水平现金（代金券）奖励时，个体的获益感知和自我效能弱，再分享意愿低；给予高水平现金（代金券）奖励时，个体的获益感知和自我效能强，再分享意愿高。

5.3 研究设计

5.3.1 实验二设计

5.3.1.1 实验分组

实验二的研究目的是考察不同形式的物质奖励对再分享意愿的影响差异及

作用机理。本研究选取了虚拟货币、现金、代金券3种实验场景。每个实验场景下有3（物质奖励：无/低/高）×2（精神奖励：无/有）6个组间实验设计。

5.3.1.2　实验材料

实验材料包括网站材料和纸质材料。实验一的前测已证实在同种奖励类型激励下，知名旅游虚拟社区和实验旅游虚拟社区中的再分享意愿无显著差异。因此，本研究网站材料采用实验旅游虚拟社区。

纸质材料采用文字阐述的形式，为了控制文字字号、字体、颜色等无关变量的干扰，每个情境设计的文字细节基本一致，字体均为楷体，颜色为黑色，字号采用四号。

精神奖励的刺激材料与实验一一致，设计为：您分享的游记截至昨天已超过3000点击量，网友认为您游记的内容很实用，非常精彩！在逾千篇的游记中脱颖而出，被授予"最佳游记"的荣誉称号！（"最佳游记"荣誉只有点赞量排名前3的游记才能获得）没有谈及则为无奖励。

物质奖励的刺激材料在实验一的基础上，根据物质奖励的形式进行了修订。

场景一：物质奖励形式为虚拟货币，实验材料与实验一完全一致。高水平物质奖励刺激设计为："您将获得2000蜂蜜奖励"；低水平物质奖励设计为："您将获得10蜂蜜奖励"。同时对"蜂蜜"进行描述："蜂蜜"是专属货币，可以到蜂蜜商城兑换等价实物和纪念品，是针对您对其他蜂蜂做出的帮助而设立的奖励！没有谈及则为无奖励。

场景二：物质奖励形式为现金，并且将实验一中的蜂蜜奖励折算为人民币。实验一"蜂蜜商城"中，1蜂蜜价值相当于0.03~0.06元，取最高换算率。因此，高水平物质奖励刺激设计为："您将获得120元现金奖励"；低水平物质奖励设计为："您将获得0.6元现金奖励"。同时对现金奖励进行描述：现金奖励是针对您对其他蜂蜂做出的帮助而设立的奖励！没有谈及则为无奖励。

场景三：物质奖励形式为代金券。依据现金奖励的设计，高水平物质奖励刺激设计为："您将获得120元代金券奖励"；低水平物质奖励设计为："您将获得0.6元代金券奖励"。并对代金券奖励进行描述：代金券奖励是针对您对其他蜂蜂做出的帮助而设立的奖励！没有谈及则为无奖励。

5.3.1.3　前测

通过前测，确定本研究的奖励类型和奖励强度。

操控奖励类型。105 名本科生参与前测，35 名被试阅读现金奖励的刺激材料，35 名被试阅读代金券奖励的刺激材料，均认为该奖励属物质奖励；35 名被试阅读精神奖励的刺激材料，均认为该奖励属精神奖励。被试对刺激材料中奖励类型的认知符合实验设计，奖励类型操控成功。

操控虚拟货币奖励强度。85 名本科生参与前测，要求其在分享后对获得 2000 蜂蜜奖励或 10 蜂蜜奖励属于高水平或低水平进行打分（采用李克特 5 点评分法，1 = 非常低，5 = 非常高）。结果表明，高水平物质奖励的奖励强度均值显著高于低水平物质奖励的奖励强度均值，$M_{高物质} = 3.51$，$M_{低物质} = 2.13$（$t = 6.448$，$P < 0.001$），物质奖励强度操控成功。

操控现金奖励强度。82 名本科生参与前测，要求其在分享后对获得 120 元现金奖励或 0.6 元现金奖励属于高水平或低水平进行打分（采用李克特 5 点评分法，1 = 非常低，5 = 非常高）。结果表明，高水平物质奖励的奖励强度均值显著高于低水平物质奖励的奖励强度均值，$M_{高物质} = 3.61$，$M_{低物质} = 1.76$（$t = 10.093$，$P < 0.001$），现金奖励强度操控成功。

操控代金券奖励强度。72 名本科生参与前测，要求其在分享后对获得 120 元代金券奖励或 0.6 元代金券奖励属于高水平或低水平进行打分（采用李克特 5 点评分法，1 = 非常低，5 = 非常高）。结果表明，高水平物质奖励的奖励强度均值与低水平物质奖励的奖励强度均值无显著差异，$M_{高物质} = 2.05$，$M_{低物质} = 1.79$（$t = 1.525$，$P > 0.05$），而且被试对 120 元代金券的奖励强度感知低于奖励强度中间值 3，实验对代金券奖励强度操控失败。

经过举行 10 人次的深度访问和两次焦点小组座谈，将高水平代金券奖励设定为 300 元。70 名本科生参与前测，要求其在分享后对获得 300 元代金券奖励或 0.6 元代金券奖励属于高水平或低水平进行打分（采用李克特 5 点评分法，1 = 非常低，5 = 非常高）。结果表明，高水平物质奖励的奖励强度均值显著高于低水平物质奖励的奖励强度均值，$M_{高物质} = 3.61$，$M_{低物质} = 1.53$（$t = 12.491$，$P < 0.001$），代金券奖励强度操控成功。

5.3.1.4　测量量表

实验二中，物质奖励为虚拟货币（情景一）时所使用的测量量表与实验一中所使用的测量量表完全一致，见表 5 - 1。

表 5 - 1 实验二情景一的测量量表

潜变量	测量变量
再分享意愿	我愿意在该旅游虚拟社区上更频繁地分享旅行的攻略、照片等信息
	我愿意经常在该旅游虚拟社区上分享我的游记、得失和旅行技巧
	我愿意和其他用户更频繁地分享我的旅行经验及旅行体会
获益感知	我对所得到的蜂蜜感到满意
	我认为该旅游虚拟社区的蜂蜜奖励制度合理
	我认为自己的付出和回报是公平的
	我认为目前该旅游虚拟社区的奖励制度对分享者有激励作用
自我效能	我自信向该旅游虚拟社区提供其他用户认为有价值的信息
	我拥有为该旅游虚拟社区提供有价值的信息所需的技能

在物质奖励为现金的情景二和物质奖励为代金券的情景三的测量量表中，对物质奖励形式的文字进行了修订，如情景二的量表中"蜂蜜"被替换为"现金"；情景三的量表中"蜂蜜"被替换为"代金券"。

5.3.2 实验程序

5.3.2.1 实验步骤

被试选择。正式实验的参与者是西南某大学的 930 名本科学生，有效被试 904 人，有效率为 97.20%。其中，男性 456 人，占 50.44%；女性 448 人，占 49.56%；平均年龄为 20 岁。场景一中，有效被试 274 人，其中男性 133 人，占 48.54%；女性 141 人，占 51.46%；平均年龄为 21 岁。场景二中，有效被试 316 人，其中男性 159 人，占 50.32%；女性 157 人，占 49.68%；平均年龄为 20 岁。场景三中，有效被试 314 人，其中男性 164 人，占 52.23%；女性 150 人，占 47.77%；平均年龄为 20 岁。

实验二与实验一的实验步骤完全一致。

5.3.2.2 量表信度、效度检验

本研究采用 PLS-SEM 软件进行验证性因子分析，选择 Smart-PLS 3.0 分析量表的信度和结构效度。

①信度利用组合信度（CR）考察，自我效能、获益感知和再分享意

愿的组合信度分别为 0.869、0.924、0.912，均高于 0.7（见表 5 - 2），表明本研究量表具有较好的信度。

②效度一般包括内容效度和结构效度。再分享意愿、获益感知和自我效能三个变量都是借鉴国内外学者所开发的成熟量表，并通过了信度检验，保证了量表具有良好的内容效度。

结构效度分为聚合效度和判别效度。聚合效度考察因子载荷、平均方差提取值，由表 5 - 2 可知，自我效能的因子载荷为 0.886、0.866，获益感知的因子载荷为 0.859、0.894、0.870、0.844，再分享意愿的因子载荷为 0.880、0.905、0.858，均高于 0.7；自我效能、获益感知和再分享意愿的平均方差提取值分别为 0.768、0.751、0.776，均高于 0.5，表明本研究量表具有较好的聚合效度。

表 5 - 2　实验二各变量组合信度和聚合效度检验结果

潜变量	题项	因子载荷	组合信度	平均方差提取值
自我效能	SE1	0.886	0.869	0.768
	SE2	0.866		
获益感知	BP1	0.859	0.924	0.751
	BP2	0.894		
	BP3	0.870		
	BP4	0.844		
再分享意愿	KRI1	0.880	0.912	0.776
	KRI2	0.905		
	KRI3	0.858		

判别效度需检验平均方差提取值的平方根是否大于各变量之间的相关系数，由表 5 - 3 可知，自我效能、获益感知和再分享意愿 3 个变量的平均方差提取值的平方根分别是 0.876、0.867、0.881，均大于各变量之间的相关系数，表明本研究量表具有较好的判别效度。

因此，本研究量表具有较高的信度和效度，可应用于模型分析。

表 5 - 3　实验二各变量判别效度检验结果

潜变量	自我效能	获益感知	再分享意愿
自我效能	0.876		

潜变量	自我效能	获益感知	再分享意愿
获益感知	0.512	0.867	
再分享意愿	0.599	0.564	0.881

5.4　数据分析

本研究采用 SPSS24.0 进行数据分析和处理。

5.4.1　操控检验

操控虚拟货币奖励强度。高水平虚拟货币奖励的奖励强度均值显著高于低水平虚拟货币奖励的奖励强度均值，$M_{高物质} = 3.66$，$M_{低物质} = 2.24$（t = 12.191，P < 0.001），虚拟货币奖励强度操控成功。

操控现金奖励强度。高水平现金奖励的奖励强度均值显著高于低水平现金奖励的奖励强度均值，$M_{高物质} = 3.50$，$M_{低物质} = 2.04$（t = 12.189，P < 0.001），现金奖励强度操控成功。

操控代金券奖励强度，高水平代金券奖励的奖励强度均值显著高于低水平代金券奖励的奖励强度均值，$M_{高物质} = 3.41$，$M_{低物质} = 2.16$（t = 8.037，P < 0.001），代金券奖励强度操控成功。

5.4.2　有精神奖励情况下不同形式物质奖励对再分享意愿的影响

为验证虚拟货币形式的物质奖励和精神奖励对再分享意愿的交互作用，本研究对 3 组有精神奖励情境中不同虚拟货币奖励水平下的再分享意愿进行 ANOVA 分析发现，在有精神奖励的情况下，不同的虚拟货币奖励水平对再分享意愿的影响差异显著 [F (2, 155) = 28.418，P < 0.001，见表 5 - 4]。通过独立样本 t 检验进行两两对比，发现在有精神奖励的情况下，低水平虚拟货币奖励时的再分享意愿 $M_{低物质} = 5.29$ 显著高于无虚拟货币奖励时的再分享意愿 $M_{无物质} = 4.54$（t = 4.934，P < 0.001）；低水平虚拟货币奖励时的再分享意愿 $M_{低物质} = 5.29$ 显著高于高水平虚拟货币奖励时的再分享意愿 $M_{高物质} = 3.99$（t = 7.224，P < 0.001）；无虚拟货币奖励时的再

分享意愿 $M_{无物质} = 4.54$ 显著高于高水平虚拟货币奖励时的再分享意愿 $M_{高物质} = 3.99$（$t = 2.977$，$P < 0.01$）。这表明，在同时给予精神奖励和虚拟货币形式的物质奖励的情况下，低水平物质奖励时的再分享意愿显著高于无物质奖励和高水平物质奖励时的再分享意愿，即随着物质奖励水平的提高，再分享意愿呈现倒"U"形（见图 5-1）。因此，假设 H5a 得到支持。

为验证现金形式的物质奖励和精神奖励对再分享意愿的交互作用，本研究对 3 组有精神奖励情境中不同现金奖励水平下的再分享意愿进行 ANO-VA 分析发现，在有精神奖励的情况下，不同的现金奖励水平对再分享意愿的影响差异显著 [$F (2, 167) = 25.557$，$P < 0.001$，见表 5-4]。通过独立样本 t 检验进行两两对比，发现在有精神奖励的情况下，低水平现金奖励时的再分享意愿 $M_{低物质} = 3.77$ 显著低于无现金奖励时的再分享意愿 $M_{无物质} = 4.50$（$t = -4.280$，$P < 0.001$）；低水平现金奖励时的再分享意愿 $M_{低物质} = 3.77$ 显著低于高水平现金奖励时的再分享意愿 $M_{高物质} = 4.94$（$t = -7.043$，$P < 0.001$）；无现金奖励时的再分享意愿 $M_{无物质} = 4.50$ 显著低于高水平现金奖励时的再分享意愿 $M_{高物质} = 4.94$（$t = -2.654$，$P < 0.01$）。这表明，在同时给予精神奖励和现金形式的物质奖励的情况下，低水平物质奖励时的再分享意愿显著低于无物质奖励和高水平物质奖励时的再分享意愿，即随着物质奖励水平的提高，再分享意愿呈"U"形（见图 5-1）。

为验证代金券形式的物质奖励和精神奖励对再分享意愿的交互作用，本研究对 3 组有精神奖励情境中不同代金券奖励水平下的再分享意愿进行 ANOVA 分析发现，在有精神奖励的情况下，不同的代金券奖励水平对再分享意愿的影响差异显著 [$F (2, 167) = 18.733$，$P < 0.001$，见表 5-4]。通过独立样本 t 检验进行两两对比，发现在有精神奖励的情况下，低水平代金券奖励时的再分享意愿 $M_{低物质} = 3.79$ 显著低于无代金券奖励时的再分享意愿 $M_{无物质} = 4.31$（$t = -2.970$，$P < 0.01$）；低水平代金券奖励时的再分享意愿 $M_{低物质} = 3.79$ 显著低于高水平代金券奖励时的再分享意愿 $M_{高物质} = 4.77$（$t = -6.208$，$P < 0.001$）；无代金券奖励时的再分享意愿 $M_{无物质} = 4.31$ 显著低于高水平代金券奖励时的再分享意愿 $M_{高物质} = 4.77$（$t = -2.901$，$P < 0.01$）。这表明，在同时给予精神奖励和代金券形式的物质奖励的情况下，低水平物质奖励时的再分享意愿显著低于无物质奖励和高水平物质奖励时的再分享意愿，即随着物质奖励水平的提高，再分享意愿呈现"U"

形（见图 5 - 1）。因此，假设 H5b 得到支持。

综上，在有精神奖励的情况下，不同形式物质奖励对再分享意愿的影响存在差异。因此，假设 H5 得到支持。

表 5 - 4　不同形式物质奖励对再分享意愿影响的方差检验（有精神奖励）

物质奖励水平	物质奖励形式		
	虚拟货币奖励	现金奖励	代金券奖励
无物质奖励	4.54（0.801）	4.50（0.867）	4.31（0.900）
低水平物质奖励	5.29（0.739）	3.77（0.898）	3.79（0.910）
高水平物质奖励	3.99（1.049）	4.94（0.880）	4.77（0.777）
组间单因素方差检验	28.418（P < 0.001）	25.557（P < 0.001）	18.733（P < 0.001）

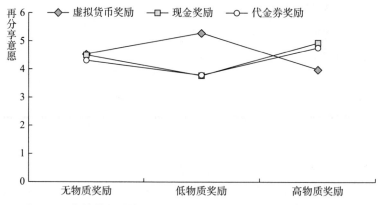

图 5 - 1　有精神奖励情况下不同形式物质奖励对再分享意愿的影响

5.4.3　无精神奖励情况下不同形式物质奖励对再分享意愿的影响

为验证虚拟货币形式的物质奖励对再分享意愿的影响，本研究对 3 组无精神奖励情境中不同虚拟货币奖励水平下的再分享意愿进行 ANOVA 分析发现，在无精神奖励的情况下，虚拟货币奖励水平对再分享意愿的影响差异显著 [$F_{(2, 119)} = 32.362$，$P < 0.001$，见表 5 - 5]。通过独立样本 t 检验进行两两对比，在无精神奖励的情况下，高水平虚拟货币奖励时的再分享意愿 $M_{高物质} = 4.91$ 显著高于低水平虚拟货币奖励时的再分享意愿 $M_{低物质} = 4.54$（t = 2.500，P < 0.05）；高水平虚拟货币奖励时的再分享意

愿 $M_{高物质}$ =4.91 显著高于无虚拟货币奖励时的再分享意愿 $M_{无物质}$ =3.57（t=7.360，P<0.001）；低水平虚拟货币奖励时的再分享意愿 $M_{低物质}$ =4.54 显著高于无虚拟货币奖励时的再分享意愿 $M_{无物质}$ =3.57（t=5.320，P<0.001）。这表明，在无精神奖励的情况下，虚拟货币形式的物质奖励水平对再分享意愿的影响差异显著，物质奖励水平越高，再分享意愿越强（见图 5 – 2）。

为验证现金形式的物质奖励对再分享意愿的影响，本研究对 3 组无精神奖励情境中不同现金奖励水平下的再分享意愿进行 ANOVA 分析发现，在无精神奖励的情况下，现金奖励水平对再分享意愿的影响差异显著 $[F_{(2, 149)}$ =11.630，P<0.001，见表 5 – 5]。通过独立样本 t 检验进行两两对比，在无精神奖励的情况下，高水平现金奖励时的再分享意愿 $M_{高物质}$ =4.51 显著高于低水平现金奖励时的再分享意愿 $M_{低物质}$ =4.00（t=2.672，P<0.01）；高水平现金奖励时的再分享意愿 $M_{高物质}$ =4.51 显著高于无现金奖励时的再分享意愿 $M_{无物质}$ =3.47（t=4.705，P<0.001）；低水平现金奖励时的再分享意愿 $M_{低物质}$ =4.00 显著高于无现金奖励时的再分享意愿 $M_{无物质}$ =3.47（t=2.676，P<0.01）。这表明，在无精神奖励的情况下，现金形式的物质奖励水平对再分享意愿的影响差异显著，物质奖励水平越高，再分享意愿越强（见图 5 – 2）。

为验证代金券形式的物质奖励对再分享意愿的影响，本研究对 3 组无精神奖励情境中不同代金券奖励水平下的再分享意愿进行 ANOVA 分析发现，在无精神奖励的情况下，代金券奖励水平对再分享意愿的影响差异显著 $[F_{(2, 147)}$ =17.771，P<0.001，见表 5 – 5]。通过独立样本 t 检验进行两两对比，在无精神奖励的情况下，高水平代金券奖励时的再分享意愿 $M_{高物质}$ =4.56 显著高于低水平代金券奖励时的再分享意愿 $M_{低物质}$ =4.02（t=2.920，P<0.01）；高水平代金券奖励时的再分享意愿 $M_{高物质}$ =4.56 显著高于无代金券奖励时的再分享意愿 $M_{无物质}$ =3.29（t=6.015，P<0.001）；低水平代金券奖励时的再分享意愿 $M_{低物质}$ =4.02 显著高于无代金券奖励时的再分享意愿 $M_{无物质}$ =3.29（t=3.878，P<0.001）。这表明，在无精神奖励的情况下，代金券形式的物质奖励水平对再分享意愿的影响差异显著，物质奖励水平越高，再分享意愿越强（见图 5 – 2）。

综上，在无精神奖励的情况下，现金（代金券）奖励对再分享意愿的影响与虚拟货币对再分享意愿的影响无差异，再分享意愿随着物质奖励水平提升而增强。因此，假设 H6 得到支持。

表 5-5 不同形式物质奖励对再分享意愿影响的方差检验（无精神奖励）

物质奖励水平	物质奖励形式		
	虚拟货币奖励	现金奖励	代金券奖励
无物质奖励	3.57（0.859）	3.47（0.932）	3.29（0.846）
低水平物质奖励	4.54（0.655）	4.00（0.887）	4.02（0.857）
高水平物质奖励	4.91（0.744）	4.51（1.162）	4.56（1.125）
组间单因素方差检验	32.362（P < 0.001）	11.630（P < 0.001）	17.771（P < 0.001）

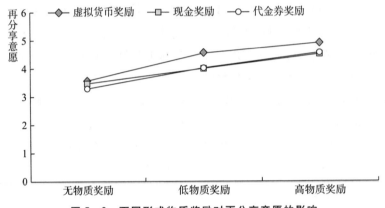

图 5-2 不同形式物质奖励对再分享意愿的影响

5.4.4 不同形式物质奖励下获益感知和自我效能的中介效应检验

为了深入分析不同形式物质奖励和精神奖励对再分享意愿交互影响的作用机理，本研究将进行中介效应检验，来确定获益感知和自我效能是否在不同形式物质奖励和精神奖励对再分享意愿的交互影响中发挥中介作用。

5.4.4.1 虚拟货币奖励和精神奖励对再分享意愿影响的作用机理

本研究将进行中介效应检验，考察获益感知和自我效能是否在虚拟货币奖励和精神奖励对再分享意愿的交互影响中发挥中介作用。本研究根据 Zhao 等（2010）提出的中介效应分析程序，参照 Preacher & Hayes（2004）

和 Hayes（2013）使用的 Bootstrap 方法进行中介效应检验，将自变量以无虚拟货币奖励组作为参照编码为两个哑变量，样本量选择 5000。[①]

如表 5 - 6 所示，在有精神奖励情况下，低水平虚拟货币奖励（vs. 无虚拟货币奖励）对再分享意愿的正向影响中，获益感知中介效应不显著，95% 置信区间为 [- 0.0307，0.1448]，包含 0；高水平虚拟货币奖励（vs. 无虚拟货币奖励）对再分享意愿的负向影响中，获益感知中介效应不显著，95% 置信区间为 [0.1061，0.0341]，包含 0。低水平虚拟货币奖励（vs. 无虚拟货币奖励）对再分享意愿的正向影响受到自我效能的中介影响，95% 置信区间为 [0.0140，0.2260]，不包含 0，中介效应为 0.0886；高水平虚拟货币奖励（vs. 无虚拟货币奖励）对再分享意愿的负向影响受到自我效能的中介影响，95% 置信区间为 [- 0.2693，- 0.0214]，不包含 0，中介效应为 - 0.1090。

此外，控制了中介变量自我效能之后，低水平虚拟货币奖励（vs. 无虚拟货币奖励）对因变量再分享意愿的直接作用显著，95% 置信区间为 [0.2712，0.9399)，不包含 0；高水平虚拟货币奖励（vs. 无虚拟货币奖励）对因变量再分享意愿的直接作用也显著，95% 置信区间为 [- 0.7577，- 0.0896]，不包含 0。

因此，在有精神奖励情况下，自我效能在虚拟货币奖励对再分享意愿的影响中发挥了部分中介作用，其中，低水平虚拟货币奖励（vs. 无虚拟货币奖励）增强个体自我效能，再分享意愿提高；高水平虚拟货币奖励（vs. 无虚拟货币奖励）削弱个体自我效能，再分享意愿降低。因此，假设 H7a 得到支持。

表 5 - 6　中介效应分析（有精神奖励，虚拟货币）

变量类型	变量名称	获益感知	自我效能	再分享意愿		
		模型 12	模型 13	模型 14	模型 15	模型 16
控制变量	性别	- 0.1552	- 0.2645	- 0.1654	- 0.0971	- 0.0737
	年龄	- 0.0554	- 0.0056	- 0.0569	- 0.0555	- 0.0655
自变量	D1	0.1610	0.3677 *	0.7231 ***	0.6283 ***	0.6055 ***
	D2	- 0.0963	- 0.4523 **	- 0.5499 **	- 0.4333 *	- 0.4236 *

[①]　本章下文所进行的中介效应检验均参照此设置，下文不再赘述。

续表

变量类型	变量名称	获益感知	自我效能	再分享意愿		
		模型 12	模型 13	模型 14	模型 15	模型 16
中介变量	获益感知					0.1799 *
	自我效能				0.2579 **	0.2409 **
R^2		0.0245	0.1743	0.2841	0.3252	0.3509
F		0.9422	7.9163 ***	14.8816 ***	14.3593 ***	13.3331 ***

注: ***、**、* 分别表示在 0.1% 、1% 、5% 水平下显著; D1 表示低水平虚拟货币奖励 (vs. 无虚拟货币奖励); D2 表示高水平虚拟货币奖励 (vs. 无虚拟货币奖励)。

5.4.4.2 现金奖励和精神奖励对再分享意愿影响的作用机理

如表 5-7 所示,有精神奖励情况下,低水平现金奖励 (vs. 无现金奖励) 对再分享意愿的负向影响受到获益感知的中介影响,95% 置信区间为 [-0.8739, -0.3946],不包含 0,中介效应为 -0.5879;高水平现金奖励 (vs. 无现金奖励) 对再分享意愿的正向影响受到获益感知的中介影响,95% 置信区间为 [0.0803, 0.3750],不包含 0,中介效应为 0.2093。低水平现金奖励 (vs. 无现金奖励) 对再分享意愿的负向影响受到自我效能的中介影响,95% 置信区间为 [-0.4418, -0.0882],不包含 0,中介效应为 -0.2426;高水平现金奖励 (vs. 无现金奖励) 对再分享意愿的正向影响受到自我效能的中介影响,95% 置信区间为 [0.0057, 0.3350],不包含 0,中介效应为 0.1553。

此外,控制了中介变量获益感知和自我效能之后,低水平现金奖励 (vs. 无现金奖励) 对因变量再分享意愿的直接作用不显著,95% 置信区间为区间 [-0.1996, 0.4278],包含 0;高水平现金奖励 (vs. 无现金奖励) 对因变量再分享意愿的直接作用也不显著,95% 置信区间为 [-0.1722, 0.3742],包含 0。

因此,在有精神奖励情况下,获益感知和自我效能在现金奖励对再分享意愿的影响中发挥完全中介作用。其中,低水平现金奖励 (vs. 无现金奖励) 削弱个体获益感知和自我效能,再分享意愿降低;高水平现金奖励 (vs. 无现金奖励) 增强个体的获益感知和自我效能,再分享意愿提高。

表 5 – 7　中介效应分析（有精神奖励，现金）

变量类型	变量名称	获益感知	自我效能	再分享意愿			
		模型 17	模型 18	模型 19	模型 20	模型 21	模型 22
控制变量	性别	− 0.0310	− 0.0344	− 0.0863	− 0.0687	− 0.0645	− 0.0583
	年龄	− 0.0278	0.0041	0.0080	0.0238	0.0054	− 0.0169
自变量	D1	− 1.5133 ***	− 0.5227 **	− 0.7164 ***	0.1424	− 0.3843 *	0.1141
	D2	0.5388 **	0.3345 *	0.4656 *	0.1598	0.2530	0.1010
中介变量	获益感知				0.5675 ***		0.3885 ***
	自我效能					0.6355 ***	0.4642 ***
	R²	0.5095	0.1634	0.2398	0.4780	0.5011	0.5937
	F	42.0748 ***	7.9076 ***	12.7737 ***	29.4845 ***	32.3367 ***	38.9662 ***

注：***、**、*分别表示在0.1%、1%、5%水平下显著；D1代表低水平现金奖励（vs. 无现金奖励）；D2代表高水平现金奖励（vs. 无现金奖励）。

5.4.4.3　代金券奖励和精神奖励对再分享意愿影响的作用机理

本研究将进行中介效应检验，考察获益感知和自我效能是否在代金券奖励和精神奖励对再分享意愿的交互影响中发挥中介作用。

如表 5 – 8 所示，在有精神奖励情况下，低水平代金券奖励（vs. 无代金券奖励）对再分享意愿的负向影响受到获益感知的中介影响，95% 置信区间为 ［− 0.4723，− 0.0314］，不包含 0，中介效应为 − 0.2152；高水平代金券奖励（vs. 无代金券奖励）对再分享意愿的正向影响受到获益感知的中介影响，95% 置信区间为 ［0.0146，0.2465］，不包含 0，中介效应为 0.1066。低水平代金券奖励（vs. 无代金券奖励）对再分享意愿的负向影响受到自我效能的中介影响，95% 置信区间为 ［− 0.4711，− 0.0703］，不包含 0，中介效应为 − 0.2458；高水平代金券奖励（vs. 无代金券奖励）对再分享意愿的正向影响受到自我效能的中介影响，95% 置信区间为 ［0.0728，0.4261］，不包含 0，中介效应为 0.2306。

此外，控制了中介变量获益感知和自我效能之后，低水平代金券奖励（vs. 无代金券奖励）对因变量再分享意愿的直接作用不显著，95% 置信区间为 ［− 0.3809，0.2355］，包含 0；高水平代金券奖励（vs. 无代金券奖励）对因变量再分享意愿的直接作用也不显著，95% 置信区间为 ［− 0.1706，0.4036］，包含 0。

因此，在有精神奖励情况下，获益感知和自我效能在代金券奖励对再分享意愿的影响中发挥完全中介作用。其中，低水平代金券奖励（vs. 无代金券奖励）削弱个体获益感知和自我效能，再分享意愿降低；高水平代金券奖励（vs. 无代金券奖励）增强个体的获益感知和自我效能，再分享意愿提高。

表 5－8　中介效应分析（有精神奖励，代金券）

变量类型	变量名称	获益感知	自我效能	再分享意愿			
		模型 23	模型 24	模型 25	模型 26	模型 27	模型 28
控制变量	性别	-0.1129	-0.1254	-0.1022	-0.0561	-0.0197	-0.0120
	年龄	-0.0429	0.0045	-0.0081	0.0094	-0.0110	-0.0032
自变量	D1	-1.2385 ***	-0.4371 **	-0.5337 **	-0.0283	-0.2463	-0.0727
	D2	0.6137 **	0.4099 *	0.4536 *	0.2032	0.1841	0.1165
中介变量	获益感知				0.4080 ***		0.1737 *
	自我效能					0.6574 ***	0.5624 ***
R^2		0.4372	0.1693	0.1891	0.3374	0.4823	0.5031
F		31.4608 ***	8.2557 ***	9.4465 ***	16.3964 ***	30.0013 ***	26.9973 ***

注：***、**、* 分别表示在 0.1%、1%、5% 水平下显著；D1 代表低水平代金券奖励（vs. 无代金券奖励）；D2 代表高水平代金券奖励（vs. 无代金券奖励）。

可见，现金（代金券）奖励与精神奖励的交互作用对再分享意愿的影响，以获益感知和自我效能为中介。其中，当旅游虚拟社区给予低水平现金（代金券）奖励时，个体的获益感知和自我效能弱，再分享意愿低；给予高水平现金（代金券）奖励时，个体的获益感知和自我效能强，再分享意愿高。因此，假设 H7b 得到支持。

综上，在有精神奖励的情况下，不同形式物质奖励与精神奖励对再分享意愿交互影响的中介效应不同，假设 H7 得到支持。

5.5　结果讨论

本章探讨了不同形式物质奖励对再分享意愿的影响及作用机理差异，得出以下结论。

第一，在有精神奖励的情况下，不同形式物质奖励对再分享意愿的影响存在差异。在同时给予精神奖励和现金（代金券）形式的物质奖励的情况下，低水平物质奖励时的再分享意愿显著低于无物质奖励和高水平物质奖励时的再分享意愿，即随着物质奖励水平的提高，再分享意愿程度呈"U"形。这是由于现金（代金券）价值信息加工负荷低，即使在低卷入度下，个体仍容易进行判断从而启动金钱算计功能，此时低水平现金（代金券）奖励会削弱个体内在动机，降低再分享意愿。该结论与第4章的研究结论不同，第4章关于物质奖励和精神奖励对再分享意愿的影响及作用机理的研究是基于虚拟货币形式的物质奖励进行的。第4章发现在旅游虚拟社区中，在低水平物质奖励时，个体不启动金钱算计功能，而只有当物质奖励达到一定强度时，这种算计功能才会启动，产生"挤出效应"。这一结论与 Heyman & Ariely（2004）的研究发现不一致，Heyman & Ariely（2004）认为一旦出现物质奖励，个体便会启动金钱算计功能。笔者认为产生这种不一致的原因是本研究的场景是旅游虚拟社区，而 Heyman & Ariely（2004）的研究场景是线下。但第5章发现，在旅游虚拟社区中，当物质奖励的形式为现金（代金券）时，低水平的物质奖励仍然会使个体启动金钱算计功能，产生"挤出效应"。这表明，物质奖励挤出效应的发生不但与奖励的水平、奖励的情境有关，而且受奖励形式的影响。

第二，在无精神奖励的情况下，现金（代金券）奖励对再分享意愿的影响与虚拟货币对再分享意愿的影响无差异，再分享意愿随着奖励水平提高而增强。该结论与第4章的研究结论相同。这说明，在无精神奖励的情况下，物质奖励的形式不影响物质奖励水平对再分享意愿的作用。也就是说，物质奖励的水平越高，再分享意愿的激励作用越强。这表明，在可见度低的私下场景，物质奖励遵循市场运行机制，分享者会更关注物质奖励的水平，而非物质奖励的形式。

第三，在有精神奖励的情况下，不同形式物质奖励与精神奖励交互作用对再分享意愿影响的中介效应不同。与第4章的研究结论不同的是，现金（代金券）奖励和精神奖励不仅会通过自我效能对再分享意愿产生影响，而且在此过程中获益感知也发挥中介效用。其中，当旅游虚拟社区给予低水平虚拟货币奖励时，个体自我效能强，再分享意愿高；给予高水平虚拟货币奖励时，个体自我效能弱，再分享意愿低。当旅游虚拟社区给予低水平现金（代金券）奖励时，个体的获益感知和自我效能弱，再分享意愿低；给予高水平现金（代金券）奖励时，个体的获益感知和自我效能强，再分享意愿高。本研究揭示了不同形式的物质奖励对再分享意愿的影响机理的差异，价值信息认知负荷、面额水平会影响个体启用不同的信息加工系统对物质奖励进行评价、判断，进而影响其再分享意愿。

6. 不同来源精神奖励对再分享 意愿的影响差异研究

根据精神奖励的来源，可将其分为网站来源精神奖励、用户来源精神奖励以及网站和用户综合来源精神奖励。这三种精神奖励的信源均不相同，个体感知到的信源可信度可能会存在差异，进而会引发不同的信息处理过程。本书第 4 章发现虚拟货币形式的物质奖励和精神奖励对再分享意愿存在显著的交互效应，低水平物质奖励时，再分享意愿最强。该结论是基于对网站和用户综合来源精神奖励的分析而得到的。所以，本研究认为如果采用不同来源的精神奖励进行研究，结论可能会与第 4 章不同。因此，本章首先分析不同来源精神奖励的特征差异，接下来考察当物质奖励形式为虚拟货币①时，不同来源的精神奖励对再分享意愿的影响及作用机理的差异。

6.1　不同来源精神奖励的差异分析

精神奖励是从满足精神欲望的角度出发，以调动积极性为目的的诱导因素。并且，旅游虚拟社区主要使用网站来源、用户来源和综合来源三种来源的精神奖励。网站来源的精神奖励是由网站给予的，如经验值、等级、荣誉称号等，体现了旅游虚拟社区对用户知识分享行为的肯定。用户来源的精神奖励是由其他用户给予的，如点赞量、浏览量、粉丝量、分享量、评论量等，体现了分享者提供的知识受其他用户欢迎的程度。综合来

---

① 本章之所以只考察物质奖励形式为虚拟货币时不同来源精神奖励对再分享意愿的影响差异，是因为在第 5 章不同形式物质奖励对再分享意愿影响的研究中，本研究发现只有当物质奖励形式为虚拟货币时，诱导因素组合能实现最优，即同时给予精神奖励和低水平物质奖励对再分享意愿的激励作用最高。因此，本章进一步考察在物质奖励形式为虚拟货币时，不同来源的精神奖励对再分享意愿的影响是否存在差异。

源精神奖励由用户和网站共同给予，往往以网站根据用户评价结果进行表彰的方式呈现，如马蜂窝旅游网"点评被他人点赞＋1经验值""月阅读量排行榜"，体现了用户和网站对分享行为的共同认可。

不同来源精神奖励的激励主体不同，所以信源可信度会存在差异。Hovland & Weiss（1951）认为信源可信度取决于可信赖性和专业性两大重要维度，可信赖性反映受众对信源传播信息动机与意图的认知；专业性信源在某一主题上拥有准确传播信息的能力。

第一，从可信赖性的维度考察，网站来源精神奖励可信赖性低，用户来源精神奖励的可信赖性高。根据归因理论，分享者将精神奖励提供者的动机归为两种——外部原因（即分享知识的原因）和内部原因（即奖励提供者自身原因）。如果分享者认为奖励提供者是因为分享知识本身而提供奖励，那么他们推断信息的可信度高，而且奖励提供者对他们知识分享行为的认同度高；如果分享者将奖励提供者的动机归为提供者自身的原因，他们则可能会质疑提供者的潜在动机，最终影响精神激励效果。分享者在感知网站给予的精神奖励时，会考虑到网站的自利需求，因此会质疑其提供精神奖励的动机，从而分享者感知到的可依赖性会受到负面影响；而感知其他用户提供的精神奖励时，因为二者不存在利益关系，分享者会认为用户提供精神奖励很可能是出于对自己分享知识的认可，所以用户来源精神奖励的可信赖性高。

第二，从专业性的维度考察，用户来源精神奖励的专业性低，网站来源精神奖励的专业性高。分享者在感知其他用户提供的精神奖励时，通常会考虑到其他用户作为非官方的个体，其知识结构、能力水平等差异较大，旅游方面的专业性相对较低；而在感知网站提供的精神奖励时，通常会考虑到旅游虚拟社区作为官方平台，其收集的信息多，在评价以旅游为主题的内容上具有一定的权威性和影响力，专业性高，所以感知到的该信源的专业性高。

综上所述，网站、用户等单一来源的精神奖励，均无法同时满足信源可信度的两个维度，其信源可信度均不高。当网站以用户评价作为基础进行评价时，网站来源精神奖励与用户来源精神奖励有机结合，此时的精神奖励既基于用户评价，具有较高的可信赖性，又兼具了旅游虚拟社区较高的专业性，信源可信度高。由此本研究推断，个体在同时感知网站来源精神奖励与用户来源精神奖励时，会感知两种信源精神奖励相互印证，精神激励效果将最强。

6.2 研究假设

6.2.1 不同来源精神奖励的激励效果差异分析

精神奖励的激励效果取决于个体对其所接受的精神奖励信息的采纳程度，信源可信度则是信息采纳程度的决定因素（Sussman & Siegal，2003）。Jennifer（2003）也通过研究证实信源可信度显著正向影响公众关于新闻故事信息的采纳程度。Watts & Zhang（2008）基于信息加工启发式–系统式模型探索信息资产潜在价值实现的机理，证实了在虚拟社区中，信源可信度越高，信息的采纳程度就会越高。Grewal 等（1994）研究发现个体更愿意相信并采纳信源可信度较高的信息，如果信源可信度较低，个体则不太愿意采纳。个体会通过信源的可信赖性和专业性来决定是否采纳信息（Hovland & Weiss，1951）。

旅游虚拟社区中，网站来源精神奖励和用户来源精神奖励均可称为单一来源精神奖励。在个体接受单一来源的精神奖励时，若个体将信源的动机归为内部原因的话，则信源可信度不高。Coy Callison（2001）通过考察公共关系发言人或普通发言人等信源对受众感知信源可信度的影响，发现相较于普通发言人的发言，公共关系专业人士和组织的发言被受众认为是不可靠的。同样地，在旅游虚拟社区中分享者可能会认为网站给予精神奖励是网站出于维持自身运营的需要，而不是出于对知识分享内容本身的认可，因此网站来源的精神奖励不可靠。旅游虚拟社区的用户主要是对旅游感兴趣的人，他们热衷于旅游，但由于他们的知识结构、能力水平等差异较大，他们的评价也可能是基于个人的好恶，专业性低，不具有权威性。因此，用户来源的精神奖励对分享者的激励效果亦不可靠。综上，单一来源的精神奖励无法同时满足信源可信度的两个维度，其激励作用不强。

然而，综合来源精神奖励既基于用户评价，具有较高的可信赖性，又兼具了旅游虚拟社区较高的专业性，同时满足了信源可信度的两个维度，而且此时的精神奖励得到了不同来源奖励信息的同一性印证（陆而启，2011），因此信源可信度高，有关精神奖励的信息采纳度高，个体感知到的精神奖励更强。另外社会认同理论认为，个体需要在虚拟社区中构建自我，希望获得虚拟社区中的群体及社区的认同。因此，本研究推断，综合来源精神奖励较之于单一来源精神奖励而言，其激励效果最强。

精神奖励是从满足精神欲望的角度出发，以调动积极性为目的的激励措施，因此精神奖励刺激的主要是个体的内在动机。在知识分享行为中自我效能是主要的内在动机表现形式（Hsu et al.，2007）。精神奖励的效果通过自我效能来反映。当给予个体综合来源精神奖励时，由于信源可信度高，所以个体的信息采纳度高，自我效能强；当给予个体单一来源精神奖励时，个体信息采纳度低，自我效能则弱。

据此，本研究拟提出如下假设：

H8：与单一来源精神奖励相比，综合来源精神奖励下个体的自我效能最强。

6.2.2 不同来源精神奖励和物质奖励交互作用对再分享意愿的影响差异分析

精细加工可能性模型（elaboration likelihood model，ELM）指出个体会因为对信息的涉入程度（elaboration）不同而进入不同的信息处理路径，从而导致个体对信息产生不同的态度。当个体对信息的涉入程度高时，信息处理路径为中枢路径（central route），个体对信息进行周全而有逻辑性的思考；当个体对信息的涉入程度低时，信息处理路径为边缘路径（peripheral route），个体通过启发式系统分析边缘信息（如信息来源）并形成态度。

个体在进行信息处理时，通常启发式系统占优，通过分析边缘信息（如信息来源）形成态度。Sussman & Siegal（2003）以及 Cheung 等（2009）证实了信源的可信度是个体进行信息加工路径选择的最重要的影响因素。依据精细加工可能性模型，当信源可信度高时，个体的信息加工路径是边缘路径，此时个体启动的是启发式信息加工系统，个体通常是按其对信息的整体感知来进行信息认知，很少进行逻辑思考。当信源可信度低时，个体无法利用启发式系统做出满意的判断，因而个体的思考路径从边缘路径转向中枢路径，即个体投入更多的认知资源对信息进行全面综合的思考。此时一旦给予物质刺激，个体将启动金钱算计功能。

在虚拟社区中，因为综合来源精神奖励的信源可信度高，个体采用基于直觉的启发式信息加工系统，将低水平的物质奖励作为象征性奖励而未启动个体金钱算计功能，强化了个体感知到的对分享行为的认可和肯定。因此，当个体被给予综合来源精神奖励和低水平物质奖励时，个体再分享意愿高。单一来源精神奖励的信源可信度低，个体会将更多的认知资源投入信息加工过程，启动启发式分析系统，理性比较成本收益，也就是说启动了金钱算计功能。因为低水平物质奖励的产出效用低，这会削弱个体知识分享的外在动机；而且，根据认知评价理论，低水平的物质奖励传递了低水平的评价信息，个体的胜任需要不能得到满足，其知识分享的内在动机也被削弱，导致再分享意愿低，外在动机挤出内在动机，产生"挤出效应"。高水平物质奖励的产出效用更高，增强了个体知识分享的外在动机；而且高水平的物质奖励传递了高水平的评价信息，个体的胜利需要得到满足，从而增强个体知识分享内在动机，再分享意愿高。据此，本研究拟提出如下假设：

H9：在不同来源精神奖励情况下，物质奖励对再分享意愿的影响存在显著差异。

H9a：在综合来源精神奖励情况下，低水平物质奖励时的再分享意愿显著高于无物质奖励和高水平物质奖励时的再分享意愿，即随着物质奖励水平的提高，再分享意愿程度呈现倒"U"形。

H9b：在单一来源（用户/网站）精神奖励情况下，低水平物质奖励时的再分享意愿显著低于无物质奖励和高水平物质奖励时的再分享意愿，即随着物质奖励水平的提高，再分享意愿程度呈现"U"形。

6.2.3 不同来源精神奖励下获益感知和自我效能的中介作用

在综合来源精神奖励下，个体采用启发式系统对奖励信息进行判断，而低水平物质奖励作为象征性奖励不影响分享者的获益感知，只反映网站对分享行为的认可和肯定。因此，在综合来源精神奖励情况下，旅游虚拟社区给予低水平物质奖励时，个体自我效能强，再分享意愿高。

与综合来源精神奖励不同，单一来源（网站/用户）精神奖励无法同时满足信源可信度的两个维度，信源可信度较低，个体无法利用该边缘信息启动启发式系统判断信息，从而转向中枢路径，启动金钱算计功能对信息进行分析判断（Petty et al. , 1981），由此导致物质奖励对再分享意愿的影响，在单一来源（网站/用户）精神奖励的情况下与综合来源精神奖励的情况下存在两个方面的差异。第一，在单一来源精神奖励情况下，个体启动金钱算计功能，所以物质奖励会通过获益感知影响再分享意愿。当给予低水平物质奖励时，个体启动金钱算计功能，低收益弱化了个体的获益感知，个体的再分享意愿低；当给予高水平物质奖励时，个体启动金钱算计功能，高收益强化个体的获益感知，个体的再分享意愿高。第二，基于认知评价理论，物质奖励会传递对分享行为的评价信息，所以自我效能仍然会起到中介作用，但此时的作用方向与在综合来源精神奖励情况下的作用方向相反。低水平物质奖励传递低水平的评价信息，从而弱化了个体的胜任感，削弱其自我效能，从而降低再分享意愿；高水平物质奖励传递高水平的评价信息，从而强化个体的胜任感，增强其自我效能，从而提升再分享意愿。

据此，本研究拟提出如下假设：

H10：在不同来源精神奖励与物质奖励的交互作用对再分享意愿的影响过程中，获益感知和自我效能的中介效应存在显著差异。

H10a：综合来源精神奖励与物质奖励的交互作用对再分享意愿的影响，以自我效能为中介。当旅游虚拟社区给予低水平物质奖励时，个体的自我效能强，再分享意愿高；给予高水平物质奖励时，个体的自我效能弱，再分享意愿低。

H10b：单一来源精神奖励与物质奖励的交互作用对再分享意愿的影响，以获益感知和自我效能为中介。当旅游虚拟社区给予低水平物质奖励时，个体的获益感知和自我效能弱，再分享意愿低；给予高水平物质奖励时，个体的获益感知和自我效能强，再分享意愿高。

6.3　研究设计

本节主要目的是考察不同来源精神奖励激励效果的差异，以及不同来源精神奖励对旅游虚拟社区再分享意愿的影响差异及作用机理。

6.3.1 实验三设计

6.3.1.1 实验分组

第4章和第5章研究发现在虚拟货币、现金、代金券三种物质奖励形式下，只有当物质奖励形式是虚拟货币时，低水平物质奖励和精神奖励对再分享意愿的激励效果最优且最经济。因此，实验二的物质奖励形式选择虚拟货币。实验三为3（物质奖励：无/低/高）×3（精神奖励：综合来源/用户来源/网站来源）的组间实验设计，见表6-1。

表 6-1 实验三分组情况

实验组编号	物质奖励	精神奖励来源
实验组 1	无物质奖励	综合来源
实验组 2	低水平物质奖励	
实验组 3	高水平物质奖励	
实验组 4	无物质奖励	用户来源
实验组 5	低水平物质奖励	
实验组 6	高水平物质奖励	
实验组 7	无物质奖励	网站来源
实验组 8	低水平物质奖励	
实验组 9	高水平物质奖励	

6.3.1.2 实验材料

实验材料包括网站材料和纸质材料。实验一的前测已证实在同种奖励类型的激励下，知名旅游虚拟社区和实验旅游虚拟社区中的再分享意愿无显著差异。因此，本研究网站材料采用实验旅游虚拟社区。

纸质材料包括奖励刺激和"蜂蜜商城"。奖励刺激材料采用文字阐述的形式，为了控制文字字号、字体、颜色等无关变量的影响，每个情境设计的文字细节基本一致，字体均为楷体，颜色为黑色，字号采用四号。

物质奖励形式为虚拟货币，实验材料与实验一完全一致。高水平物质奖励刺激设计为："您将获得2000蜂蜜奖励"；低水平物质奖励设计为："您将获得10蜂蜜奖励"。对"蜂蜜"进行描述："蜂蜜"是专属货币，可以到蜂蜜商城兑换等价实物和纪念品，是针对您对其他蜂蜂做出的帮助而设立的奖励！没有谈及则为无奖励。

综合来源精神奖励的刺激材料与实验一完全一致，设计为：您分享的游记截至昨天已超过3000点击量，网友认为您游记的内容很实用，非常精彩！在逾千篇的游记中脱颖而出，被授予"最佳游记"的荣誉称号！（"最佳游记"荣誉只有点赞量排名前3的游记才能获得）

用户来源精神奖励的刺激材料设计为：您分享的游记截至昨天已超过3000点击量，网友认为您游记的内容很实用，非常精彩！

网站来源精神奖励刺激设为：您分享的游记在逾千篇的游记中脱颖而出，被授予"最佳游记"的荣誉称号！

6.3.1.3　前测

通过前测，确定本研究的奖励类型、物质奖励强度和精神奖励来源。

操控奖励类型。75名本科生参与前测，36名被试阅读物质奖励的刺激材料，均认为该奖励属物质奖励；39名被试阅读精神奖励的刺激材料，均认为该奖励属精神奖励。被试对刺激材料中奖励类型的认知符合实验设计，奖励类型操控成功。

操控物质奖励强度。75名本科生参与前测，要求其在分享后对获得2000蜂蜜奖励或10蜂蜜奖励属于高水平或低水平进行打分（采用李克特5点评分法，1＝非常低，5＝非常高）。结果表明，高水平物质奖励的奖励强度均值显著高于低水平物质奖励的奖励强度均值，$M_{高物质}＝3.67$，$M_{低物质}＝2.07$（t＝7.662，P＜0.001），物质奖励强度操控成功。

操控精神奖励来源。104名本科生参与前测，32名被试阅读"综合来源精神奖励"的刺激材料，均认为该精神奖励来源是"网站和用户"；35名被试阅读"用户来源精神奖励"的刺激材料，均认为该精神奖励来源是"用户"；37名被试阅读"网站来源精神奖励"的刺激材料，均认为该精神奖励来源是"网站"。因此，被试对刺激材料中精神奖励来源的认知符合实验设计，精神奖励来源操控成功。

6.3.1.4　测量量表

实验三采用的测量量表与实验一量表完全一致，见表6－2。

表 6 - 2　实验三测量量表

潜变量	测量变量
再分享意愿	我愿意在该旅游虚拟社区上更频繁地分享旅行的攻略、照片等信息
	我愿意经常在该旅游虚拟社区上分享我的游记、得失和旅行技巧
	我愿意和其他用户更频繁地分享我的旅行经验及旅行体会
获益感知	我对所得到的蜂蜜感到满意
	我认为该旅游虚拟社区的蜂蜜奖励制度合理
	我认为自己的付出和回报是公平的
	我认为目前该旅游虚拟社区的奖励制度对分享者有激励作用
自我效能	我自信向该旅游虚拟社区提供其他用户认为有价值的信息
	我拥有为该旅游虚拟社区提供有价值的信息所需的技能

6.3.2　实验程序

6.3.2.1　实验步骤

被试选择：正式实验的参与者是西南某大学的 545 名本科学生，有效被试 529 人，有效率 97.1%。其中，男性 263 人，占 49.7%；女性 266 人，占 50.3%；平均年龄为 21 岁。

实验三与实验一的实验步骤完全一致。

6.3.2.2　量表信度与效度检验

本研究采用 PLS – SEM 软件进行验证性因子分析，选择 Smart-PLS 3.0 分析量表的信度和结构效度。

首先，信度由组合信度（CR）来考察，由表 6 – 3 可知，自我效能、获益感知和再分享意愿的组合信度分别为 0.916、0.920、0.924，均高于 0.7，表明本研究量表具有较好的信度。

其次，效度由内容效度和结构效度来考察。再分享意愿、获益感知和自我效能三个变量都借鉴了国内外学者所开发的成熟量表，已经经过了严谨的调整和修改，并通过了信度检验，因此本研究量表具有良好的内容效度。

结构效度分为聚合效度和判别效度。聚合效度考察因子载荷、平均方差提取值，由表 6 – 3 可知，自我效能的因子载荷 0.930、0.908，获益感知的因子载荷为 0.874、0.884、0.848、0.842，再分享意愿的因子载荷为 0.917、0.893、0.876，均高于 0.7；自我效能、获益感知和再分享意愿的平均方差提取值分别为 0.844、0.743、0.802，均高于 0.5，表明本研究量表具有较好的聚合效度。

表 6-3　实验三各变量组合信度和聚合效度检验结果

潜变量	题项	因子载荷	组合信度	平均方差提取值
自我效能	SE1	0.930	0.916	0.844
	SE2	0.908		
获益感知	BP1	0.874	0.920	0.743
	BP2	0.884		
	BP3	0.848		
	BP4	0.842		
再分享意愿	KRI1	0.917	0.924	0.802
	KRI2	0.893		
	KRI3	0.876		

自我效能、获益感知和再分享意愿的平均方差提取值平方根分别是 0.919、0.862、0.895，均大于各变量之间的相关系数（见表 6-4），表明本研究量表具有较好的判别效度。

表 6-4　实验三各变量判别效度检验结果

潜变量	自我效能	获益感知	再分享意愿
自我效能	0.919		
获益感知	0.465	0.862	
再分享意愿	0.528	0.478	0.895

因此，本研究量表具有较高的信度和效度，可应用于模型分析。

6.4　数据分析

本研究采用 SPSS24.0 进行数据分析和处理。

6.4.1　操控检验

操控物质奖励强度。高水平物质奖励的奖励强度均值显著高于低水平物质奖励的奖励强度均值，$M_{高物质} = 3.55$，$M_{低物质} = 2.28$（t = 13.522，P < 0.001），物质奖励强度操控成功。

6.4.2 不同来源精神奖励激励效果差异

为验证不同来源精神奖励激励效果差异，本研究对 3 组不同来源的精神奖励下的自我效能进行 ANOVA 分析发现，不同来源精神奖励激励效果差异显著［F（2，529）= 9.603，P < 0.001，见表 6 - 5］。通过独立样本 t 检验进行两两对比，综合来源精神奖励时的自我效能 $M_{综合} = 4.71$ 显著高于用户来源精神奖励时的自我效能 $M_{用户} = 4.32$（t = 3.437，P < 0.001）；综合来源精神奖励时的自我效能 $M_{综合} = 4.71$ 显著高于网站来源精神奖励时的自我效能 $M_{网站} = 4.22$（t = 4.457，P < 0.001）；用户来源精神奖励时的自我效能 $M_{用户} = 4.32$ 和网站来源精神奖励时的自我效能 $M_{网站} = 4.22$（t = 0.88，P > 0.05）无显著差别。这表明，与单一来源精神奖励相比，综合来源精神奖励下个体的自我效能最强（见图 6 - 1）。因此，假设 H8 得到支持。

表 6 - 5　不同来源精神奖励对自我效能影响的方差检验

精神奖励	自我效能
综合来源精神奖励	4.71（0.847）
网站来源精神奖励	4.22（1.136）
用户来源精神奖励	4.32（1.174）
组间单因素方差检验	9.603（P < 0.001）

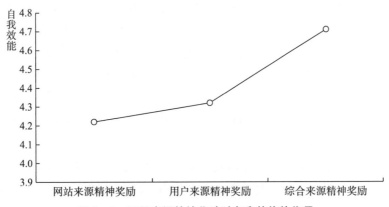

图 6 - 1　不同来源精神奖励对自我效能的作用

6.4.3 不同来源精神奖励和物质奖励交互作用对再分享意愿的影响差异

为验证不同来源精神奖励和物质奖励交互作用对再分享意愿的影响，本研究分别对 3 种来源精神奖励情境下，不同物质奖励水平下的再分享意愿进行 ANOVA 分析。

为验证综合来源精神奖励和物质奖励对再分享意愿的交互影响，本研究对 3 组不同物质奖励水平下的再分享意愿进行 ANOVA 分析发现，在综合来源精神奖励的情况下，不同的物质奖励水平对再分享意愿的影响差异显著 [F (2，154) = 30.492，$P < 0.001$，见表 6 - 6]。通过独立样本 t 检验进行两两对比，发现在有精神奖励的情况下，低水平物质奖励时的再分享意愿 $M_{低物质}$ = 5.25 显著高于无物质奖励时的再分享意愿 $M_{无物质}$ = 4.58 （t = 4.378，$P < 0.001$）；低水平物质奖励时的再分享意愿 $M_{低物质}$ = 5.25 显著高于高水平物质奖励时再分享意愿 $M_{高物质}$ = 3.94 （t = 7.593，$P < 0.001$）；无物质奖励时的再分享意愿 $M_{无物质}$ = 4.58 显著高于高水平物质奖励时再分享意愿 $M_{高物质}$ = 3.94 （t = 3.611，$P < 0.01$）。这表明，在同时给予综合来源精神奖励和物质奖励的情况下，低水平物质奖励时的再分享意愿显著高于无物质奖励和高水平物质奖励时的再分享意愿，即随着物质奖励水平的提高，再分享意愿程度呈现倒 "U" 形。因此，假设 H9a 得到支持。

为验证网站来源精神奖励和物质奖励对再分享意愿的交互影响，本研究对 3 组不同物质奖励水平下的再分享意愿进行 ANOVA 分析发现，在网站来源精神奖励的情况下，不同的物质奖励水平对再分享意愿的影响差异显著 [F (2，186) = 17.928，$P < 0.001$，见表 6 - 6]。通过独立样本 t 检验进行两两对比，发现在网站来源精神奖励的情况下，低水平物质奖励时的再分享意愿 $M_{低物质}$ = 3.77 显著低于无物质奖励时的再分享意愿 $M_{无物质}$ = 4.32 （t = - 2.770，$P < 0.01$）；低水平物质奖励时的再分享意愿 $M_{低物质}$ = 3.77 显著低于高水平物质奖励时再分享意愿 $M_{高物质}$ = 4.97 （t = - 6.088，$P < 0.001$）；无物质奖励时的再分享意愿 $M_{无物质}$ = 4.32 显著低于高水平物质奖励时再分享意愿 $M_{高物质}$ = 4.97 （t = - 3.243，$P < 0.01$）。这表明，在同时给予网站来源精神奖励和物质奖励的情况下，低水平物质奖励时的再分享意愿显著低于无物质奖励和高水平物质奖励时的再分享意愿，即随着物质奖励水平的提高，再分享意愿呈 "U" 形 （见图 6 - 2）。

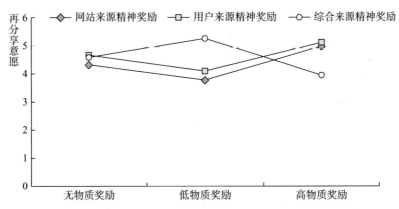

图 6 - 2　不同来源精神奖励和物质奖励交互作用对再分享意愿的影响

　　为验证用户来源精神奖励和物质奖励对再分享意愿的交互影响，本研究对 3 组不同物质奖励水平下的再分享意愿进行 ANOVA 分析发现，在用户来源精神奖励的情况下，不同的物质奖励水平对再分享意愿的影响差异显著 [$F_{(2, 189)} = 13.208$，$P < 0.001$，见表 6 - 6]。通过独立样本 t 检验进行两两对比，发现在网站来源精神奖励的情况下，低水平物质奖励时的再分享意愿 $M_{低物质} = 4.09$ 显著低于无物质奖励时的再分享意愿 $M_{无物质} = 4.66$（$t = -2.862$，$P < 0.01$）；低水平物质奖励时的再分享意愿 $M_{低物质} = 4.09$ 显著低于高水平物质奖励时再分享意愿 $M_{高物质} = 5.11$（$t = -5.273$，$P < 0.001$）；无物质奖励时的再分享意愿 $M_{无物质} = 4.66$ 显著低于高水平物质奖励时再分享意愿 $M_{高物质} = 5.11$（$t = -2.265$，$P < 0.05$）。这表明，在同时给予用户来源精神奖励和物质奖励的情况下，低水平物质奖励时的再分享意愿显著低于无物质奖励和高水平物质奖励时的再分享意愿，即随着物质奖励水平的提高，再分享意愿程度呈 "U" 形（见图 6 - 2）。因此，假设 H9b 得到支持。

表 6 - 6　不同来源精神奖励和物质奖励对再分享意愿影响的方差检验

物质奖励	精神奖励		
	综合来源精神奖励	网站来源精神奖励	用户来源精神奖励
无物质奖励	4.58（0.797）	4.32（1.140）	4.66（1.162）
低水平物质奖励	5.25（0.771）	3.77（1.043）	4.09（1.045）
高水平物质奖励	3.94（0.974）	4.97（1.131）	5.11（1.162）
组间单因素方差检验	30.492（$P < 0.001$）	17.928（$P < 0.001$）	13.208（$P < 0.001$）

综上，在不同来源精神奖励情况下，物质奖励对再分享意愿的影响存在显著差异，因此，假设 H9 得到支持。

6.4.4 不同来源精神奖励下获益感知和自我效能中介效应检验

为深入分析不同来源精神奖励和物质奖励对再分享意愿的作用机理，本研究将进行中介效应检验，来确定获益感知和自我效能是否在不同来源精神奖励和物质奖励对再分享意愿的影响中发挥中介作用。

6.4.4.1 综合来源精神奖励和物质奖励对再分享意愿的作用机理

本研究根据 Zhao 等（2010）提出的中介效应分析程序，参照 Preacher & Hayes（2004）和 Hayes（2013）使用的 Bootstrap 方法进行中介效应检验，将自变量以无物质奖励组作为参照编码为两个哑变量，样本量选择 5000。[①]

在综合来源精神奖励情况下，低水平物质奖励（vs. 无物质奖励）对再分享意愿的正向影响中，获益感知中介效应不显著，95% 置信区间为 [−0.0227，0.0977)，包含 0；高水平物质奖励（vs. 无物质奖励）对再分享意愿的负向影响中，获益感知中介效应不显著，95% 置信区间为 [−0.0574，0.0290]，包含 0。低水平物质奖励（vs. 无物质奖励）对再分享意愿的正向影响受到自我效能的中介影响，95% 置信区间为 [0.0108，0.2211]，不包含 0，中介效应为 0.0823；高水平物质奖励（vs. 无物质奖励）对再分享意愿的负向影响受到自我效能的中介影响，95% 置信区间为 [−0.2337，−0.0121]，不包含 0，中介效应为 −0.0861。

此外，控制了中介变量自我效能之后，低水平物质奖励（vs. 无物质奖励）对因变量再分享意愿的直接作用显著，95% 置信区间为 [0.2326，0.8926]，不包含 0；高水平物质奖励（vs. 无物质奖励）对因变量再分享意愿的直接作用也显著，95% 置信区间为 [−0.8755，−0.2189]，不包含 0。

这表明，综合来源精神奖励与物质奖励交互作用对再分享意愿的影响，以自我效能为部分中介。其中，当旅游虚拟社区给予低水平物质奖励时，个体的自我效能强，再分享意愿高；给予高水平物质奖励时，个体的

---

① 本章下文所进行的中介效应检验均参照此设置，下文不再赘述。

自我效能弱，再分享意愿低（见表6-7）。因此，假设 H10a 得到支持。

表6-7　中介效应分析（综合来源精神奖励）

变量类型	变量名称	获益感知	自我效能	再分享意愿		
		模型29	模型30	模型31	模型32	模型33
控制变量	性别	-0.0823	-0.2404	-0.2163	-0.1562	-0.1527
	年龄	0.0437	-0.0066	-0.0539	-0.0522	-0.0564
自变量	D1	0.0892	0.3539 *	0.6532 ***	0.5647 ***	0.5626 ***
	D2	-0.0205	-0.3705 *	-0.6353 ***	-0.5426 **	-0.5472 **
中介变量	获益感知					0.0937
	自我效能				0.2501 **	0.2324 **
R^2		0.0063	0.1494	0.3041	0.3420	0.3507
F		0.2375	6.5401 ***	16.2782 ***	15.3860 ***	13.2314 ***

注：***、**、* 分别表示在 0.1%、1%、5% 水平下显著；D1 代表低水平物质奖励（vs. 无物质奖励）；D2 代表高水平物质奖励（vs. 无物质奖励）；下同。

6.4.4.2　网站来源精神奖励和物质奖励对再分享意愿的作用机理

由表6-8可知，在网站来源精神奖励情况下，低水平物质奖励（vs. 无物质奖励）对再分享意愿的负向影响受到获益感知的中介影响，95%置信区间为 [-0.6060, -0.2035]，不包含0，中介效应为 -0.3751；高水平物质奖励（vs. 无物质奖励）对再分享意愿的正向影响受到获益感知的中介影响，95%置信区间为 [0.0714, 0.4798]，不包含0，中介效应为 0.2297。低水平物质奖励（vs. 无物质奖励）对再分享意愿的负向影响受到自我效能的中介影响，95%置信区间为 [-0.3311, -0.0446]，不包含0，中介效应为 -0.1531；高水平物质奖励（vs. 无物质奖励）对再分享意愿的正向影响受到自我效能的中介影响，95%置信区间为 [0.0345, 0.3637]，不包含0，中介效应为 0.1515。

此外，控制了中介变量获益感知和自我效能之后，低水平物质奖励（vs. 无物质奖励）对因变量再分享意愿的直接作用不显著，95%置信区间为 [-0.3866, 0.2846]，包含0；高水平物质奖励（vs. 无物质奖励）对因变量再分享意愿的直接作用也不显著，95%置信区间为 [-0.0544, 0.5822]，包含0。

这表明，在网站来源精神奖励情况下，获益感知和自我效能在物质奖励对再分享意愿的影响中发挥完全中介作用。其中，低水平物质奖励（vs. 无物质奖励）削弱个体获益感知和自我效能，再分享意愿降低；高水平物质奖励（vs. 无物质奖励）增强个体获益感知和自我效能，再分享意愿提高。

表6-8 中介效应分析（网站来源精神奖励）

变量类型	变量名称	获益感知	自我效能	再分享意愿			
		模型34	模型35	模型36	模型37	模型38	模型39
控制变量	性别	0.3572	0.1161	0.2439	0.0357	0.1904	0.0405
	年龄	-0.0449	-0.0483	-0.0282	-0.0020	-0.0059	0.0075
自变量	D1	-0.7954***	-0.5076**	-0.5792**	-0.1156	-0.3453	-0.0510
	D2	0.4870**	0.5022**	0.6450**	0.3612*	0.4136*	0.2639
中介变量	获益感知				0.5829***		0.4716***
	自我效能					0.4608***	0.3016***
R^2		0.2212	0.1323	0.1747	0.4146	0.3386	0.4761
F		12.8496	6.9016***	9.5757***	25.4959***	18.4288***	27.1086***

6.4.4.3 用户来源精神奖励和物质奖励对再分享意愿的作用机理

由表6-9可知，在用户来源精神奖励情况下，低水平物质奖励（vs. 无物质奖励）对再分享意愿的负向影响受到获益感知的中介影响，95%置信区间为 [-0.4063, -0.0913)，不包含0，中介效应为 -0.2130；高水平物质奖励（vs. 无物质奖励）对再分享意愿的正向影响受到获益感知的中介影响，95%置信区间为 [0.0620, 0.3356]，不包含0，中介效应为0.1660。低水平物质奖励（vs. 无物质奖励）对再分享意愿的负向影响受到自我效能的中介影响，95%置信区间为 [-0.4926, -0.1024]，不包含0，中介效应为 -0.2612；高水平物质奖励（vs. 无物质奖励）对再分享意愿的正向影响受到自我效能的中介影响，95%置信区间为 [0.1511, 0.5004]，不包含0，中介效应为0.3042。

此外，控制了中介变量获益感知和自我效能之后，低水平物质奖励（vs. 无物质奖励）对因变量再分享意愿的直接作用不显著，95%置信区间

为 ［-0.4202, 0.2937］，包含 0；高水平物质奖励（vs. 无物质奖励）对因变量再分享意愿的直接作用也不显著，95% 置信区间为 ［-0.3310, 0.3463］，包含 0。

因此，在用户来源精神奖励情况下，获益感知和自我效能在物质奖励对再分享意愿的影响中发挥完全中介作用。其中，低水平物质奖励（vs. 无物质奖励）削弱个体获益感知和自我效能，再分享意愿降低；高水平物质奖励（vs. 尤物质奖励）增强个体获益感知和自我效能，再分享意愿提高。

表6-9　中介效应分析（用户来源精神奖励）

变量类型	变量名称	获益感知	自我效能	再分享意愿			
		模型 40	模型 41	模型 42	模型 43	模型 44	模型 45
控制变量	性别	0.1973	0.3007	0.2752	0.1728	0.1093	0.0910
	年龄	0.0227	0.0334	0.0356	0.0238	0.0171	0.0149
自变量	D1	-0.7576***	-0.6103**	-0.5374**	-0.1444	-0.2007	-0.0633
	D2	0.5906***	0.7108**	0.4778*	0.1715	0.0856	0.0076
中介变量	获益感知				0.5187***		0.2811**
	自我效能					0.5518***	0.4280***
R^2		0.2731	0.2312	0.1405	0.3020	0.3386	0.4067
F		17.2835	13.8315***	7.5167***	15.8349***	18.4288***	20.7927***

综上，单一来源（网站/用户）精神奖励与物质奖励交互作用对再分享意愿的影响，以获益感知和自我效能为中介。当旅游虚拟社区给予低水平物质奖励时，个体的获益感知和自我效能弱，再分享意愿低；给予高水平物质奖励时，个体的获益感知和自我效能强，再分享意愿高。因此，假设 H10b 得到支持。

在不同来源精神奖励与物质奖励对再分享意愿的交互影响过程中，获益感知和自我效能中介效应存在显著差异。因此，假设 H10 得到支持。

6.5　结果讨论

本章主要考察当物质奖励形式为虚拟货币时，不同来源的精神奖励对再分享意愿的影响及作用机理差异分析，得出以下结论。

第一，不同来源精神奖励的激励效果呈现明显差异，其中综合来源精神奖励的激励效果最强。研究发现，不同来源精神奖励的信源可信度存在差异，影响了旅游虚拟社区用户对精神奖励信息的采纳程度，进而导致不同来源精神奖励的激励效果存在不同。其中，网站来源的精神奖励专业性高，但可信赖性低；用户来源的精神奖励可信赖性高，但专业性低，二者均无法同时满足信源可信度的两个维度，用户的奖励信息采纳程度低。只有网站来源的精神奖励和用户来源的精神奖励有机结合，形成综合来源精神奖励才能同时满足可信度的两个维度——可信赖性和专业性，此时用户的奖励信息采纳度最高。在综合来源精神奖励下，用户的自我效能最强，奖励的激励效果最佳。

第二，当物质奖励的形式为虚拟货币时，单一来源精神奖励与综合来源精神奖励和物质奖励的交互作用对再分享意愿的影响存在差异。在单一来源精神奖励的情况下，低水平物质奖励不如无物质奖励对再分享意愿的激励作用。这是因为信源可信度低，个体无法通过边缘路径对该信息进行判断，于是转向通过中枢路径判断，个体启动金钱算计功能。而低水平物质奖励的收益远低于成本，会降低个体外在动机；而且传递的低水平评价信息削弱了个体的内在动机，会降低个体再分享意愿，"挤出效应"出现。该结论与第 4 章的研究结论不同。第 4 章关于物质奖励和精神奖励对再分享意愿的影响及作用机理的研究是基于网站和用户综合来源精神奖励考察的。在第 4 章，笔者认为只要有精神奖励，就会引发旅游虚拟社区内其他用户的关注，用户行为可见度大大提高，从而导致个体在低水平物质奖励时利用启发式系统进行判断，而不启动个体金钱算计功能，只有当物质奖励达到一定程度时，这种计算功能才会启动，产生"挤出效应"。但本章的研究发现，给予分享者单一来源的精神奖励时，会因为信源可信度不高，导致个体思考方式从边缘路径转向中枢路径，启发式加工系统转变为分析加工系统，在低水平物质奖励时，个体即启动金钱算计功能，产生"挤出效应"。这表明，物质奖励的"挤出效应"不但与有无精神奖励有关，而且受精神奖励来源的可信度高低的影响。

第三，不同来源精神奖励与物质奖励的交互作用对再分享意愿的中介效应也存在差异。与第 4 章的研究结论不同的是单一来源的精神奖励和物质奖励因为启动了用户的金钱算计功能，所以不仅通过自我效能对再分享意愿产生影响，而获益感知也发挥中介作用。其中，在综合来源精神奖励情况下，给予低水平物质奖励时，个体自我效能强，再分享意愿高；给予高水平物质奖励时，个体自我效能弱，再分享意愿低。在单一来源精神奖励情况下，给予低水平物质奖励时，个体获益感知和自我效能弱，再分享意愿低；给予高水平物质奖励时，获益感知和自我效能强，再分享意愿高。研究揭示了不同来源的精神奖励对再分享意愿的影响差异，信源可信度会影响个体对精神奖励信息的采纳程度进而引发不同的信息处理过程，启动不同的信息加工系统对物质奖励进行评价，从而影响再分享意愿。

7. 研究结论与展望

本研究基于自我决定理论、双加工理论、精细加工可能性模型等理论，解构了旅游虚拟社区知识再分享激励机制的内部要素，通过奖励强度、奖励形式、奖励来源等方面考察不同的激励要素组合对知识再分享影响的路径，研究了物质奖励和精神奖励对旅游虚拟社区知识再分享意愿的交互作用。本章对旅游虚拟社区知识再分享激励机制的内部要素、概念模型及相关假设的检验情况进行总结和讨论，并提出研究创新点及管理启示，说明本研究的局限性和未来展望。

7.1 主要结论

第一，现有旅游虚拟社区知识再分享激励机制由诱导因素集合、行为幅度制度和行为导向制度构成。诱导因素体现为激励类型，行为幅度体现为激励水平，行为导向制度体现为明确的目标和方向。旅游虚拟社区通过激励类型和激励水平的组合来激发用户知识再分享意愿。激励类型可分为物质奖励和精神奖励，物质奖励的形式包括虚拟货币、代金券、现金及礼品等，精神奖励按来源可分为网站来源精神奖励、用户来源精神奖励和综合来源精神奖励。

第二，物质奖励和精神奖励对再分享意愿的影响。①在无精神奖励的情况下，物质奖励会强化再分享意愿，并且再分享意愿随着物质奖励水平提高而增强。物质奖励通过获益感知和自我效能影响再分享意愿。②在有精神奖励的情况下，物质奖励对知识再分享意愿的影响与物质奖励水平有关。一方面，低水平物质奖励时的再分享意愿高于无物质奖励时的再分享意愿；另一方面，物质奖励不是越多越好，高水平物质奖励时的再分享意愿不如无物质奖励时的再分享意愿，呈现"多不如无"的现象。在有精神奖励的情况下，物质奖励通过自我效能影响再分享意愿，当给予低水平物质奖励时，个体自我效能强，再分享意愿高；给予高水平物质时，个体自我效能弱，再分享意愿低。

第三，不同形式物质奖励对再分享意愿的影响差异及作用机理。①虚拟货币、现金和代金券等不同形式的物质奖励在价值信息加工负荷、面额水平和适用范围等方面存在差异。②在有精神奖励的情况下，不同形式物质奖励对再分享意愿的影响存在差异。在同时给予精神奖励和虚拟货币形式的物质奖励的情况下，低水平物质奖励时的再分享意愿显著高于无物质奖励和高水平物质奖励时的再分享意愿，随着物质奖励水平的提高，再分享意愿程度呈倒"U"形；在同时给予精神奖励和现金（代金券）形式的物质奖励的情况下，低水平物质奖励时的再分享意愿显著低于无物质奖励和高水平物质奖励时的再分享意愿，随着物质奖励水平的提高，再分享意愿程度呈"U"形。③在有精神奖励的情况下，虚拟货币奖励通过自我效能影响再分享意愿。其中，给予低水平虚拟货币时，个体的自我效能强，再分享意愿高；给予高水平虚拟货币奖励时，个体的自我效能弱，再分享意愿低。现金（代金券）奖励通过获益感知和自我效能影响再分享意愿。其中，给予低水平现金（代金券）奖励时，个体的获益感知和自我效能弱，再分享意愿低；给予高水平现金（代金券）奖励时，个体的获益感知和自我效能强，再分享意愿高。

第四，不同来源精神奖励对再分享意愿的影响差异及作用机理。①网站来源精神奖励、用户来源精神奖励以及综合来源精神奖励在可信赖性和专业性方面存在差异。②不同来源精神奖励的激励效果存在差别，综合来源精神奖励的激励效果最强。③不同来源精神奖励对再分享意愿的影响不同。在综合来源精神奖励情况下，低水平物质奖励时的再分享意愿显著高于无物质奖励和高水平物质奖励时的再分享意愿，随着物质奖励水平的提高，再分享意愿呈倒"U"形；在单一来源（用户/网站）精神奖励的情况下，低水平物质奖励时的再分享意愿显著低于无物质奖励和高水平物质奖励时的再分享意愿，随着物质奖励水平的提高，再分享意愿呈"U"形。④在综合来源精神奖励情况下，物质奖励通过自我效能影响再分享意愿。其中，给予低水平物质奖励时，个体的自我效能强，再分享意愿高；给予高水平物质奖励时，个体的自我效能弱，再分享意愿低。在单一来源精神奖励情况下，物质奖励通过获益感知和自我效能影响再分享意愿。其中，给予低水平物质奖励时，个体的获益感知和自我效能弱，再分享意愿低；给予高水平物质奖励时，个体的获益感知和自我效能强，再分享意愿高。

7.2 研究的创新点

第一，本研究通过对现有旅游虚拟社区知识再分享激励机制进行文本分析，解构了激励机制的内在构成与要素，对激励机制诱导因素进行分类梳理和相关概念的提炼。由于旅游虚拟社区是用户基于兴趣参与并且可自由进入退出的平台，这种平台对用户行为的约束力不强，更多通过引导来强化用户采取组织期望的行为，因此，旅游虚拟社区知识再分享激励机制构成要素与传统组织激励机制不同，而且各要素的相关特征与要素组合方式也呈现特殊性。本研究通过探索性研究系统描述了现有旅游虚拟社区知识再分享激励机制的内在构成，呈现了多样化的激励要素组合，这将有助于未来更好地研究旅游虚拟社区知识再分享激励机制。

第二，本研究探讨了物质奖励和精神奖励交互作用对旅游虚拟社区再分享意愿的影响，有助于丰富旅游虚拟社区知识分享影响研究框架。以往研究分别独立探讨了物质奖励和精神奖励对知识分享的影响，但缺乏考察二者的交互作用对知识分享的影响。本研究对物质奖励和精神奖励交互效应的研究更准确地反映了旅游虚拟社区激励用户知识再分享的实践，细化了旅游虚拟社区知识再分享激励机制的相关研究。

第三，本研究将内在动机和外在动机整合到该研究框架中，呈现激励机制对知识再分享的影响路径，发现物质奖励水平（无/低/高）与精神奖励（有/无）的不同组合，会通过不同的路径对知识再分享意愿产生影响，推进了旅游虚拟社区再分享意愿作用机理的研究。

第四，本研究探究了旅游虚拟社区中物质奖励"挤出效应"及其边界条件，拓展了知识再分享激励机制的相关研究。本研究聚焦物质奖励的"挤出效应"，基于旅游虚拟社区物质奖励和精神奖励的特殊性，深入探讨了不同物质奖励形式的激励要素组合对个体再分享意愿的影响及作用机理的差异，以及不同来源精神奖励的激励要素组合对个体再分享意愿的影响及作用机理的差异。本研究通过激励要素不同组合间的影响差异分析，厘清了旅游虚拟社区中物质奖励"挤出效应"产生的边界条件，进一步深化了知识再分享激励机制的相关研究。

7.3 管理启示

旅游虚拟社区是用户基于兴趣参与且可自由进出的平台组织，其特殊性要求管理者不能通过强制力约束用户，需要通过积极的诱导因素引导用户做出组织期望的行为。因此，旅游虚拟社区管理者应主要对诱导因素集合、行为导向制度、行为幅度制度进行科学组合，充分激发旅游虚拟社区用户的再分享意愿。

（1）管理者要重视物质奖励和精神奖励有机组合，充分发挥物质奖励象征性意义的作用

在为特定行为提供物质奖励时，奖励所代表的并不是奖励本身，而是背后所蕴含的象征性意义。奖励背后所蕴含的象征性意义可利用强大的社会影响力充分发挥出来。本研究发现，同时给予个体综合来源精神奖励和低水平虚拟货币物质奖励，会比给予高水平虚拟货币物质奖励有更好的激励效果。这是因为综合来源精神奖励的信源可信度高，且奖励信息在互联网环境中传播范围广、传播速度快，带来强大的社会影响力，极大地调动个体对分享行为内在动机的关注。在此基础上的低水平虚拟货币物质奖励展示出奖励背后所蕴含的象征性意义。因此，管理者在设计旅游虚拟社区知识再分享激励机制时，要将物质奖励和精神奖励有机组合，重视精神奖励带来的强大社会影响力，发挥物质奖励象征性意义的作用。

（2）管理者要重视物质奖励形式的设计，避免物质奖励"挤出效应"的产生

不同形式物质奖励在价值信息加工负荷、面额水平和适用范围等方面存在差异，可能会影响个体对奖励信息的加工路径，从而影响激励机制的效果。现金和代金券等奖励的面额即价值，直观可见，价值信息加工负荷低，个体很容易启动分析系统对知识分享的成本收益进行计算，从而在低水平物质奖励时产生"挤出效应"。管理者应多采用类似于虚拟货币这种价值信息加工负荷高、面额水平高的物质奖励，促使个体在低水平的虚拟货币奖励下，不启动金钱算计功能而倾向于采用启发式系统将该奖励视为"象征性奖励"，强化精神奖励，避免物质奖励"挤出效应"的产生。

（3）管理者应重视精神奖励来源的设计，提升信源可信度

管理者在设计精神奖励时，应设计综合来源精神奖励，以满足可信赖

性和专业性的要求，提升信源可信度，让用户能真切地感受到自己的能力在很大程度上被认可，从而使其关注知识分享的内在动机。因此，在设计精神奖励时，管理者要特别注意精神奖励来源的可信度，应将网站来源精神奖励与用户来源精神奖励有机结合。网站应实时公布各种用户来源精神奖励的信息，如关注度、点赞量、转载量、评论量等，并依据这些数据，奖励分享者。例如，授予分享者"最佳游记"荣誉称号时，在奖励制度中需要标明该荣誉称号只有点赞量排名前3的游记才能获得。而且，精神奖励在表现方式上要尽可能突出，使精神奖励显著可见，充分满足分享者的精神需求。

（4）管理者应重视奖励目标要求，强化用户的自我效能

从本研究构建的理论模型及研究结论可以看出，物质奖励并不能单独通过获益感知发挥作用，而是通过自我效能和获益感知发挥作用，甚至单独通过自我效能发挥作用。因此，自我效能发挥了重要的中介作用，是激励机制成功影响个体再分享意愿的关键环节。自我效能本质上反映的是个体对自己实现特定目标所需能力的信心或信念，是对"我能行"的主观判断。激励机制中的物质奖励和精神奖励都是通过个体的自我效能来影响再分享意愿的。因此，基于不同用户群体设置合适和明确的奖励目标，有助于用户获得强烈的成功体验，增强用户的自我效能，从而提升用户的再分享意愿。在设置奖励项目时，可以适当增加分享者"自我竞赛"的内容，即增加分享者与自己过去进行比较的内容，这样可以反映分享者的进步与成长，从而增加分享者自信和愉悦感，从而强化分享者的自我效能，提升再分享意愿。

7.4　研究局限和未来展望

本研究考察物质奖励和精神奖励对旅游虚拟社区再分享意愿的影响及作用机理，有一定的理论贡献和实践价值，但是受本人时间、能力和精力的限制，仍存在一定局限性。

（1）被试选择方面

本研究的实验以在校学生为被试，抽取的样本在年龄、收入水平、文化程度等方面的同质性很高，可以有效控制这些变量对研究结果的影响，使研究获得较高的内部效度，但难以确定研究结论是否适用于其他群体。未来需要进一步扩大被试样本范围，选择不同年龄、收入水平、文化程度

的旅游虚拟社区用户作为被试，进一步验证本研究结论。

（2）研究内容方面

在分析物质奖励和精神奖励对再分享意愿的影响机理时，探索了"获益感知"和"自我效能"的中介作用。但在以虚拟货币为形式的物质奖励对再分享意愿影响的实证检验中，发现"获益感知"和"自我效能"发挥部分中介作用；在以虚拟货币为形式的物质奖励和精神奖励对再分享意愿影响的实证检验中，"自我效能"发挥部分中介作用。因此，未来有待进一步探索物质奖励与精神奖励对知识再分享意愿产生影响的其他中介变量，以及探索有价值的调节因素，如组织氛围、文化特征、用户个人特征等。

（3）研究方法方面

第一，本研究采用情景模拟的实验方法，通过情景模拟的方式刺激被试。该方法虽然能较好操控自变量、控制无关变量，也力求实验操控设计和情景模拟的科学性，但模拟情景和真实情景可能会存在偏差，影响研究结果的外部效度。

第二，本研究为了营造旅游虚拟社区网友点击量等场景的真实感，因此在被试发表游记2~3天后才进行实验刺激，填写问卷。这期间有可能有其他因素干扰被试，未来可考虑通过真实网站直接获取数据。

参考文献

[1] Agag G, El-Masry A A. 2016. Understanding consumer intention to partici-
    pate in online travel community and effects on consumer intention to pur-
    chase travel online and WOM [J]. Computers in Human Behavior, 60
    (C): 97 - 111.

[2] Alderfer C P. 1969. An empirical test of a new theory of human needs [J].
    Organizational Behavior & Human Performance, 4 (2): 142 - 175.

[3] Amichaihamburger Y, Lamdan N, Madiel R, et al. 2008. Personality
    characteristics of Wikipedia members [J]. Cyber Psychology & Behavior,
    11 (6): 679 - 681.

[4] Armstrong A, Hagel J. 1996. The real value of online communities [J].
    Harvard Business Review, (23): 134 - 141.

[5] Arsal I, Woosnam K M, Baldwin E D, et al. 2010. Residents as travel
    destination information providers: an online community perspective [J].
    Journal of Travel Research, 49 (4): 400 - 413.

[6] Atkinson J W. 1964. An introduction to motivation [M]. Van Nostrand.

[7] Bagozzi R P, Dholakia U M. 2002. Intentional social action in virtual com-
    munities [J]. Journal of Interactive Marketing, 16 (2): 2 - 21.

[8] Bandura A. 1982. Self-efficacy mechanism in human agency [J]. Am Psy-
    chol, 37 (2): 122 - 147.

[9] Bandura A. 1997. Self-efficacy: The exercise of control [J]. Journal of Cog-
    nitive Psychotherapy, 13 (2): 158 - 166.

[10] Bandura A. 1986. Social foundations of thought & action: A social cognitive
    theory [J]. Journal of Applied Psychology, 12 (1): 169.

[11] Bao S, Chang G H, Sachs J D, et al. 2002. Geographic factors and

China's regional development under market reforms, 1978 – 1998 [J].
China Economic Review, 13 (1): 89 – 111.

[12] Baumeister R F. 1982. A self-presentational view of social phenomena [J].
Psychological Bulletin, 91 (1): 3 – 26.

[13] Belk R W. 1975. Situational variables and consumer behavior [J]. Journal
of Consumer Research, 2 (3): 157 – 164.

[14] Bénabou R, Tirole J. 2006. Incentives and prosocial behavior [J].
American Economic Review, 96 (5): 1652 – 1678.

[15] Bergman S M, Fearrington M E, Davenport S W, et al. 2011. Millennials,
narcissism, and social networking: What narcissists do on social networ-
king sites and why [J]. Personality & Individual Differences, 50 (5):
706 – 711.

[16] Bhutada N S, Rollins B L, Rd P M. 2017. Impact of animated spokes-
Characters in print direct-to-consumer prescription drug advertising: An e-
laboration likelihood model approach [J]. Health Commun, 32 (4):
391 – 400.

[17] Bilgihan A, Barreda A, Okumus F, et al. 2016. Consumer perception of
knowledge-sharing in travel-related Online Social Networks [J]. Tourism
Management, 52: 287 – 296.

[18] Bishop J. 2007. Increasing participation in online communities: A frame-
work for human-computer interaction [J]. Computers in Human Behav-
ior, 23 (4): 1881 – 1893.

[19] Bock G W, Kim Y G. 2002. Breaking the myths of rewards: An explora-
tory study of attitudes about knowledge sharing [M]. IGI Global.

[20] Bock G W, Zmud R W, Kim Y G, et al. 2005. Behavioral intention for-
mation in knowledge sharing: Examining the roles of extrinsic motivators,
social-psychological forces, and organizational climate [J]. Mis Quarter-
ly, 29 (1): 87 – 111.

[21] Boucher S, Grey A, Leong S L, et al. 2015. Token monetary incentives
improve mail survey response rates and participant retention: Results from
a large randomised prospective study of mid-age New Zealand women [J].
New Zealand Medical Journal, 128 (1413): 20.

［22］ Boyd D. Taken out of context: American teen sociality in networked publics ［J］. Social Science Electronic Publishing, 2017.

［23］ Brown K. 2009. A review of digital habitats: Stewarding technology for communities ［J］. Education, 15 (2): 83 –86.

［24］ Bughin J, Hagel III J. 2000. The operational performance of virtual communities: Towards a successful business model ［J］. Electronic Markets, 10 (4): 237 –243.

［25］ Burgess D. 2005. What motivates employees to transfer knowledge outside their work unit? ［J］. Journal of Business Communication, 42 (4): 324 –348.

［26］ Butler B S, Bateman P J, Gray P, et al. 2018. An attraction-selection-attrition theory of online community size and resilience ［J］. Mis Quarterly, 38 (3): 699 –728.

［27］ Camilla S Øverup, Hadden B W, Knee C R, et al. 2017. Self-determination theory and intimate partner violence (IPV): Assessment of relationship causality orientations as predictors of IPV perpetration ［J］. Journal of Research in Personality, 70: 139 –155.

［28］ Casaló L V, Flavián C, Guinalíu M, et al. 2013. New members' integration: key factor of success in online travel communities. ［J］. Journal of Business Research, 66 (6): 706 –710.

［29］ Casaló L V, Flavián C, Guinalíu M. 2010. Determinants of the intention to participate in firm-hosted online travel communities and effects on consumer behavioral intentions ［J］. Tourism Management, 31 (6): 898 –911.

［30］ Casaló L V, Flavián C, Guinalíu M. 2011. Understanding the intention to follow the advice obtained in an online travel community ［J］. Computers in Human Behavior, 27 (2): 622 –633.

［31］ Cermak D S P, File K M, Prince R A. 1994. Customer participation in service specification and delivery ［J］. Journal of Applied Business Research, 10 (2): 90 –97.

［32］ Chang H H, Chuang S. 2011. Social capital and individual motivations on knowledge sharing: Participant involvement as a moderator ［J］. Information & Management, 48 (1): 9 –18.

[33] Chen C S, Chang S F, Liu C H. 2012. Understanding knowledge-sharing motivation, incentive mechanisms, and satisfaction in virtual communities [J]. Social Behavior & Personality An International Journal, 40 (4): 639 – 647 (9).

[34] Chen I Y L. 2007. The factors influencing members' continuance intentions in professional virtual communities—A longitudinal study [M]. Sage Publications, Inc.

[35] Chennamaneni A. 2007. Determinants of knowledge sharing behaviors: Developing and testing an integrated theoretical model [J]. Dissertations & Theses-Gradworks.

[36] Cheung M, Luo C, Sia C, et al. 2009. Credibility of electronic word-of-mouth: Informational and normative determinants of online consumer recommendations [J]. International Journal of Electronic Commerce, 13 (4): 9 – 38.

[37] Chin W W, Marcoulides G, 1998. The partial least squares approach for structural equation modeling [J]. Advances in Hospitality and Leisure, 295 (2): 295 – 336.

[38] Chiu C M, Hsu M H, Wang E T G. 2007. Understanding knowledge sharing in virtual communities: An integration of social capital and social cognitive theories [J]. Decision Support Systems, 42 (3): 1872 – 1888.

[39] Cho H, Jahng J. 2009. Factors affecting volunteer participants' performance in the virtual community: The case of knowledge sharing website [C] // AMCIS 2009 Proceedings.

[40] Choi J, Noh G Y, Park D J. 2014. Smoking cessation Apps for smartphones: Content analysis with the self-determination theory [J]. Journal of Medical Internet Research, 16 (2): 44.

[41] Chow, Wing S, Chan, et al. 2008. Social network, social trust and shared goals in organizational knowledge sharing [J]. Information & Management, 45 (7): 458 – 465.

[42] Chua A. 2013. Knowledge sharing: A game people play [J]. Aslib Proceedings, 55 (55): 117 – 129.

[43] Chumg H F, Cooke L, Fry J, et al. 2015. Factors affecting knowledge

sharing in the virtual organisation: Employees' sense of well-being as a mediating effect [J]. Computers in Human Behavior, 44 (C): 70 – 80.

[44] Churchill E F, Nelson L, Denoue L. 2003. Multimedia fliers: Information sharing with digital community bulletin boards [J]. Communities and Technologies, 97 – 117.

[45] Coleman E, Lieberman Z. 2015. Contributor motivation in online knowledge sharing communities with reputation management systems [R]. Proceedings of the 2015 Annual Research Conference on South African Institute of Computer Scientists and Information Technologists, 1 – 12.

[46] Corsini R J. 1999. The dictionary of psychology [M]. Routledge.

[47] Cosma S, Bota M, Tutunea M. 2012. Study about customer preferences in using online tourism products [J]. Procedia Economics & Finance, 3 (3): 883 – 888.

[48] Coy Callison. 2001. Do PR practitioners have a PR problem? The effect of associating a source with public relations and client-negative news on audience perception of credibility [J]. Journal of Public Relations Research, 13 (3): 219 – 234.

[49] Cross R, Cummings J N. 2004. Tie and network correlates of individual performance in knowledge-intensive work [J]. Academy of Management Journal, 47 (6): 928 – 937.

[50] Csikszentmihalyi M. 1975. Beyond boredom and anxiety [M]. Jossy-Bass Publishers.

[51] Csikszentmihalyi M. 1997. Creativity: Flow and the psychology of discovery and invention [J]. Adult Education Quarterly, 43 (12): 823 – 824.

[52] Dan A, Bracha A, Meier S. 2009. Doing good or doing well? Image motivation and monetary incentives in behaving prosocially [J]. American Economic Review, 99 (1): 544 – 555.

[53] Dasgupta P, Maskin E. 1977. The existence of economic equilibria: Continuity and mixed strategies [M]. Institute for Mathematical Studies in the Social Sciences, Stanford Univ.

[54] Davenport T H, Prusak L. 2001. Working knowledge: How organizations manage what they know [J]. Journal of Technology Transfer, 26 (4):

396 – 397.

[55] Deci E L. 1975. Intrinsic motivation [M]. Plenum.

[56] Deci E L, Ryan R M. 2000. The "what" and "why" of goal pursuits: Human needs and the self-determination of behavior [J]. Psychological Inquiry, 11 (4): 227 – 268.

[57] Deci E L, Koestner R, Ryan R M. 1999. A meta-analytic review of experiments examining the effects of extrinsic rewards on intrinsic motivation [J]. Psychological Bulletin, 125 (6): 692 – 700.

[58] Deci E L, Olafsen A H, Ryan R M. 2017. Self-Determination theory in work organizations: State of the science [J]. Annual Review of Organizational Psychology and Organizational Behavior.

[59] Deci E L, Ryan R M. 1985. Intrinsic motivation and self-determination in human behavior [M]. Springer US.

[60] Deci E L. 1975. Intrinsic motivation [M]. Springer US.

[61] Deci E L, Ryan R M. 2008. Facilitating optimal motivation and psychological well-being across life's domains [J]. Canadian Psychology, 49 (1): 14 – 23.

[62] Deng G, Zhou H, Zhang P. 2009. Study of incentive mechanism and internet behavior of virtual communities [M]. IEEE.

[63] Dholakia U M, Blazevic V, Wiertz C, et al. 2009. Communal service delivery: How customers benefit from participation in firm-hosted virtual P3 communities [J]. Journal of Service Research, 12 (2): 208 – 226.

[64] Dijck J V. 2009. Users like you? Theorizing agency in user-generated content [J]. Media Culture & Society, 31 (1): 41 – 58.

[65] Dixon N M. 2000. Common knowledge: How companies thrive by sharing what they know [M]. Harvard Business School Press.

[66] Elisabeth Joyce, Robert E Kraut. 2010. Predicting continued participation in newsgroups [J]. Journal of Computer-Mediated Communication, 11 (3): 723 – 747.

[67] Ennew C T, Binks M R. 1999. Impact of participative service relationships on quality, satisfaction and retention: An exploratory study [J]. Smf Discussion Paper, 46 (2): 121 – 132.

［68］ Ensign P C, Hébert L. 2010. How reputation affects knowledge sharing a-mong colleagues ［J］. Mit Sloan Management Review, 51 (2): 79 – 81.

［69］ Ensign P C. 1999. Innovation in the multinational firm with globally dis-persed R&D: Technological knowledge utilization and accumulation ［J］. Journal of High Technology Management Research, 10 (2): 203 – 221.

［70］ Evans J S. 2002. Logic and human reasoning: an assessment of the de-duction paradigm ［J］. Psychological Bulletin, 128 (6): 978 – 996.

［71］ Evans J S B T. 2003. In two minds: Dual-process accounts of reasoning ［J］. Trends in Cognitive Sciences, 7 (10): 454 – 459.

［72］ Fang J, Li J, Prybutok V R. 2018. Posting-Related attributes driving dif-ferential engagement behaviors in online travel communities ［J］. Telemat-ics & Informatics, (35): 1263 – 1276.

［73］ Fang Yulin, Neufeld Derrick. 2009. Understanding sustained participation in open source software projects ［J］. Journal of Management Information Systems, 25 (4): 9 – 50.

［74］ Faraj S, Jarvenpaa S L, Majchrzak A. 2017. Knowledge collaboration in online communities ［M］. INFORMS.

［75］ Ferreira M B, Garcia-Marques L, Sherman S J, et al. 2006. Automatic and controlled components of judgment and decision making ［J］. Journal of Personality and Social Psychology, 91 (5): 797 – 813.

［76］ Fornell C, Larcker D F. 1981. Evaluating structural equation models with unobservable variables and measurement error ［J］. Journal of Marketing Research, 18 (1): 39 – 50.

［77］ Frey B S, Jegen R. 2001. Motivation Crowding Theory ［J］. Journal of Economic Surveys, 15 (5): 589 – 611.

［78］ Gagné M G. 2009. A model of knowledge-sharing motivation ［J］. Human Resource Management, 571 – 589.

［79］ Gherardi S, Nicolini D. 2001. The sociological foundations of organiza-tional learning ［M］. Oxford University Press.

［80］ Gibbert M, Krause H. 2002. Practice exchange in a best practice market-place ［M］. Publicis Corporate Publishing.

［81］ Gilbert M, Cordey-Hayes M. 1996. Understanding the process of knowledge transfer to achieve successful technological innovation [J]. Technovation, 16 (6): 301 – 312.

[82] Gneezy U, Meier S, Rey-Biel P. 2011. When and why incentives (don't) work to modify behavior [J]. Journal of Economic Perspectives, 25 (4): 191 – 209.

[83] Gneezy U, Rustichini A. 2000. Pay enough or don't pay at all [J]. Quarterly Journal of Economics, 115 (3): 791 – 810.

[84] Gretzel U, Yoo K H. 2008. Use and impact of online travel reviews [M]. In information and communication technologies in tourism 2008: Proceedings of the international conference in Innsbruck, Austria. DBLP, 35 – 46.

[85] Grewal D, Gotlieb J, Marmorstein H. 1994. Moderating effects of message framing and source credibility on the price-perceived risk relationship [J]. Journal of Consumer Research, 21 (1): 145 – 153.

[86] Guadagno R E, Okdie B M, Eno C A. 2008. Who blogs? Personality predictors of blogging [J]. Computers in Human Behavior, 24 (5): 1993 – 2004.

[87] Gupta S, Kim H W. 2004. Virtual community: Concepts, implications, and future research directions [J]. 92 (2): 328 – 332.

[88] Haeyoung L, Reid E, Kim W G. 2014. Understanding knowledge sharing in online travel communities: Antecedents and the moderating effects of interaction modes [J]. Journal of Hospitality & Tourism Research, 38 (2): 222 – 242.

[89] Hagel Iii J, Armstrong A G. 1997. Net gain: Expanding markets through virtual communities [M]. Harvard Business School Press.

[90] Hagel J. 1999. Net gain: Expanding markets through virtual communities [J]. Journal of Interactive Marketing, 13 (1): 55 – 65.

[91] Hagan J, Mccarthy B, Herda D, et al. 2018. Dual-process theory of racial isolation, legal cynicism, and reported crime [J]. Proceedings of the National Academy of Sciences of the United States of America, 115 (28): 7190 – 7199.

[92] Hanif M I, Farooq M I, Khan M A. 2018. Importance of empowering lead-

ership, reward and trust towards knowledge sharing [J]. International Journal of Management Excellence, 11 (2): 1544.

[93] Hancox J E, Quested E, Cecilie Thøgersen-Ntoumani, et al. 2017. Putting self-determination theory into practice: Application of adaptive motivational principles in the exercise domain [J]. Qualitative Research in Sport and Exercise.

[94] Hall H. 2001. Input-friendliness: Motivating knowledge sharing across intranets [J]. Journal of Information Science, 27 (3): 139 – 146.

[95] Hashim K F, Tan F B. 2015. The mediating role of trust and commitment on members' continuous knowledge sharing intention: A commitment-trust theory perspective [J]. International Journal of Information Management, 35 (2): 145 – 151.

[96] Hayes A F. 2013. Introduction to mediation, moderation, and conditional process analysis: A regression-based approach [J]. Journal of Educational Measurement, 51 (3): 335 – 337.

[97] Hee L, Law R, Murphy J. 2011. Helpful reviewers in Tripadvisor, an online travel community [J]. Journal of Travel & Tourism Marketing, 28 (7): 675 – 688.

[98] Hendriks P. 2015. Why share knowledge? The influence of ICT on the motivation for knowledge sharing [J]. Knowledge & Process Management, 6 (2): 91 – 100.

[99] Heneman H G, Schwab D P. 1985. Pay satisfaction: Its multidimensional nature and measurement [J]. International Journal of Psychology, 20 (2): 129 – 141.

[100] Herzberg F. 1974. Motivation-hygiene profiles: Pinpointing what ails the organization [J]. Organizational Dynamics, 3 (2): 18 – 29.

[101] Heslin P, Klehe U. 2006. Self-Efficacy [M]. Sage Publications.

[102] Heyman J, Ariely D. 2004. Effort for payment: A tale of two markets [J]. Psychological Science, 15 (11): 787 – 793.

[103] Holsti O R. 1969. Content analysis for the social sciences and humanities [M] // Content analysis for the social sciences and humanities/. Addison-Wesley Pub. Co. 137 – 141.

[104] Houlihan S. 2018. Dual-process models of health-related behaviour and cognition: A review of theory [J]. Public Health, 156: 52 – 59.

[105] Hovland C I, Weiss W. 1951. The influence of source credibility on communication effectiveness [J]. Audiovisual Communication Review, 15 (4): 635 – 650.

[106] Hsu C L, Lin C C. 2008. Acceptance of blog usage: The roles of technology acceptance, social influence and knowledge sharing motivation. [J]. Information & Management, 45 (1): 65 – 74.

[107] Hsu M H, Ju T L, Yen C H, et al. 2007. Knowledge sharing behavior in virtual communities: The relationship between trust, self-efficacy, and outcome expectations [J]. International Journal of Human-Computer Studies, 65 (2): 153 – 169.

[108] Hsu ChinLung, Lin Chuan-chuan, et al. 2008. Acceptance of blog usage: The roles of technology acceptance, social influence and knowledge sharing motivation [J]. Information & Management, 45 (1): 65 – 74.

[109] Huber G P. 2001. Transfer of knowledge in knowledge management systems: unexplored issues and suggested studies [J]. European Journal of Information Systems, 10 (2): 72 – 79.

[110] Hung S W, Cheng M J. 2013. Are you ready for knowledge sharing? An empirical study of virtual communities [J]. Computers & Education, 62 (2): 8 – 17.

[111] Hurwicz L. 1972. On informationally decentralized systems [J]. Decision and Organization.

[112] Hurwicz L. 1977. On the dimensional requirements of informationally decentralized pareto-satisfactory processes [M]. Cambridge University Press.

[113] Hurwicz L. 1960. Optimality and informational efficiency in resource allocation Processes [M]. Stanford University Press.

[114] Hwang Y H, Jani D, Jeong H K. 2013. Analyzing international tourists' functional information needs: A comparative analysis of inquiries in an online travel forum [J]. Journal of Business Research, 66 (6): 700 – 705.

[115] Ipe M. 2003. Knowledge sharing in organizations: A conceptual framework

[J]. Human Resource Development Review, 2 (4): 337 – 359.

[116] Jakob N. 2014. Participationinequality: Encouraging more users to contribute [EB/OL], Http: www. Useit. Com/Alertbox/Participation_ Ine-Quality. Html. 4. 20.

[117] Jani D, Jang J H, Hwang Y H. 2011. Personality and tourists' internet Behaviour [M] //Information and Communication Technologies in Tourism 2011. Springer Vienna, 587 – 598.

[118] Jarvenpaa S L, Staples D S. 2000. The use of collaborative electronic media for information sharing: An exploratory study of determinants [J]. Journal of Strategic Information Systems, 9 (2 – 3): 129 – 154.

[119] Jennex M E, Wah C Y. 2007. Social capital and knowledge sharing in knowledge-based organizations [M] //International Journal of Knowledge Management (IJKM).

[120] Jennifer D. Greer. 2003. Evaluating the credibility of online information: A test of source and advertising influence [J]. Mass Communication & Society, 6 (1): 11 – 28.

[121] Jensen J L. 2008. Virtual tourist: Knowledge communication in an online travel community [J]. International Journal of Web Based Communities, 4 (4): 503 – 522.

[122] Jeon H, Jang J, Barrett E B. 2016. Linking website interactivity to consumer behavioral intention in an online travel community: The mediating role of utilitarian value and online trust [J]. Journal of Quality Assurance in Hospitality & Tourism, 1 – 24.

[123] Jin Xiao-Ling, Matthew K. O. Lee, Christy M. K. Cheung. 2010. Predicting continuance in online communities: Model development and empirical test [J]. Behaviour & Information Technology, 29 (4): 383 – 394.

[124] Jin Xiao-Ling, Zhou, et al. 2013. Why users keep answering questions in online question answering: communities: A theoretical and empirical investigation [J]. International Journal of Information Management, 33 (1): 93 – 104.

[125] Jones M R. 1960. Nebraska Symposium on Motivation, 1959 [J]. American Journal of the Medical Sciences, 240 (1).

[126] Jones Q, Ravid G, Rafaeli S. 2004. Information overload and the message dynamics of online interaction spaces: A theoretical model and empirical exploration [J]. Information Systems Research, 15 (2): 194 – 210.

[127] Jones S C, Vroom V H. 1964. Division of labor and performance under cooperative and competitive conditions [J]. Journal of Abnormal Psychology, 68 (68): 313.

[128] Joyce E, Kraut R E. 2006. Predicting continued participation in newsgroups [J]. Journal of Computer-Mediated Communication, 11: 723 – 747.

[129] Kahneman D, Frederick S. 2002. Representativeness revisited: Attribute substitution in intuitive judgment. [J]. 49 – 81.

[130] Kamenica E. 2012. Behavioral economics and psychology of incentives [J]. Social Science Electronic Publishing, 413 (1): 1302 – 1326.

[131] Kang M. 2018. Active users' knowledge-sharing continuance on social Q & A sites: Motivators and hygiene factors [J]. 70 (2): 214 – 232.

[132] Kankanhalli A, Tan B C Y, Wei K K. 2005. Contributing knowledge to electronic knowledge repositories: An empirical investigation [J]. Mis Quarterly, 29 (1): 113 – 143.

[133] Kaya S, Argan M, Yetim G. 2017. From experience to summit or vice Versa? Netnography study on a virtual community of mountaineering [J]. Universal Journal of Educational Research, 5 (7): 1117 – 1126.

[134] Kelley H H. 1967. Attribution theory in social psychology [M] //Nebraska Symposium of Motivation. 192 – 238.

[135] Kellogg D L, Youngdahl W E, Bowen D E. 1997. On the relationship between customer participation and satisfaction: Two frameworks [J]. International Journal of Service Industry Management, 8 (3): 206 – 219.

[136] Khosravi A, Ahmad M N. 2016. Examining antecedents of knowledge-sharing factors on research supervision: An empirical study [J]. Education & Information Technologies, 21 (4): 783 – 813.

[137] Kim S, Lee H. 2006. The impact of organizational context and information technology on employee knowledge-sharing capabilities [J]. Public

Administration Review, 66 (3): 370 – 385.

[138] Kim W G, Lee C, Hiemstra S J. 2004. Effects of an online virtual community on customer loyalty and travel product purchases [J]. Tourism Management, 25 (3): 343 – 355.

[139] Koh J, Kim Y G. 2004. Knowledge sharing in virtual communities: An e-business perspective [J]. Expert Systems with Applications, 26 (2): 155 – 166.

[140] Koh J, Kim Y G. 2002. Virtual community dynamics: A conceptual framework and empirical validation [J]. International Journal of Electronic Commerce, 8 (2): 75 – 93.

[141] Kohn A. 1993. Why incentive plans cannot work [J]. Harvard Business Review, 71 (5): 54 – 60.

[142] Kolbe R H, Burnett M S. 1991. Content-Analysis research: An examination of applications with directives for improving research reliability and objectivity [J]. Journal of Consumer Research, 18 (2): 243 – 250.

[143] Kollock P. 1999. The economies of online cooperation: Gifts and public goods in cyberspace [J]. Communities in Cyberspace.

[144] Korzaan M L, Boswell K T. 2008. The influence of personality traits and information privacy concerns on behavioral intentions [J]. Data Processor for Better Business Education, 48 (4): 15 – 24.

[145] Krippendorff K H. 2003. Content analysis: An introduction to its methodology [M]. Thousand Oaks: Sage Publications.

[146] Ku E C S. 2011. Recommendations from a virtual community as a catalytic agent of travel decisions [J]. Internet Research, 21 (21): 282 – 303.

[147] Kuester M, Benkenstein M. 2014. Turning dissatisfied into satisfied customers: How referral reward programs affect the referrer's attitude and loyalty toward the recommended service provider [J]. Journal of Retailing & Consumer Services, 21 (6): 897 – 904.

[148] Kunz W, Seshadri S, Martin D, et al. 2015. From virtual travelers to real friends: Relationship-building insights from an online travel community [J]. Journal of Business Research, 68 (9): 1822 – 1828.

[149] Kuo T. 2013. How expected benefit and trust influence knowledge sharing [J]. Industrial Management & Data Systems, 113 (4): 506 - 522.

[150] Lai H M, Hsieh P J. 2013. The decision to continue sharing knowledge in virtual communities: The moderating role of knowledge-sharing experience and knowledge self-efficacy [C] //Pacific Asia Conference on Information Systems, Pacis.

[151] Lee D J, Ahn J H. 2005. Rewarding knowledge sharing under measurement inaccuracy [J]. Knowledge Management Research & Practice, 3 (4): 229 - 243.

[152] Lee F S L, Vogel D, Limayem M. 2002. Virtual community informatics: What we know and what we need to know [C] //Hawaii International Conference on System Sciences. IEEE, 2863 - 2872.

[153] Lee J C, Shiue Y C, Chen C Y. 2016. Examining the impacts of organizational culture and top management support of knowledge sharing on the success of software process improvement [J]. Computers in Human Behavior, 54 (C): 462 - 474.

[154] Lee K H, Hyun S S. 2016. The effects of tourists' knowledge-sharing motivation on online tourist community loyalty: The moderating role of ambient stimuli [J]. Current Issues in Tourism, (10): 1 - 26.

[155] Lenhart A, Madden M. 2007. Social networking websites and teens [J]. Pew Internet & American Life Project.

[156] Levin J, Steele L. 2005. The transcendent experience: Conceptual, theoretical, and epidemiologic perspectives [J]. Explore, 1 (2): 89 - 101.

[157] Liang C, Chang C C, Rothwell W, et al. 2016. Influences of organizational culture on knowledge sharing in an online virtual community [J]. Journal of Organizational & End User Computing, 28 (4): 15 - 32.

[158] Lin H F. 2007. Effects of extrinsic and intrinsic motivation on employee knowledge sharing intentions [J]. Journal of Information Science, 33 (2): 135 - 149.

[159] Lin M J J, Hung S W, Chen C J. 2009. Fostering the determinants of knowledge sharing in professional virtual communities [J]. Computers

in Human Behavior, 25 (4): 929 – 939.

[160] Liu P J, Lamberton C, Haws K L. 2015. Should firms use small finan-cial benefits to express appreciation to consumers? Understanding and a-voiding trivialization effects [J]. Journal of Marketing A Quarterly Pub-lication of the American Marketing Association, 79 (3): 74 – 90.

[161] Llach J, Marimon F, Alonso-Almeida M D M, et al. 2013. Determi-nants of online booking loyalties for the purchasing of airline tickets [J]. Tourism Management, 35 (2): 23 – 31.

[162] Lohmoller J B. 1988. The PLS program system: Latent variables path a-nalysis with partial least squares estimation [J]. Multivariate Behavioral Research, 23 (1): 125.

[163] Lombardi S, Cavaliere V, Giustiniano L, et al. 2017. The dirty side of money: How extrinsic incentives jeopardize knowledge sharing [J]. Acade-my of Management Annual Meeting Proceedings.

[164] Ma W W K, Chan A. 2014. Knowledge sharing and social media: Altru-ism, perceived online attachment motivation, and perceived online rela-tionship commitment [J]. Computers in Human Behavior, 39: 51 – 58.

[165] Manus P M, Ragab M, Arisha A, et al. 2016. Review of Factors Influ-encing Employees' Willingness to Share Knowledge [C] //European Conference on Knowledge Management.

[166] Marylène Gagné, Edward L. Deci. 2005. Self-determination theory and work motivation [J]. Journal of Organizational Behavior, 26 (4): 331 – 362.

[167] Mathwick C, Rigdon E. 2004. Play, flow, and the online search expe-rience [J]. Journal of Consumer Research, 31 (2): 324 – 332.

[168] Mcclelland D C. 1965. Toward a theory of motive acquisition [J]. American Psychologist, 20 (5): 321.

[169] MengHsiang Hsu, ChunMing Chang, ChiaHui Yen. 2011. Exploring the antecedents of trust in virtual communities [J]. Behaviour & Informa-tion Technology, 30 (5): 587 – 601.

[170] Min J, Lee J, Ryu S, et al. 2014. Individuals' interaction with organi-zational knowledge under innovative and affective team climates: A mul-

tilevel approach to knowledge adoption and transformation [C]. Waikoloa: Annual Hawaii International Conference on System Sciences, pp. 3515 – 3524.

[171] Moghavvemi S, Sharabati M, Paramanathan T, et al. 2017. The impact of perceived enjoyment, perceived reciprocal benefits and knowledge power on students' knowledge sharing through Facebook [J]. International Journal of Management Education, 15 (1): 1 – 12.

[172] Muscanell N L, Guadagno R E. 2012. Make new friends or keep the old: Gender and personality differences in social networking use [J]. Computers in Human Behavior, 28 (1): 107 – 112.

[173] Myerson R B. 1979. Incentive compatibility and the bargaining problem [J]. Econo-metrica: Journal of the Econometric Society, 61 – 73.

[174] Mytrinh B, Donjyhfu J, Lin C H. 2015. The importance of attribution connecting online travel communities with online travel agents [J]. Cornell Hospitality Quarterly, 56 (3).

[175] Nahapiet J, Ghoshal S. 2000. Social capital, intellectual capital, and the organizational advantage [J]. Knowledge & Social Capital, 23 (2): 119 – 157.

[176] Namkung Y, Jang S C. 2010. Effects of perceived service fairness on e-motions, and behavioral intentions in restaurants [J]. European Journal of Marketing, 44 (9/10): 1233 – 1259.

[177] Natalicchio A, Petruzzelli A M, Garavelli A C. 2014. A literature review on markets for ideas: Emerging characteristics and unanswered questions [J]. Technovation, 34 (2): 65 – 76.

[178] Neches R. 1991. Enabling technology for knowledge sharing [J]. Ai Magazing, 12 (3): 36 – 56.

[179] Niwa K. 1990. Toward successful implementation of knowledge-based systems: Expert systems versus knowledge sharing systems [J]. IEEE Transactions on Engineering Management, 37 (4): 277 – 283.

[180] Nonaka I T. 1994. A dynamic theory of organizational knowledge creation1 [J]. Organization Science, 5 (1): 14 – 37.

[181] Noor N L M, Hashim M, Haron H, et al. 2005. Community acceptance

of knowledge sharing system in the travel and tourism websites: An application of an extension of TAM [C] //Europen Conference on Information System, 640 - 651.

[182] Organ D W. 1988. Organizational citizenship behavior: The good soldier syndrome [J]. Administrative Science Quarterly, 41 (6): 692 - 703.

[183] Ou C X J, Davison R M, Wong L H M. 2016. Using interactive systems for knowledge sharing: The impact of individual contextual preferences in China [J]. Information & Management, 53 (2): 145 - 156.

[184] Papadopoulos T, Stamati T, Nopparuch P. 2013. Exploring the determinants of knowledge sharing via employee weblogs [J]. International Journal of Information Management, 33 (1): 133 - 146.

[185] Petty R E, Cacioppo J T, Heesacker M. 1981. Effects of rhetorical questions on persuasion: A cognitive response analysis. [J]. Journal of Personality & Social Psychology, 40 (3): 432 - 440.

[186] Petty R E, Wegener D T. 1999. The elaboration likelihood model: Current status and controversies [M] //Dual process theories in social psychology, 41 - 72.

[187] Preacher K J, Hayes A F. 2004. SPSS and SAS procedures for estimating indirect effects in simple mediation models [J]. Behavior Research Methods Instruments & Computers, 36 (4): 717 - 731.

[188] Preece J. 2001. Online communities: Designing usability, supporting sociability [J]. Computers & Education, 36 (4): 366 - 367.

[189] Qu H L, Lee H Y. 2011. Travelers' social identification and membership behaviors in online travel community [J]. Tourism Management, 32 (6): 1262 - 1270.

[190] Reagans R, Mcevily B. 2003. Network structure and knowledge transfer: The effects of cohesion and range [J]. Administrative Science Quarterly, 48 (3): 554.

[191] Reinhard M A, Sporer S L. 2010. Content versus source cue information as a basis for credibility judgments [J]. Social Psychology, 41 (2): 93 - 104.

[192] Rheingold H. 1993. Virtual community: Homesteading on the electronic

Frontier [M]. Harper Perennial.

[193] Ruggles R. 1998. The state of the notion: Knowledge management in practice [J]. California Management Review, 40 (3): 80 – 89.

[194] Ruiz-Mafe C, Tronch J, Sanz-Blas S. 2016. The role of emotions and social influences on consumer loyalty towards online travel communities [J]. Journal of Service Theory & Practice, 26 (5): 534 – 558.

[195] Ryan T, Xenos S. 2011. Who uses Facebook? An investigation into the relationship between the Big Five, shyness, narcissism, loneliness, and Facebook usage [M]. Elsevier Science Publishers B. V.

[196] Šajeva S. 2014. Encouraging knowledge sharing among employees: How reward matters [J]. Procedia-Social and Behavioral Sciences, 156: 130 – 134.

[197] Sanchez-Franco M J, Rondan-Cataluña F J. 2010. Virtual travel communities and customer loyalty: Customer purchase involvement and web site design [J]. Electronic Commerce Research & Applications, 9 (2): 171 – 182.

[198] Sanjari S S, Jahn S, Boztug Y. 2017. Dual-process theory and consumer response to front-of-package nutrition label formats [J]. Nutrition Reviews.

[199] Schwabe G, Prestipino M. 2005. How tourism communities can change travel information quality [C] //European Conference on Information Systems, Information Systems in A Rapidly Changing Economy, Ecis 2005, Regensburg, Germany, May. DBLP, 1685 – 1696.

[200] Sen S, Lerman D. 2007. Why are you telling me this? An examination into negative consumer reviews on the Web [J]. Journal of Interactive Marketing, 21 (4): 76 – 94.

[201] Senge P. 1997. Sharing knowledge [J]. Executive Excellence, 14 (11): 17 – 19.

[202] Shah S K. 2006. Motivation, governance, and the viability of hybrid forms in open source software development [J]. Management Science, 52 (7): 1000 – 1014.

[203] Sin S C J, Kim K S. 2013. International students' everyday life informa-

tion seeking: The informational value of social networking sites [J].
Library & Information Science Research, 35 (2): 107 – 116.

[204] Singh J B, Chandwani R, Kumar M. 2018. Factors affecting Web 2.0
adoption: Exploring the knowledge sharing and knowledge seeking as-
pects in healthcare professionals [J]. Journal of Knowledge Manage-
ment, 22 (4).

[205] Skinner, B. F, Morse W H. 1957. Concurrent activity under fixed-inter-
val reinforcement [J]. Journal of Comparative & Physiological Psychol-
ogy, 50 (3): 279.

[206] Sloman S A. 1996. The empirical case for two systems of reasoning [J].
Psychological Bulletin, 119 (1): 3 – 22.

[207] Somantri M, Djohar A, Abdullah A G, et al. 2018. Implementation of
sharing knowledge management in internship program using web-based in-
formation system [M]. IOP Publishing.

[208] Steers R M, Mowday R T, Shapiro D L. 2004. Introduction to special
topic forum: The future of work motivation theory [J]. Academy of
Management Review, 29 (3): 379 – 387.

[209] Stewart III G B, Appelbaum E, Beer M, et al. 1993. Rethinking re-
wards [J]. Harvard Business Review, 71 (6): 37 – 49.

[210] Sussman S W, Siegal W S. 2003. Informational Influence in Organiza-
tions: An integrated approach to knowledge adoption [J]. Information
Systems Research, 14 (1): 47 – 65.

[211] Szulanski G. 2015. Exploring internal stickiness: Impediments to the
transfer of best practice within the firm [J]. Strategic Management Jour-
nal, 17 (S2): 27 – 43.

[212] Szulanski G. 2000. The process of knowledge transfer: A diachronic
analysis of stickiness [J]. Organizational Behavior & Human Decision
Processes, 82 (1): 9 – 27.

[213] Taylor, Geneviève, Jungert T, Mageau, Geneviève A, et al. 2014. A
self-determination theory approach to predicting school achievement over
time: The unique role of intrinsic motivation [J]. Contemporary Edu-
cational Psychology, 39 (4): 342 – 358.

［214］Taylor S E 等著，谢晓非等译 . 2005. 社会心理学 ［M］. 北京大学出版社，487 - 488.

［215］Thorn B K, Connolly T. 1987. Discretionary data bases: A theory and some experimental findings ［J］. Communication Research An International Quarterly, 14 (5): 512 - 528.

［216］Tohidinia Z, Mosakhani M. 2010. Knowledge sharing behaviour and its predictors ［J］. Industrial Management & Data Systems, 110 (4): 611 - 631.

［217］Tönnies F. 1963. Community and Society ［J］. Michigan State University.

［218］Ullah I, Akhtar K M, Shahzadi I, et al. 2016. Encouraging knowledge sharing behavior through team innovation climate, altruistic intention and organizational culture ［J］. Knowledge Management & E-Learning: An International Journal, 8 (4): 628 - 645.

［219］Usoro A, Sharratt M W, Tsui E, et al. 2007. Trust as an antecedent to knowledge sharing in virtual communities of practice ［J］. Knowledge Management Research&Practice, 5 (3): 199 - 212.

［220］Utz S, Tanis M, Vermeulen I. 2012. It is all about being popular: The effects of need for popularity on social network site use ［J］. Cyberpsychology Behavior & Social Networking, 15 (1): 37.

［221］Verkasolo M, Lappalainen P. 1998. A method of measuring the efficiency of the knowledge utilization process ［J］. Engineering Management IEEE Transactions on, 45 (4): 414 - 423.

［222］Vermeulen I E, Seegers D. 2009. Tried and tested: The impact of online hotel reviews on consumer consideration ［J］. Tourism Management, 30 (1): 123 - 127.

［223］Wang P, Lu Z, Sun J. 2018. Influential effects of intrinsic-extrinsic incentive factors on management performance in new energy enterprises ［J］. International Journal of Environmental Research & Public Health, 15 (2).

［224］Wang S, Noe R A. 2010. Knowledge sharing: A review and directions for future research ［J］. Human Resource Management Review, 20 (2): 115 - 131.

[225] Wang Y C, Yu Q, Fesenmaier D R. 2002. Defining the virtual tourist community: Implications for tourism marketing [J]. Tourism Management, 23 (4): 407 –417.

[226] Wang Y, Fesenmaier D R. 2004. Modeling participation in an online travel community [J]. Journal of Travel Research, 42 (3): 261 –270.

[227] Wang Y, Fesenmaier D R. 2004. Towards understanding members' general participation in and active contribution to an online travel community [J]. Tourism Management, 25 (6): 709 –722.

[228] Wasko M L, Faraj S. 2000. "It is what one does": Why people participate and help others in electronic communities of practice [J]. Journal of Strategic Information Systems, 9 (2 –3): 155 –173.

[229] Wasko M L, Faraj S. 2005. Why should I share? Examining social capital and knowledge contribution in electronic networks of practice [J]. Mis Quarterly, 29 (1): 35 –57.

[230] Watts S A, Zhang W. 2008. Capitalizing on content: Information adoption in two online communities [J]. Journal of the Association for Information Systems, 9 (2): 73 –94.

[231] Weber R P. 1990. Basic content analysis [M]. Sage Publications.

[232] Wellman B. 2010. Physical place and cyberplace: The rise of personalized networking [J]. International Journal of Urban & Regional Research, 25 (2): 227 –252.

[233] West R F, Stanovich K E. 2003. Is probability matching smart? Associations between probabilistic choices and cognitive ability [J]. Memory & Cognition, 31 (2): 243 –251.

[234] Wolf P. 2011. Balanced evaluation: Monitoring the "Success" of a knowledge management project [J]. Historical Social Research, 361 (135): 262 –287.

[235] Wolfe C, Loraas T. 2008. Knowledge sharing: The effects of incentives, environment, and person [J]. Journal of Information Systems, 22 (2): 53 –76.

[236] Wu J J, Tsang A S L. 2008. Factors affecting members' trust belief and behaviour intention in virtual communities [M]. Taylor & Francis, Inc.

[237] Wu Jyh-Jeng, Chang Yong-Sheng. 2005. Towards understanding members' interactivity, trust, and flow in online travel community [J]. Industrial Management & Data Systems, 105 (7): 937 – 954.

[238] Xia M, Huang Y, Duan W, et al. 2012. Research note—To continue sharing or not to continue sharing? An empirical analysis of user decision in peer-to-peer sharing networks [J]. Information Systems Research, 23 (1): 247 259.

[239] Xiang Z, Gretzel U. 2010. Role of social media in online travel information search [J]. Tourism Management, 31 (2): 179 – 188.

[240] Yeu M, Bae S Y. 2016. A study on the influence of flow on online community satisfaction: Focusing on the mediating role of social capital [J]. Journal of Digital Convergence, 14 (9): 171 – 179.

[241] Yong S H, Kang M. 2016. Extending lead user theory to users' innovation-related knowledge sharing in the online user community: The mediating roles of social capital and perceived behavioral control [J]. International Journal of Information Management, 36 (4): 520 – 530.

[242] Yong S H, Kim Y G. 2011. Why would online gamers share their innovation-conducive knowledge in the online game user community? Integrating individual motivations and social capital perspectives [J]. Computers in Human Behavior, 27 (2): 956 – 970.

[243] Yoo C W, Goo J, Huang C D, et al. 2016. Improving travel decision support satisfaction with smart tourism technologies: A framework of tourist elaboration likelihood and self-efficacy [J]. Technological Forecasting and Social Change.

[244] Yoo K H, Gretzel U. 2008. What motivates consumers to write online travel reviews? [J]. Information Technology & Tourism, 10 (4): 283 – 295.

[245] Yu T K, Lu L C, Liu T F. 2010. Exploring factors that influence knowledge sharing behavior via weblogs [J]. Computers in Human Behavior, 26 (1): 32 – 41.

[246] Yuan D, Lin Z, Zhuo R. 2016. What drives consumer knowledge sharing in online travel communities? Personal attributes or e-service factors? [J]. Computers in Human Behavior, 63: 68 – 74.

[247] Yuan Y H, Tsai S B, Dai C Y, et al. 2017. An empirical research on relationships between subjective judgement, technology acceptance tendency and knowledge transfer [J]. Plos One, 12 (9): e0183994.

[248] Zaichkowsky J. L. 1985. Measuring the Involvement Construct [J]. Journal of Consumer Research, 2 (3): 341 – 352.

[249] Zhang Y, Fang Y, Wei K K, et al. 2010. Exploring the role of psychological safety in promoting the intention to continue sharing knowledge in virtual communities [J]. International Journal of Information Management, 30 (5): 425 – 436.

[250] Zhao X, Lynch J G, Chen Q. 2010. Reconsidering Baron and Kenny: Myths and truths about mediation analysis [J]. Journal of Consumer Research, 37 (2): 197 – 206.

[251] 常亚平, 董学兵. 2014. 虚拟社区消费信息内容特性对信息分享行为的影响研究 [J]. 情报杂志, 33 (01): 201 – 207 + 200.

[252] 陈国松, 李雪松. 2013. 旅游虚拟社区对旅游者行为决策的影响模型及营销策略 [J]. 经营管理者, (4): 298.

[253] 陈明红, 刘莹, 漆贤军. 2015. 学术虚拟社区持续知识共享意愿研究——启发式 – 系统式模型的视角 [J]. 图书馆论坛, 35 (11): 83 – 91.

[254] 陈明红. 2015. 学术虚拟社区用户持续知识共享的意愿研究 [J]. 情报资料工作, 36 (1): 41 – 47.

[255] 陈涛, 李廉水. 2008. 不同组织科技人员薪酬满意度影响因素的比较分析——基于江苏省 12000 份调查问卷的研究 [J]. 管理世界, (1): 178 – 179.

[256] 程妮. 2008. 组织知识共享障碍消除策略研究 [J]. 图书情报工作, (02): 24 – 27.

[257] 丛海涛, 唐元虎. 2007. 隐性知识转移、共享的激励机制研究 [J]. 科研管理, (01): 33 – 37.

[258] 代明, 姜寒, 陈俊. 2016. 知识市场研究综述 [J]. 科技管理研究, 36 (16): 150 – 154.

[259] 单凤儒. 2012. 管理学基础 [M]. 高等教育出版社.

[260] 范晓屏. 2009. 非交易类虚拟社区成员参与动机: 实证研究与管理

启示 [J]. 管理工程学报, 23 (01): 1-6.

[261] 龚主杰, 赵文军, 熊曙初. 2013. 基于感知价值的虚拟社区成员持续知识共享意愿研究 [J]. 图书与情报, (5): 89-94.

[262] 郭俊华, 徐倪妮. 2017. 基于内容分析法的创业人才政策比较研究——以京沪深三市为例 [J]. 情报杂志, 36 (5): 54-61.

[263] 韩小芸, 田甜, 孙本纶, 等. 2016. 旅游虚拟社区成员 "感知-认同-契合行为" 模式的实证研究 [J]. 旅游学刊, 31 (8): 61-70.

[264] 贺小光, 兰讽. 2011. 网络社区研究综述——从信息交流到知识共享 [J]. 情报科学, 29 (08): 1268-1272.

[265] 胡昌平, 万莉. 2015. 虚拟知识社区用户关系及其对知识共享行为的影响 [J]. 情报理论与实践, 38 (6): 71-76.

[266] 黄凤, 丁倩, 魏华, 洪建中. 2018. 帖子主题特征对虚拟社区知识分享行为的影响: 旁观者效应的视角 [J]. 心理学报, 50 (02): 226-234.

[267] 黄彦婷, 段光, 杨忠, 金辉. 2014. 物质奖励、集体主义文化对知识共享意愿的影响研究 [J]. 软科学, 28 (03): 78-81+105.

[268] 黄颖华. 2014. 后现代视角下的旅游者社交网络行为研究 [J]. 旅游学刊, 29 (8): 9-11.

[269] 金晓玲, 章甸禹, 冯慧慧. 2018. 移动社交媒体中健康类信息传播效应实证研究 [J]. 情报科学, 36 (9): 129-135.

[270] 孔茨, 韦里克, 张晓君. 1998. 管理学 (第10版). 北京: 经济科学出版社, 12-29.

[271] 雷雪, 焦玉英, 陆泉, 成全. 2008. 基于社会认知论的 Wiki 社区知识共享行为研究 [J]. 现代图书情报技术, (02): 30-34.

[272] 刘灿辉, 安立仁. 2016. 经济奖励与个体知识共享意愿——认知风格和知识隐性程度的调节作用 [J]. 华东经济管理, 30 (12): 170-177.

[273] 刘海鑫, 刘人境. 2014. 企业虚拟社区个体知识贡献行为影响因素研究 [J]. 科研管理, 35 (06): 121-128.

[274] 刘丽虹, 张积家. 2010. 动机的自我决定理论及其应用 [J]. 华南师范大学学报 (社会科学版), (4): 53-59.

[275] 刘蕤, 田鹏, 王伟军. 2012. 中国文化情境下的虚拟社区知识共享

影响因素实证研究 [J]. 情报科学, 30 (06)：866 - 872.

[276] 刘正周 .1996. 管理激励与激励机制 [J]. 管理世界, (05)：213 - 215.

[277] 陆而启 .2011. 智识互转：印证规范解析 [J]. 证据科学, 19 (4)：401 - 414.

[278] 潘澜, 林壁属, 方敏, 等 .2016. 智慧旅游背景下旅游 APP 的持续性使用意愿研究 [J]. 旅游学刊, 31 (11)：65 - 73.

[279] 彭增军 .2012. 媒介内容分析法 [M]. 中国人民大学出版社.

[280] 秦铁辉, 程妮 .2006. 试论影响组织知识共享的障碍及其原因 [J]. 图书情报知识, (06)：105 - 106 + 76.

[281] 申来津 .2002. 精神激励的权变理论 [D]. 南京师范大学.

[282] 石艳霞 .2010. SNS 虚拟社区知识共享及其影响因素研究 [D]. 博士学位论文, 山西大学.

[283] 苏东水 .2005. 东方管理学 [M]. 复旦大学出版社.

[284] 孙彦, 李纾, 殷晓莉 .2007. 决策与推理的双系统——启发式系统和分析系统 [J]. 心理科学进展, 15 (5)：721 - 726.

[285] 田国强 .2003. 经济机制理论：信息效率与激励机制设计 [J]. 经济学 (季刊), 271 - 308.

[286] 王曰芬 .2007. 文献计量法与内容分析法的综合研究 [D]. 南京理工大学.

[287] 文鹏, 廖建桥 .2008. 国外知识共享动机研究述评 [J]. 科学学与科学技术管理, 29 (11)：92 - 96.

[288] 夏湘远 .2009. 企业隐性知识共享的技术支撑 [J]. 求索, (03)：86 - 88.

[289] 谢荷锋, 刘超 .2011. "拥挤" 视角下的知识分享奖励制度的激励效应 [J]. 科学学研究, 29 (10)：1549 - 1556.

[290] 辛鸣 .2004. 制度论——哲学视野中的制度与制度研究 [D]. 中共中央党校.

[291] 徐美凤, 叶继元 .2011. 学术虚拟社区知识共享行为影响因素研究 [J]. 情报理论与实践, 34 (11)：72 - 77.

[292] 徐小龙, 王方华 .2007. 虚拟社区研究前沿探析 [J]. 外国经济与管理, 29 (9)：10 - 16.

［293］严贝妮，叶宗勇．2017．环境因素对虚拟社区用户知识共享行为的作用机制研究［J］．情报理论与实践，（10）：74－79．

［294］阳震青，彭润华．2015．移动 UGC 环境下旅游者知识分享行为研究，旅游科学，4，45－49．

［295］杨德锋，江霞，赵平．2014．奖励能改变分享者原有的品牌至爱吗——奖励在体验分享中的影响研究［J］．南开管理评论，17（3）：4－18．

［296］杨雪雁，张晓霓．2011．基于内容分析的中国旅游虚拟社区知识挖掘［J］．中国管理科学，19：618－624．

［297］姚琦，马华维，阎欢，等．2014．心理学视角下社交网络用户个体行为分析［J］．心理科学进展，22（10）：1647－1659．

［298］余意峰．2012．旅游虚拟社区：概念、内涵与互动机理［J］．湖北大学学报（哲学社会科学版），39（1）：111－114．

［299］袁留亮．2016．环境支持对 QQ 群成员持续共享的意愿影响——自主动机的中介作用［J］．电化教育研究，37（06）：61－69．

［300］约瑟夫·格雷尼．2014．影响力大师［M］．机械工业出版社．

［301］要仲华．2014．激励理论在企业管理中的应用研究［J］．东方企业文化，（07）：169．

［302］张爱平，钟林生，徐勇．2013．国外旅游虚拟社区研究进展及启示［J］．人文地理，（5）：6－11．

［303］张高军，李君轶，毕丽芳，等．2013．旅游同步虚拟社区信息交互特征探析——以 QQ 群为例［J］．旅游学刊，28（2）：119－126．

［304］张蒙，刘国亮，毕达天．2017．多视角下的虚拟社区知识共享研究综述［J］．情报杂志，36（5）：175－180．

［305］张敏，唐国庆，张艳．2017．基于 S－O－R 范式的虚拟社区用户知识共享行为影响因素分析［J］．情报科学，（11）：149－155．

［306］张敏，郑伟伟，石光莲．2016．虚拟学术社区知识共享主体博弈分析——基于信任的视角［J］．情报科学，V35（2）：55－58．

［307］张鼐，周年喜．2012．社会资本和个人动机对虚拟社区知识共享影响的研究［J］．情报理论与实践，35（07）：56－60．

［308］张爽，汪克夷，栾晓琳．2008．自我效能、信任对知识共享的影响研究［J］．科技管理研究，（08）：285－288．

[309] 张旭,张婕,樊耘.2017.基于认知评价角度的奖励与创新绩效关系研究——情感状态与认知资源的调节作用 [J].南开管理评论,20 (05):144-154.

[310] 赵大丽,孙道银,张铁山.2016.社会资本对微信朋友圈用户知识共享意愿的影响研究 [J].情报理论与实践,39 (3):102-107.

[311] 赵夫增.2009.互联网时代的在线社区生产模式研究 [J].科学学研究,27 (04):546-553.

[312] 赵玲,鲁耀斌,邓朝华.2009.基于社会资本理论的虚拟社区感研究 [J].管理学报,6 (9):1169-1175.

[313] 赵文军.2015.虚拟社区成员知识共享行为的驱动机制研究综述 [J].现代情报,11 (35):164-170.

[314] 周婷,邓胜利,ZhouTing,等.2014.社交网站用户知识贡献行为机理分析 [J].情报资料工作,(5):28-32.

[315] 周翔.2014.传播学内容分析研究与应用 [M].重庆大学出版社.

[316] 周刚,裴蕾.2016.旅游虚拟社区中参与者行为及其动机的实证研究 [J].新闻界,(12):61-68.

[317] 朱翊敏,周素红,刘容.2011.推荐奖励计划中消费者意愿研究 [J].商业研究,(8):83-90.

附　录

附录一：文本编码

编码	激励机制
A01	优质点评（海外）100 积分；优质点评（国内）50 积分（物质层面的诱导因素 - 虚拟货币；激励强度）
A01	兑换 ALFAPAPF 意大利高端专业洗护 30 元电子抵用券需 300 积分（物质层面的诱导因素 - 虚拟货币；激励强度）
A01	兑换 Ctrip 特制电源适配器需 5500 积分（物质层面的诱导因素 - 虚拟货币；激励强度）
A01	所有用户：实用游记获得 1000 积分、美图游记获得 1000 积分（物质层面的诱导因素 - 虚拟货币；激励强度）
A01	旅行家写有贡献值的游记即可获得 300 积分（每日总计上限 900），典藏游记获得 3000 积分、精华游记获得 2000 积分、实用游记获得 1000 积分、美图游记获得 1000 积分（物质层面的诱导因素 - 虚拟货币；激励强度）
A02	"蜂蜜"是马蜂窝的通用虚拟货币，可用于购买自由行产品、兑换优惠券或参与社区活动！（物质层面的诱导因素 - 虚拟货币）
A02	每篇蜂首游记会获得 2000 蜂蜜（物质层面的诱导因素 - 虚拟货币；激励强度）
A02	每篇宝藏游记会获得 1500 蜂蜜（物质层面的诱导因素 - 虚拟货币；激励强度）
A02	预约游记奖励 100 蜂蜜（物质层面的诱导因素 - 虚拟货币；激励强度）
A02	最佳答案，可得到 10 蜂蜜，并得到提问者悬赏的金币（物质层面的诱导因素 - 虚拟货币；激励强度）
A02	每条"金牌回答"会获得一枚金牌，并给予 10 蜂蜜的奖励（物质层面的诱导因素 - 虚拟货币；激励强度）
A02	有目的地认证的蜂蜂，可获得 20 蜂蜜（物质层面的诱导因素 - 虚拟货币；激励强度）

续表

编码	激励机制
A02	审核通过成为指路人，首次成为指路人，得 800 蜂蜜开门礼 ~ 任期内领取周薪 100 蜂蜜，每周需回答 5 个问题，才能激活周薪哦 ~ （物质层面的诱导因素 - 虚拟货币；激励强度）
A02	实习指路人，首次成为实习指路人，但未成为指路人，被取消后获得任期回答数量 * 10 的蜂蜜，封顶为 200 蜂蜜（物质层面的诱导因素 - 虚拟货币；激励强度）
A02	在指路人基础上成为目的地指路人，每增加一个新的目的地认证会获得 200 蜂蜜。任期内周薪 200 蜂蜜（需要上周回答过被认证的目的地的问题）。认证目的地下的回答被采纳也能获得双倍蜂蜜哦。（物质层面的诱导因素 - 虚拟货币；激励强度）
A02	首次获得 5 个金牌回答的用户，奖励 100 蜂蜜（物质层面的诱导因素 - 虚拟货币；激励强度）
A02	邀请，如果被邀请的回答被采纳，发出邀请的用户获得 5 蜂蜜（物质层面的诱导因素 - 虚拟货币；激励强度）
A02	每条金牌点评奖励 10 - 15 蜂蜜。当金牌点评在每个目标类目（餐厅、酒店、景点、购物、娱乐、交通）前 10，可以额外获得 5 蜂蜜（物质层面的诱导因素 - 虚拟货币；激励强度）
A02	点评排行榜：点评排名 TOP 前 10 奖励 200 蜂蜜；TOP10—100 奖励 50 蜂蜜（物质层面的诱导因素 - 虚拟货币；激励强度）
A02	新手任务：完成 3 个新手任务奖励 10 蜂蜜（物质层面的诱导因素 - 虚拟货币；激励强度）
A02	三星城市勋章可获得 10 蜂蜜（物质层面的诱导因素 - 虚拟货币；激励强度）
A02	四星城市勋章可获得 30 蜂蜜（物质层面的诱导因素 - 虚拟货币；激励强度）
A02	五星城市勋章，并获得 50 蜂蜜（物质层面的诱导因素 - 虚拟货币；激励强度）
A02	在马蜂窝预定酒店并成功入住后，贡献一条点评，即可获得 5 蜂蜜（物质层面的诱导因素 - 虚拟货币；激励强度）
A02	所有参加真人兽且符合条件的蜂蜂，能获得 5 蜂蜜（物质层面的诱导因素 - 虚拟货币；激励强度）
A02	每个榜单首次上榜的用户会获得 50 蜂蜜。每个 ID 最多能获得 400 蜂蜜（物质层面的诱导因素 - 虚拟货币；激励强度）
A02	使用蜂蜜，在马蜂窝【自由行商城】抵扣部分现金。抵扣规则如下：机酒类（机票/机 + 酒/邮轮）：蜂蜜最多可抵扣订单金额的 10%；当地游（全品类）：蜂蜜最多可抵扣订单金额的 20%；跟团游：蜂蜜最多可抵扣订单金额的 10%；签证：蜂蜜最多可抵扣订单金额的 20%；定制旅行：蜂蜜最多可抵扣订单金额的 10%（物质层面的诱导因素 - 虚拟货币；激励强度）
A02	蜂蜜兑换流量：30M 流量包 = 78 蜂蜜起；50M 流量包 = 113 蜂蜜起；300M 流量包 = 388 蜂蜜起；1G 流量包 = 970 蜂蜜起，即领即用，不花钱得流量，你值得拥有！（激励强度）

编码	激励机制
A02	使用蜂蜜，兑换优惠券（位置：旅行商城蜂蜜中心）：50 蜂蜜兑换签证券 20 元，满 599 元可用；150 蜂蜜兑换当地游玩乐专享券 30 元，满 999 元可用；180 蜂蜜兑换酒店券 50 元，满 500 元可用；200 蜂蜜兑换度假专享券 100 元，满 2999 元可用（激励强度）
A02	使用蜂蜜，参与【招财猫】的活动使用蜂蜜购买高贵的黑猫，可以获得更多的奖励（物质层面的诱导因素 – 虚拟货币）
A02	使用蜂蜜，参加每周二的【拍卖行】活动。每周二的拍卖行活动，都会有各式各样的商品上架等待拍卖（物质层面的诱导因素 – 虚拟货币）
A02	使用蜂蜜，参与其余活动：1. 众筹活动；2. 兑换某些活动的获奖资格（物质层面的诱导因素 – 虚拟货币）
A02	金币是马蜂窝的虚拟货币，参加各种社区活动都可以获得金币，金币可以购买特殊道具，还会定期开放各种有意思的兑换通道（物质层面的诱导因素 – 虚拟货币）
A02	如何获得金币？1. 访问游记、问答、自由行、小组帖页面会有金币掉落，点击金币即可获得。2. 在"我的马蜂窝"里参与招财猫的活动。3. 打卡可以获得金币，打卡天数越多获得的金币越多 4. 做每日任务可以获得金币 5. 小蜂经常会发布一些有精美礼品和送金币的活动，关注小蜂的动态和打卡就可以进入参与（物质层面的诱导因素 – 虚拟货币；行为导向）
A02	金币的用途：金币是马蜂窝社区活动使用的货币，目前主要有几个使用途径，后面会有更多哟！1. 道具商店购买道具：可以购买补打卡道具"速效救心丸"，补上那一天没有打卡的缺憾！也可以购买逗猫棒，与招财猫配合使用，赚取更多金币 2. 购买明信片券：持有明信片 DIY 券的蜂蜂可以用金币售卖，其他蜂蜂可以使用金币购买。（由于供应商问题，明信片业务暂停了。下家正在接洽中，会尽快与大家见面）3. 购买招财猫：进入自己的马蜂窝，使用金币购买招财猫。4. 自助转账：让金币成为好友之间互动的桥梁~你我之间是纯洁的金币关系吗（物质层面的诱导因素 – 虚拟货币；激励强度）
A02	访问游记、问答、自由行、小组帖页面会有金币掉落，点击金币即可获得（物质层面的诱导因素 – 虚拟货币）
A03	穷币是穷游网独家发行的虚拟货币，你可以通过内容贡献和参与活动获得穷币（物质层面的诱导因素 – 虚拟货币）
A03	穷币能干吗？兑换纪念品和商品！请前往穷币兑换商城兑换（物质层面的诱导因素 – 虚拟货币）
A03	兑换"滴露免洗抑菌洗手液经典松木 50ml"需 300 穷币（物质层面的诱导因素 – 虚拟货币；激励强度）
A03	兑换"瑞士军刀"需 2200 穷币（物质层面的诱导因素 – 虚拟货币；激励强度）
A03	兑换"富士 instax mini9 相机"需 11980 穷币（物质层面的诱导因素 – 虚拟货币；激励强度）
A03	上传头像获得 10 穷币（物质层面的诱导因素 – 虚拟货币；激励强度）

编码	激励机制
A03	指南信息纠错更新（大）获得 10 穷币（物质层面的诱导因素 – 虚拟货币；激励强度）
A03	指南信息纠错更新（小）获得 1 穷币（物质层面的诱导因素 – 虚拟货币；激励强度）
A03	创建指南信息（大）获得 10 穷币（物质层面的诱导因素 – 虚拟货币；激励强度）
A03	创建指南信息（小）获得 3 穷币（物质层面的诱导因素 – 虚拟货币；激励强度）
A03	创建目的地景点玩乐（大）获得 6 穷币（物质层面的诱导因素 – 虚拟货币；激励强度）
A03	创建目的地景点玩乐（小）获得 2 穷币（物质层面的诱导因素 – 虚拟货币；激励强度）
A03	目的地景点玩乐更新纠错（大）获得 6 穷币（物质层面的诱导因素 – 虚拟货币；激励强度）
A03	目的地景点玩乐更新纠错（小）获得 2 穷币（物质层面的诱导因素 – 虚拟货币；激励强度）
A03	点评目的地（国家/城市）获得 1 穷币（物质层面的诱导因素 – 虚拟货币；激励强度）
A03	点评目的地（目的地景点玩乐）获得 5 穷币（物质层面的诱导因素 – 虚拟货币；激励强度）
A03	点评被有用获得 1 穷币（物质层面的诱导因素 – 虚拟货币；激励强度）
A03	点评目的地（10 点评以下的景点玩乐）获得 5 穷币（物质层面的诱导因素 – 虚拟货币；激励强度）
A03	点评目的地（10 点评以下的景点玩乐）获得 5 穷币（物质层面的诱导因素 – 虚拟货币；激励强度）
A03	锦囊内容纠错更新获得 10 穷币（物质层面的诱导因素 – 虚拟货币；激励强度）
A03	照片/相册被点喜欢获得 1 穷币（物质层面的诱导因素 – 虚拟货币；激励强度）
A03	发游记帖获得 10 穷币（物质层面的诱导因素 – 虚拟货币；激励强度）
A03	帖子被收藏获得 1 穷币（物质层面的诱导因素 – 虚拟货币；激励强度）
A03	帖子被喜欢获得 1 穷币（物质层面的诱导因素 – 虚拟货币；激励强度）
A03	帖子被评为 1 级精华获得 300 穷币（物质层面的诱导因素 – 虚拟货币；激励强度）
A03	帖子被评为 2 级精华获得 500 穷币（物质层面的诱导因素 – 虚拟货币；激励强度）
A03	帖子被评为 3 级精华获得 1000 穷币（物质层面的诱导因素 – 虚拟货币；激励强度）
A03	帖子被评为热议帖获得 50 穷币（物质层面的诱导因素 – 虚拟货币；激励强度）
A03	帖子被推荐至全站首页焦点图获得 300 穷币（物质层面的诱导因素 – 虚拟货币；激励强度）

续表

编码	激励机制
A03	在穷游 App 回复帖子获得 1 穷币（物质层面的诱导因素 - 虚拟货币；激励强度）
A03	认证资深用户/精华作者发游记/攻略帖获得 30 穷币（物质层面的诱导因素 - 虚拟货币；激励强度）
A03	认证资深用户/精华作者帖子被喜欢获得 2 穷币（物质层面的诱导因素 - 虚拟货币；激励强度）
A03	认证资深用户/精华作者帖子被收藏获得 2 穷币（物质层面的诱导因素 - 虚拟货币；激励强度）
A03	回答问题获得 1 穷币（物质层面的诱导因素 - 虚拟货币；激励强度）
A03	回答非零回答问题，被提问者点击有用获得 5 穷币（物质层面的诱导因素 - 虚拟货币；激励强度）
A03	回答被非提问者点击有用获得 1 穷币（物质层面的诱导因素 - 虚拟货币；激励强度）
A03	回答被点有用获得 15 穷币（物质层面的诱导因素 - 虚拟货币；激励强度）
A03	回答被提问者选为最佳答案获得 5 穷币（物质层面的诱导因素 - 虚拟货币；激励强度）
A03	消灭零回答问题且被提问者点击有用获得 10 穷币（物质层面的诱导因素 - 虚拟货币；激励强度）
A03	复制行程计划获得 1 穷币（物质层面的诱导因素 - 虚拟货币；激励强度）
A03	行程计划被复制获得 1 穷币（物质层面的诱导因素 - 虚拟货币；激励强度）
A03	行程单被复制获得 1 穷币（物质层面的诱导因素 - 虚拟货币；激励强度）
A03	第一次创建行程获得 10 穷币（物质层面的诱导因素 - 虚拟货币；激励强度）
A03	发布行程游记获得 10 穷币（物质层面的诱导因素 - 虚拟货币；激励强度）
A03	行程游记被喜欢获得 1 穷币（物质层面的诱导因素 - 虚拟货币；激励强度）
A03	微锦囊被喜欢获得 1 穷币（物质层面的诱导因素 - 虚拟货币；激励强度）
A03	发布微锦囊获得 10 穷币（物质层面的诱导因素 - 虚拟货币；激励强度）
A03	发布游记/攻略时，添加包含酒店信息的行程单获得 30 穷币（物质层面的诱导因素 - 虚拟货币；激励强度）
A03	点评字数 100 以上获得 15 穷币（物质层面的诱导因素 - 虚拟货币；激励强度）
A03	上传头像获得 20 经验值（源于网站的精神层面的诱导因素；激励强度）
A03	上传封图获得 10 经验值（源于网站的精神层面的诱导因素；激励强度）
A04	砖家点评获得 480 积分（物质层面的诱导因素 - 虚拟货币；激励强度）
A04	高星酒店砖家点评认证奖励 600 积分（物质层面的诱导因素 - 虚拟货币；激励强度）
A04	精华砖评奖励 1500 积分（物质层面的诱导因素 - 虚拟货币；激励强度）

续表

编码	激励机制
A04	首发砖评将额外奖励 480 积分加成，共计 960 积分（物质层面的诱导因素 – 虚拟货币；激励强度）
A04	高星首发砖评额外奖励 600 积分加成，共计 1200 积分（物质层面的诱导因素 – 虚拟货币；激励强度）
A04	"探店"砖评将额外奖励 600 积分加成，共计 700 积分（物质层面的诱导因素 – 虚拟货币；激励强度）
A04	高星"探店"砖评额外奖励 200 积分，共计 200 积分（物质层面的诱导因素 – 虚拟货币；激励强度）
A04	"及时"砖评额外积分奖励（物质层面的诱导因素 – 虚拟货币）
A04	高星酒店"及时"砖评额外 200 积分奖励，共计 900 积分（物质层面的诱导因素 – 虚拟货币；激励强度）
A04	发表一条酒店视频点评并通过审核获得 200 积分奖励。（物质层面的诱导因素 – 虚拟货币；激励强度）
A04	成为酒店第一篇基础视频点评，将额外获得 100 积分加成，共计 300 积分奖励（物质层面的诱导因素 – 虚拟货币；激励强度）
A04	发表过的酒店点评被认证为精华视频点评。获得 600 积分（物质层面的诱导因素 – 虚拟货币；激励强度）
A04	成为酒店第一篇精华视频点评，将额外获得 600 积分加成（物质层面的诱导因素 – 虚拟货币；激励强度）
A04	普通游记奖励 200 积分（物质层面的诱导因素 – 虚拟货币；激励强度）
A04	行程生成游记奖励 200 积分（物质层面的诱导因素 – 虚拟货币；激励强度）
A04	"干货"游记奖励 2000 积分（物质层面的诱导因素 – 虚拟货币；激励强度）
A04	"美图"游记奖励 2000 积分（物质层面的诱导因素 – 虚拟货币；激励强度）
A04	"短途派"游记奖励 2000 积分（物质层面的诱导因素 – 虚拟货币；激励强度）
A04	"文艺范"游记奖励 2000 积分（物质层面的诱导因素 – 虚拟货币；激励强度）
A04	"臻品"游记奖励 4000 积分（物质层面的诱导因素 – 虚拟货币；激励强度）
A04	普通目的地点评奖励 35 积分（物质层面的诱导因素 – 虚拟货币；激励强度）
A04	点评中上传图片奖励 35 积分（物质层面的诱导因素 – 虚拟货币；激励强度）
A04	实用点评奖励 666 积分（物质层面的诱导因素 – 虚拟货币；激励强度）
A04	首条实用点评奖励 1000 积分（物质层面的诱导因素 – 虚拟货币；激励强度）
A04	金骆驼点评奖励 1335 积分（物质层面的诱导因素 – 虚拟货币；激励强度）
A04	首条金骆驼点评奖励 2000 积分（物质层面的诱导因素 – 虚拟货币；激励强度）
A04	聊游榜奖励 3000 积分（物质层面的诱导因素 – 虚拟货币；激励强度）
A04	目的地信息纠错奖励 70 积分（物质层面的诱导因素 – 虚拟货币；激励强度）

续表

编码	激励机制
A04	客户端分享奖励 35 积分（物质层面的诱导因素 - 虚拟货币；激励强度）
A04	120 积分兑换价值 50 元的羽丝绒枕芯（两只）代金券，原价 99 元，兑换后购买只需 49 元（物质层面的诱导因素 - 虚拟货币；激励强度）
A04	120 积分兑换价值 24 元的 ROMOSS 移动电源代金券，原价 79 元，兑换后购买只需 55 元（物质层面的诱导因素 - 虚拟货币；激励强度）
A05	牛大头是途牛给予会员的奖励回馈积分，可在积分商城兑换商品（物质层面的诱导因素 - 虚拟货币）
A05	完成游记，通过审核后，每月前 8 次每次均可获得 50 牛大头（物质层面的诱导因素 - 虚拟货币；激励强度）
A05	游记被评选为精华游记，每月前 8 次每次均可获得 350 牛大头（物质层面的诱导因素 - 虚拟货币；激励强度）
A05	分享/转发找我司线路，每大前 5 次每次均可获得 1 个牛大头。每月最多可获得牛大头 20 次（物质层面的诱导因素 - 虚拟货币；激励强度）
A05	兑换 Bear/小熊 DFB - A20Y1 电饭煲需 3599 牛大头（激励强度）
A05	兑换搏胶牛牛（途牛网品牌卡通形象）需 469 牛大头（激励强度）
A05	10 个牛大头兑换该优惠券，券后 49 元购买蓝月亮洗衣液（4 瓶装 16 斤，原价 109 元）包邮，对方平台限制每位客人仅限使用一张券，多兑不退！（激励强度）
A07	每篇原创的优质内容，都会得到 8264 币的奖励，8264 币可以用来兑换众多精美礼品：（物质层面的诱导因素 - 虚拟货币）
A07	户外大厅奖励 1 个币（物质层面的诱导因素 - 虚拟货币；激励强度）
A07	游记攻略：奖励 1 - 5 个币（物质层面的诱导因素 - 虚拟货币；激励强度）
A07	户外摄影奖励奖励 1 - 5 个币（物质层面的诱导因素 - 虚拟货币；激励强度）
A07	我秀我户外，奖励 1 个币（物质层面的诱导因素 - 虚拟货币；激励强度）
A07	走出国门，奖励 1 - 5 个币（物质层面的诱导因素 - 虚拟货币；激励强度）
A07	装备天下，奖励 1 - 5 个币（物质层面的诱导因素 - 虚拟货币；激励强度）
A07	专业户外运动版和地方版，奖励 1 - 5 个币（物质层面的诱导因素 - 虚拟货币；激励强度）
A07	专业户外运动版和地方版纯摄影照片，奖励 1 - 5 个币（物质层面的诱导因素 - 虚拟货币；激励强度）
A07	专业户外运动版和地方版技术帖：奖励 1 - 5 个币（物质层面的诱导因素 - 虚拟货币；激励强度）
A07	新人帖：刚注册的新人一个 8264 币没有获得者，以上所有标准适当放宽至满足每条的三分之二即可奖励 1 个币（物质层面的诱导因素 - 虚拟货币；激励强度）
A07	特别优秀奖额外奖励：帖子内容非常精彩罕见，超越了一般户外活动范畴，在论坛引起轰动围观（源于网站和用户的精神层面诱导因素；激励强度）

编码	激励机制
A07	特别优秀奖额外奖励：额外奖励 1～5 个 8264 币（物质层面的诱导因素 - 虚拟货币；激励强度）
A07	点评任意①户外用品、②户外品牌、③雪山、④徒步线路、⑤攀岩场地、⑥钓鱼场地、⑦潜水场地、⑧滑雪场中的某一项，只要符合系统要求，工作人员即奖励 8264 币一枚（物质层面的诱导因素 - 虚拟货币；激励强度）
A07	投稿 8264 每日一图，选中的每幅图奖励 10 个 8264 币（物质层面的诱导因素 - 虚拟货币；激励强度）
A07	点评系统发布自己去过的①徒步自驾线路攻略、②钓鱼场地、③攀岩场地、④潜水场地、⑤户外用品，每发布一个合格审核通过之后奖励 1 个 8264 币。（物质层面的诱导因素 - 虚拟货币；激励强度）
A07	上传 GPS 轨迹：每条轨迹奖励 1 个币（物质层面的诱导因素 - 虚拟货币；激励强度）
A07	NORTHLAND/诺诗兰户外头巾　需 10 枚 8264 币（物质层面的诱导因素 - 虚拟货币；激励强度）
A07	骆驼 & 8264 户外备登山杖　需 20 枚 8264 币（物质层面的诱导因素 - 虚拟货币；激励强度）
A07	劲美背包　需 35 枚 8264 币（物质层面的诱导因素 - 虚拟货币；激励强度）
A07	发的主题帖内容好，被版主或者其他会员评分奖励驴币（物质层面的诱导因素 - 虚拟货币；激励强度）
A07	8264 币兑换驴币，1 枚 8264 币可以兑换 100 驴币（物质层面的诱导因素 - 虚拟货币；激励强度）
A07	普通版块，发主题帖奖励 10 驴币，每个账号每天最多奖励 5 次；回帖奖励 1 驴币，无限制（物质层面的诱导因素 - 虚拟货币；激励强度）
A09	根据游记等级将向用户支付的虚拟货币作为游记授权的报酬（物质层面的诱导因素 - 虚拟货币）
A09	点评奖金（礼包）是您成功游玩后，通过客户端发表景点旅行体验的奖励，奖金数量与订单中包含的门票数有关。如每张门票提供 2 元点评奖金，您的订单包含 2 张门票，待您成功游玩并使用客户端点评后，会有 4 元返至您的点评奖金账户，账户满 200 元可提现（物质层面的诱导因素 - 现金；激励强度）
A01	精华/典藏游记每篇奖励任我行礼品卡 100 元国内/200 元海外，含港澳台，礼品卡需参加记活动或以旅行家身份获取（物质层面的诱导因素 - 代金券；激励强度）
A01	成为携程旅行家后，即可以享受每发表一篇精华游记就可以获得国内 100 元、海外 200 元携程礼品卡（任我行）的福利（物质层面的诱导因素 - 代金券；激励强度）
A02	【问答指路人】特权：周边商品优先试用，获得指路人专属自由行打折券（物质层面的诱导因素 - 代金券）
A03	穷游网个人认证：旅行基金：对你的旅行计划给予"真金白银"的支持；优先获得参与合作活动免费旅行的机会（物质层面的诱导因素 - 代金券）

续表

编码	激励机制
A05	抵用券是途牛旅游网通用的一种抵扣券，由一串 10 位数字编号组成。抵用券作为回馈新老客户进行一项优惠计划，可用于抵用一部分团款。抵用券不可转让、不可折现、不可合并（物质层面的诱导因素 – 代金券）
A05	途牛旅游网会在您出游归来并完成点评后，赠送相应金额抵用券，直接充入您的会员中心，可供下次预定使用（物质层面的诱导因素 – 代金券）
A05	通过途牛在线预订酒店产品，入驻当天 18：00 后发表点评，可获得订单对应的返现（物质层面的诱导因素 – 代金券）
A05	跟团出境长线订单，通过途牛在线预订线路，游玩归来后发表点评，可获得 9 元抵用券（物质层面的诱导因素 – 代金券；激励强度）
A05	跟团出境短线订单，通过途牛在线预订线路，游玩归来后发表点评，可获得 7 元抵用券（物质层面的诱导因素 – 代金券；激励强度）
A05	团队订单，通过途牛在线预订线路，游玩归来后发表点评，可获得 5 元抵用券（物质层面的诱导因素 – 代金券；激励强度）
A05	非跟团出境长线旅游、非跟团出境短线、非团队订单，通过途牛在线预订线路，游玩归来后发表点评，可获得 5 元抵用券（物质层面的诱导因素 – 代金券；激励强度）
A05	旅游券是途牛旅游网发放的一种单用途预付卡（仅用在途牛网），由编码和密码组成（物质层面的诱导因素 – 代金券）
A05	途牛用户在游记页面根据要求发表的游记，均为默认参加月度游记活动。符合参赛规则的游记，即有机会获得旅游券（物质层面的诱导因素 – 代金券）
A05	只要你上了头条，且是首发途牛的精华游记，就可以得到价值 100 元旅游券（物质层面的诱导因素 – 代金券；激励强度）
A05	"写途牛游记赢千元大奖"活动，最佳摄影奖（1 名）奖励 1000 元旅游基金；最佳攻略奖（1 名）奖励 1000 元旅游基金；最佳境内推荐奖（1 名）奖励 500 元旅游基金；最佳境外推荐奖（1 名）奖励 500 元旅游基金；头条奖励 100 元旅游基金。旅游基金以途牛旅游券的形式发放（物质层面的诱导因素 – 代金券；激励强度）
A05	"旅图换旅费"活动，月度精华状元奖励 200 元旅游券（当月上传旅图，获得精华图片量排名第一）；月度精华榜眼奖励 100 元旅游券（当月上传旅图，获得精华图片量排名第二）；月度精华探花奖励 50 元旅游券（当月上传旅图，获得精华图片量排名第三）；晒图有奖，当月晒满 50 张通过审核的图片奖励 30 元旅游券；当月晒满 20 张通过审核的图片奖励 10 元旅游券（物质层面的诱导因素 – 代金券；激励强度）
A08	发表【我是达人】前缀的游记，被加 1 个标签的游记达到 4 篇，共奖励价值 100 元驴游卡；每个自然月内发表 4 篇以上单标签游记，超出 4 篇以外的游记，每篇奖励价值 100 元驴游卡（物质层面的诱导因素 – 代金券；激励强度）
A08	发表【我是达人】前缀的游记，被加多个标签（2 个及 2 个以上），每篇奖励价值 100 元驴游卡；每个自然月内发表 3 篇以上多标签游记，超出 3 篇以外的游记，每篇奖励价值 200 元驴游卡（物质层面的诱导因素 – 代金券；激励强度）

续表

编码	激励机制
A08	年终评选：2018 年 12 月 31 日前，发表单标签游记最多者，奖励价值 3000 元驴游卡。发表多标签游记最多者，奖励价值 5000 元驴游卡（物质层面的诱导因素 - 代金券；激励强度）
A08	作为驴妈妈旅游达人福利之一的旅游基金，将以驴妈妈旅游卡的形式发放，驴妈妈旅游卡为驴妈妈旅游现金账户充值卡，可购买线上任何驴妈妈旅游产品（物质层面的诱导因素 - 代金券）
A08	一等奖（1 名）：驴妈妈礼品卡（面值 1000 元），活动期间发表 8 篇及以上游记，含 3 篇精华游记（物质层面的诱导因素 - 代金券；激励强度）
A08	二等奖（4 名）：巴斯克林 500 元礼品券 + 狗年小驴公仔，总价值 565 元。活动期间发表 5 篇及以上游记（物质层面的诱导因素 - 代金券、礼品；激励强度）
A01	"CTF 特权"简介：CTF 是 China Travelers' Forum（中国旅行者大会）的缩写，由携程攻略社区发起，是属于全球旅行者的嘉年华 Party！每届 CTF 门票都十分抢手，当门票申领开始时，我们将优先处理 LV1 等级的门票申领需求。同时，由 CTF 主办的各类线上抽奖等活动，中奖率也将提升（物质层面的诱导因素 - 礼品）
A01	"免费旅行"简介：携程签约旅行家，是携程攻略社区主办的旅行家认证。旅行家们将获得专属权益，并有资格获得出国考察机会，且每期都会邀请非旅行家资质的用户一起共同旅行。如果您是 VIP3 用户，您被邀请的几率将上升。我们将在邀请同行用户时优先考虑 VIP3 用户（物质层面的诱导因素 - 礼品）
A01	"高端美食"简介：携程美食林，品牌定位在以华人标准为旅行用户提供全球主要目的地优秀美食推荐。美食林将定期邀请美食体验家，进行美食探访，免费美食试吃活动，VIP3 等级用户将优先获得邀请资格（物质层面的诱导因素 - 礼品）
A01	"千元奖励"简介：VIP3 等级用户，在升级当月将获得千元礼品卡抽奖机会。如果您是 VIP3 等级用户，请您在升级为 VIP3 的当月，发送申请邮件至 vot@ Ctrip.com。每月将有 3 名用户获得千元礼品卡奖励，名单将在月初公布，奖品在月底前发放，并公布于本页面，敬请关注（物质层面的诱导因素 - 礼品）
A01	成为携程攻略社区官方微信金牌撰稿人，还有机会获得丰厚礼品（物质层面的诱导因素 - 礼品）
A01	携程签约旅行家考察团（源于网站的精神层面的诱导因素；物质层面的诱导因素 - 礼品）
A02	宝藏有什么特权？第一次被选为宝藏，还可以获得"宝藏大礼包"一份，由宝藏办精心奉上。（物质层面的诱导因素 - 礼品）
A02	【问答指路人】特权：成为指路人俱乐部成员，参与线下体验活动，获得神秘任期礼物（物质层面的诱导因素 - 礼品）
A03	穷游网个人认证：新品体验：优先免费获取穷游生活实验室个性产品（物质层面的诱导因素 - 礼品）
A00	"驴妈妈旅游达人"福利免费旅行：【驴妈妈首席体验官】，从北疆到南国，从江浙沪到大西北，全年近百场免费旅游机会大放送（物质层面的诱导因素 - 礼品）

续表

编码	激励机制
A08	"驴妈妈旅游达人"福利免费漫游宝 WIFI：每月 50 台漫游宝 wifi 免费领用，每次可免费使用 10 天，超出 10 天部分费用自理（物质层面的诱导因素 - 礼品）
A08	"驴妈妈旅游达人"福利新年台历：表现突出的旅游达人将拥有 2019 年专属新年台历，自己用或送好友，倍有面子！（物质层面的诱导因素 - 礼品）
A08	"驴妈妈旅游达人"福利邀请有礼：邀请好友成为驴妈妈旅游达人，所有受邀好友在 1 个月内累积发表 10 篇以上精华游记，即可获得价值 200 元礼品（物质层面的诱导因素 - 礼品；激励强度）
A08	三等奖（10 名）：巴斯克林浴盐产品大礼包，价值 200 元。活动期间发表 3 篇及以上游记（物质层面的诱导因素 - 礼品；激励强度）
A08	幸运福袋（3 名）：仅针对于精华用户的奖励，为了保持惊喜度，具体奖品收到才知晓哟！（物质层面的诱导因素 - 礼品）
A08	订单用户参与奖：奖励狗年小驴公仔或转化插座（物质层面的诱导因素 - 礼品）
A08	订单用户参与奖（达标有奖）：订单用户参加此活动，活动期间发表 3 篇及以上订单游记（含 1 篇精华），可和原订单游记返现同时享受，审核通过即可获得，有精华游记奖励狗年小驴公仔，无精华则奖励转化插座（物质层面的诱导因素 - 礼品；激励强度）
A08	康旅会员参与奖：奖励萌萌哒公仔背包（物质层面的诱导因素 - 礼品）
A09	验客福利：旅游特送，免费旅行体验（物质层面的诱导因素 - 礼品）
A09	验客福利：独一无二，专属定制礼品（物质层面的诱导因素 - 礼品）
A09	微游记活动奖品：黄金大礼 1 名，黑色单肩背包 1 个；彩金大礼 2 名，膜法世家多效亮采黑眼膜 1 盒；白金大礼 5 名，同程定制保温杯 1 个 + 行李牌 1 个（物质层面的诱导因素 - 礼品；激励强度）
A01	优质点评（源于网站的精神层面诱导因素）
A01	实用游记（源于网站的精神层面诱导因素）
A01	美图游记（源于网站的精神层面的诱导因素）
A01	精华游记（源于网站的精神层面的诱导因素）
A01	典藏游记（源于网站的精神层面的诱导因素）
A01	携程旅行家（源于网站的精神层面的诱导因素）
A01	勋章的种类有哪些？VIP1/VIP2/VIP3（源于网站的精神层面的诱导因素）
A01	携程攻略为达到相应会员等级的用户准备了等级特权。当用户在社区的活跃度达到相对应级别所要求的数值，该等级对应的特权将自动解锁（源于网站的精神层面的诱导因素）
A01	级别不同，特权不同。VIP1：CTF 特权、客服优先；VIP2：生日特权；VIP3：CTF 嘉宾、免费旅行、高端美食、千元奖励（精神层面的诱导因素；源于网站的精神层面的诱导因素）

续表

编码	激励机制
A01	"客服优先"简介：如您的携程订单遇到问题，我们的客服将优先处理您的问题（源于网站的精神层面的诱导因素）
A01	"生日特权"简介：如果您是 VIP2 用户，您将有机会获得生日邮件、站内信等关怀（源于网站的精神层面的诱导因素）
A01	"CTF 嘉宾"简介：如果您是 VIP3 用户，您将有机会成为 CTF 嘉年华大会嘉宾。CTF 将在各地举办，如果您有参与意愿，请您在每届 CTF 宣传初期将申请邮件发送至 vot@ Ctrip. com 邮箱，我们将审核您的资质，并向您发送邀请函。需注意，产生的费用需要您自己处理。（源于网站的精神层面的诱导因素）
A01	登上首页万众瞩目！HOME PAGE 最新开辟游记首页，登上首页。还将获得微博推荐及微信推广。想不红都难！（源于网站的精神层面的诱导因素；激励强度）
A01	成为携程攻略社区官方微信金牌撰稿人，为你制作专属携程旅行家名片（源于网站的精神层面的诱导因素）
A01	成为携程攻略社区官方微信金牌撰稿人，你的文章将发布在 50 万粉丝官方微信平台，并同步推广到携程攻略社区其他媒体平台，打造你个人知名度和影响力！（源于网站的精神层面的诱导因素；激励强度）
A01	成为携程攻略社区官方微信金牌撰稿人，还有机会获得定制奖牌（源于网站的精神层面的诱导因素）
A01	成为精华、典藏游记的精品游记可以投稿头条游记，更有机会在携程攻略 App & 携程旅行 App 上的【目的地攻略】首页以"头条游记"的形式出现，成为千万游友瞩目的焦点！（源于网站的精神层面的诱导因素；激励强度）
A02	【蜂首俱乐部】"此刻仅有 1518 人成为'蜂首达人'加入了高端又神秘的马蜂窝地下组织。"（源于网站的精神层面的诱导因素）
A02	【蜂首微访谈】"是你，用文字记录下旅行经历，帮助心怀梦想的人勇敢踏出了第一步是你们，以丰富多彩的世界足迹，让更多在路上的旅行者领略到未知景色的风光。"（源于网站的精神层面的诱导因素）
A02	【我们是蜂首】"我们正在期待，更多对旅行热爱如生命的人找到这个神秘的组织，加入这个有爱的大家庭，一起去探寻生活的更多可能性。"（源于网站的精神层面的诱导因素）
A02	"最新加入"榜单（源于网站的精神层面的诱导因素）
A02	"全部蜂首"榜单（源于网站的精神层面的诱导因素）
A02	蜂首游记：马蜂窝首页每天都会给用户呈现一篇千挑万选的好游记，这篇游记被称为蜂首游记（源于网站的精神层面的诱导因素；激励强度）
A02	蜂首游记的作者便是蜂首。在马蜂窝，蜂首带有特殊的身份标识，且享有各项特权和荣誉，并受到广泛关注（源于网站的精神层面的诱导因素；激励强度）
A02	"蜂首俱乐部"是这些"蜂首"的神秘组织，是蜂首的旅行分享聚会。在这里可以与其他蜂首亲密交谈，结交有相同兴趣爱好的朋友（源于网站的精神层面的诱导因素）

编码	激励机制
A02	宝藏游记：是置顶在每个目的地下【游记】频道的优秀游记。宝藏游记可以是对此目的地感受的独特表达，也可以为大家分享好吃的餐厅、有趣的剧场、新奇的体验、小众的玩法，等等。总之，我们希望宝藏游记可以为其他蜂蜂制造旅行的冲动。宝藏游记将不定期替换（源于网站的精神层面的诱导因素；激励强度）
A02	宝藏有什么特权？宝藏游记会出现在目的地页面下最前排的位置，将受到蜂蜂们极大的关注。（源于网站的精神层面的诱导因素；激励强度）
A02	【真人兽】属于所有蜂蜂展示自己的大舞台（源于网站的精神层面的诱导因素）
A02	【蜂范儿】全部作品、最热作品、好友作品、我的作品（源于网站的精神层面的诱导因素）
A02	旅游攻略奔向海岛排行榜（源于网站的精神层面的诱导因素）
A02	主题推荐排行榜（源于网站的精神层面的诱导因素）
A02	【问答指路人】特权：4、任期满 2 个月后，再次申请指路人可被优先受理（源于网站的精神层面的诱导因素）
A02	何为"目的地认证"？"目的地认证"是马蜂窝授予指路人的荣誉特权，获得闪亮的加 V 认证，证明你在该目的地下的回答更具参考价值和信服力（源于网站的精神层面的诱导因素；激励强度）
A02	Lv 等级（源于网站的精神层面的诱导因素）
A02	TA 获得的特权（源于网站的精神层面的诱导因素）
A02	蜂蜜量（源于网站的精神层面的诱导因素）
A02	金牌回答（源于网站的精神层面的诱导因素）
A02	目的地认证（源于网站的精神层面的诱导因素）
A02	指路人、实习指路人、目的地指路人（源于网站的精神层面的诱导因素）
A02	金牌回答（源于网站的精神层面的诱导因素）
A02	金牌点评（源于网站的精神层面的诱导因素）
A02	新手任务（源于网站的精神层面的诱导因素）
A02	城市勋章：三星城市勋章、四星城市勋章、五星城市勋章（源于网站的精神层面的诱导因素）
A02	对单个城市共添加 15 条点评，其中包含 1 条酒店或餐厅点评，1 条金牌点评，即可点亮三星城市勋章（源于网站的精神层面的诱导因素；激励强度）
A02	对单个城市共添加 20 条点评，其中包含 3 条酒店或餐厅点评，3 条金牌点评，即可点亮四星城市勋章（源于网站的精神层面的诱导因素；激励强度）
A02	对单个城市共添加 30 条点评，其中包含 5 条酒店或餐厅点评，5 条金牌点评，即可点亮五星城市勋章（源于网站的精神层面的诱导因素；激励强度）
A02	Lv 等级是马蜂窝用户在网站的成长记录，它也代表着每个人在这里投入的时长。（源于网站的精神层面的诱导因素）

续表

编码	激励机制
A02	Lv 等级的升高，是积累经验值的过程和结果，每天的登录、发表一篇游记、回答一个旅行问题、发布一条旅行嗡嗡等，都是获得经验值的途径……（源于网站的精神层面的诱导因素；行为导向）
A02	积累经验可以提升等级（源于网站的精神层面的诱导因素）
A02	发表游记 + 50 经验值（源于网站的精神层面的诱导因素；激励强度）
A02	回复他人游记 + 3 每天上限 + 60 经验值（源于网站的精神层面的诱导因素；激励强度）
A02	游记被他人回复 + 3 每天上限 + 60 经验值（源于网站的精神层面的诱导因素；激励强度）
A02	游记被他人收藏 + 3 每天上限 + 30 经验值（源于网站的精神层面的诱导因素；激励强度）
A02	分享游记 + 2 每天上限 + 30 经验值（源于网站的精神层面的诱导因素；激励强度）
A02	蜂首成为蜂首游记 + 150 经验值（源于网站的精神层面的诱导因素；激励强度）
A02	宝藏成为目的地宝藏 + 100 经验值（源于网站的精神层面的诱导因素；激励强度）
A02	成为小组宝藏 + 30 每天上限 + 60 经验值（源于网站的精神层面的诱导因素；激励强度）
A02	问答回答一次问题 + 5 每天上限 + 50 经验值（源于网站的精神层面的诱导因素；激励强度）
A02	一个回答被加为金牌 + 10 每天上限 + 50 经验值（源于网站的精神层面的诱导因素；激励强度）
A02	首次担任指路人 + 50 一个账号上限 + 50 经验值（源于网站的精神层面的诱导因素；激励强度）
A02	发表点评 + 5 每天上限 + 50 经验值（源于网站的精神层面的诱导因素；激励强度）
A02	发表点评附带图片 + 2 每天上限 + 20 经验值（源于网站的精神层面的诱导因素；激励强度）
A02	点评被评为金牌点评 + 10 每天上限 + 50 经验值（源于网站的精神层面的诱导因素；激励强度）
A02	获得 3 星城市勋章 + 8 每天上限 + 40 经验值（源于网站的精神层面的诱导因素；激励强度）
A02	获得 4 星城市勋章 + 10 每天上限 + 50 经验值（源于网站的精神层面的诱导因素；激励强度）
A02	获得 5 星城市勋章 + 30 每天上限 + 150 经验值（源于网站的精神层面的诱导因素；激励强度）
A02	话题发表随笔 + 10 每天上限 + 20 经验值（源于网站的精神层面的诱导因素；激励强度）

编码	激励机制
A02	发表小组话题 +10 每天上限 +20 经验值（源于网站的精神层面的诱导因素；激励强度）
A02	回复他人随笔或话题 +1 每天上限 +20 经验值（源于网站的精神层面的诱导因素；激励强度）
A02	嗡嗡发表嗡嗡 +2 每天上限 +20 经验值（源于网站的精神层面的诱导因素；激励强度）
A02	回复嗡嗡 +1 每天上限 +10 经验值（源于网站的精神层面的诱导因素；激励强度）
A02	发表行程 +30 经验值（源于网站的精神层面的诱导因素；激励强度）
A02	真人兽游记在真人兽上榜 +50 经验值（源于网站的精神层面的诱导因素；激励强度）
A02	照片 PK 从游记上传一张图片作为参赛作品 +2 每期上限 +10 经验值（源于网站的精神层面的诱导因素；激励强度）
A02	目的地大封面：图片被选中作为目的地频道首页大封面即"过目不忘"的用户 +100 经验值（源于网站的精神层面的诱导因素；激励强度）
A03	穷游网个人认证：认证标识：专业真实身份露出，提升站内公信力（源于网站的精神层面的诱导因素）
A03	穷游网个人认证：优先推荐：内容更多曝光，受邀成为穷游沙龙主讲人、访谈嘉宾，打造个人影响力（源于网站的精神层面的诱导因素）
A03	指南信息纠错更新（大）获得 5 经验值（源于网站的精神层面的诱导因素；激励强度）
A03	指南信息纠错更新（小）获得 3 经验值（源于网站的精神层面的诱导因素；激励强度）
A03	创建指南信息（大）获得 5 经验值（源于网站的精神层面的诱导因素；激励强度）
A03	创建指南信息（小）获得 3 经验值（源于网站的精神层面的诱导因素；激励强度）
A03	创建目的地景点玩乐（大）获得 5 经验值（源于网站的精神层面的诱导因素；激励强度）
A03	创建目的地景点玩乐（小）获得 3 经验值（源于网站的精神层面的诱导因素；激励强度）
A03	目的地景点玩乐更新纠错（大）获得 5 经验值（源于网站的精神层面的诱导因素；激励强度）
A03	目的地景点玩乐更新纠错（小）获得 3 经验值（源于网站的精神层面的诱导因素；激励强度）
A03	用户照片入选城市/国家封面获得 5 经验值（源于网站的精神层面的诱导因素；激励强度）
A03	照片进入目的地景点玩乐相册封面获得 5 经验值（源于网站的精神层面的诱导因素；激励强度）

续表

编码	激励机制
A03	点评目的地（国家/城市）获得 1 经验值（源于网站的精神层面的诱导因素；激励强度）
A03	点评目的地（目的地景点玩乐）获得 5 经验值（源于网站的精神层面的诱导因素；激励强度）
A03	点击点评有用获得 1 经验值（源于网站的精神层面的诱导因素；激励强度）
A03	点评目的地（10 点评以下的景点玩乐）获得 10 经验值（源于网站的精神层面的诱导因素；激励强度）
A03	上传照片获得 1 经验值（源于网站的精神层面的诱导因素；激励强度）
A03	关联地理信息获得 4 经验值（源于网站的精神层面的诱导因素；激励强度）
A03	添加照片说明获得 1 经验值（源于网站的精神层面的诱导因素；激励强度）
A03	点评照片获得 1 经验值（源于网站的精神层面的诱导因素；激励强度）
A03	喜欢照片获得 1 经验值（源于网站的精神层面的诱导因素；激励强度）
A03	下载每本锦囊获得 1 经验值（源于网站的精神层面的诱导因素；激励强度）
A03	锦囊内容纠错更新获得 3 经验值（源于网站的精神层面的诱导因素；激励强度）
A03	评论锦囊获得 1 经验值（源于网站的精神层面的诱导因素；激励强度）
A03	发其他（除游记）主题帖获得 1 经验值（源于网站的精神层面的诱导因素；激励强度）
A03	发游记帖获得 5 经验值（源于网站的精神层面的诱导因素；激励强度）
A03	游记回复获得 1 经验值（源于网站的精神层面的诱导因素；激励强度）
A03	帖子被评为 1 级精华获得 300 经验值（源于网站的精神层面的诱导因素；激励强度）
A03	帖子被评为 2 级精华获得 500 经验值（源于网站的精神层面的诱导因素；激励强度）
A03	帖子被评为 3 级精华获得 1000 经验值（源于网站的精神层面的诱导因素；激励强度）
A03	在穷游 App 回复帖子获得 1 经验值（源于网站的精神层面的诱导因素；激励强度）
A03	回答问题获得 5 经验值（源于网站的精神层面的诱导因素；激励强度）
A03	写行程计划获得 5 经验值（源于网站的精神层面的诱导因素；激励强度）
A03	复制行程计划获得 1 经验值（源于网站的精神层面的诱导因素；激励强度）
A03	行程助手回复获得 1 经验值（源于网站的精神层面的诱导因素；激励强度）
A03	第一次创建行程获得 5 经验值（源于网站的精神层面的诱导因素；激励强度）
A03	发布行程游记获得 10 经验值（源于网站的精神层面的诱导因素；激励强度）
A03	喜欢微锦囊获得 1 经验值（源于网站的精神层面的诱导因素；激励强度）
A03	发布微锦囊获得 10 经验值（源于网站的精神层面的诱导因素；激励强度）
A03	喜欢微锦囊获得 1 经验值（源于网站的精神层面的诱导因素；激励强度）

续表

编码	激励机制
A03	点评字数 100 以上获得 10 经验值（源于网站的精神层面的诱导因素；激励强度）
A03	经验排名（源于网站的精神层面的诱导因素）
A03	经验可以增加等级：乞丐 -999999999；新进弟子 0；1 袋长老 50；2 袋长老 200；3 袋长老 400；4 袋长老 800；5 袋长老 1500；6 袋长老 2000；7 袋长老 3200；8 袋长老 4900；9 袋长老 8000；10 袋长老 13000；11 袋长老 20000；12 袋长老 30000；13 袋长老 45000；14 袋长老 65000；15 袋长老 90000；16 袋长老 120000；17 袋长老 150000；18 袋长老 180000；19 袋长老 210000；20 袋长老 250000（源于网站的精神层面的诱导因素）
A04	砖家点评（源于网站的精神层面的诱导因素）
A04	高星酒店砖家点评（源于网站的精神层面的诱导因素）
A04	精华砖评（源于网站的精神层面的诱导因素）
A04	首发砖评（源于网站的精神层面的诱导因素）
A04	高星首发砖评（源于网站的精神层面的诱导因素）
A04	"探店"砖评（源于网站的精神层面的诱导因素）
A04	高星"探店"砖评（源于网站的精神层面的诱导因素）
A04	"及时"砖评（源于网站的精神层面的诱导因素）
A04	高星酒店"及时"砖评（源于网站的精神层面的诱导因素）
A04	"干货"游记（源于网站的精神层面的诱导因素）
A04	"美图"游记（源于网站的精神层面的诱导因素）
A04	"短途派"游记（源于网站的精神层面的诱导因素）
A04	"文艺范"游记（源于网站的精神层面的诱导因素）
A04	"臻品"游记（源于网站的精神层面的诱导因素）
A04	实用点评（源于网站的精神层面的诱导因素）
A04	金骆驼点评（源于网站的精神层面的诱导因素）
A04	聪游榜奖励（源于网站的精神层面的诱导因素）
A04	精华砖评 300 经验值（源于网站的精神层面的诱导因素；激励强度）
A04	高星"探店"砖评获得额外 30 经验值（源于网站的精神层面的诱导因素；激励强度）
A04	高星酒店"及时"砖评额外 30 经验值（源于网站的精神层面的诱导因素；激励强度）
A04	酒店点评可获得等级升级（源于网站的精神层面的诱导因素）
A05	途牛旅游达人：热门大玩家、大玩家（源于网站的精神层面的诱导因素）
A05	途牛首发（源于网站的精神层面的诱导因素）

续表

编码	激励机制
A05	精华游记（源于网站的精神层面的诱导因素）
A05	大师级作品：如果你兼具上述两种（实用攻略型、美图散文型）的优点，那么这将是一篇大师级的游记，精华是毫无疑问的，您的游记也将被推荐至首页，享受万千网友的膜拜！（激励强度）
A05	上头条展示效果：打开游记，还有专属的游记上头条印章！（源于网站的精神层面的诱导因素）
A05	上头条的标准：进化的游记＋符合上头条的照片！（激励强度）
A05	游记征文获奖名单（每月一次）（源于网站的精神层面的诱导因素）
A05	会员等级是途牛为会员打造定制的一套回馈、增值奖励方案，会员级别越高享受的权益越多。会员等级分为注册会员、一星会员、二星会员、三星会员、四星会员、无星会员、白金会员、钻石会员（源于网站的精神层面的诱导因素）
A05	会员等级：注册会员为注册但无消费；一星会员为成长值 1－1999，并有出游归来订单；二星会员为成长值 2000－6999；三星会员为成长值 7000－14999；四星会员为成长值 15000－49999；五星会员为成长值 50000－99999；白金会员为成长值 100000－299999；钻石会员为成长值 300000＋（源于网站的精神层面的诱导因素）
A05	会员特权：签到特权、生日关怀（源于网站的精神层面的诱导因素）
A05	成长值是指，途牛会员通过线路预订、填写资料、老带新、发表游记等途径所获得的经验值，它标志着途牛会员在途牛网累计的经验值，成长值越高会员等级越高，享受会员权益越多（源于网站的精神层面的诱导因素）
A05	完成游记，通过审核后，每月前 8 次每次均可获得 50 个成长值（源于网站的精神层面的诱导因素；激励强度）
A05	游记被评选为精华游记，每月前 8 次每次均可获得 350 个成长值（源于网站的精神层面的诱导因素；激励强度）
A05	分享/转发我司线路，每天前 5 次每次均可获得 5 成长值，每月最多可获得成长值 20 次（源于网站的精神层面的诱导因素；激励强度）
A05	参加"写途牛游记赢千元大奖"活动的要求：不限目的地，但一定要原创，原创（拥有该文字和图片的版权）游记；可借鉴百度百科内容，但原创字数需大于 1000 字；游记图片必须清晰可见，不可遮住人像，同一景物不同角度算作一张照片。图片建议有对应的描述，字数不限；至个人中心上传头像、修改昵称（激励强度）
	"旅图换旅费"活动，月度精华状元；月度精华榜眼；月度精华探花（源于网站的精神层面的诱导因素）
A06	专栏作家（源于网站的精神层面的诱导因素）
A06	灵感旅行家（源于网站的精神层面的诱导因素）
A06	今日灵感导师（源于网站的精神层面的诱导因素）
A06	灵感次数（源于网站的精神层面的诱导因素）
A06	每周优秀灵感旅行家推荐（源于网站的精神层面的诱导因素）

编码	激励机制
A07	加币帖子标志。显示在帖子的一楼。加币同时会自动给帖子加精华，就是加币就表示加精华（源于网站的精神层面的诱导因素）
A07	户外大厅：原创首发的各种内容真实客观的爆料新闻、具有重要参考启发作用的讨论（源于网站的精神层面的诱导因素）
A07	户外大厅需 200 字以上（激励强度）
	我秀我户外（源于网站的精神层面的诱导因素）
A07	走出国门（源于网站的精神层面的诱导因素）
A07	装备天下（源于网站的精神层面的诱导因素）
A07	专业户外运动版和地方版（源于网站的精神层面的诱导因素）
A07	专业户外运动版和地方版纯摄影照片（源于网站的精神层面的诱导因素）
A07	专业户外运动版和地方版技术帖（源于网站的精神层面的诱导因素）
A07	新人帖（源于网站的精神层面的诱导因素）
A07	特别优秀奖额外奖励（源于网站的精神层面的诱导因素）
A07	根据积分的大小分为新驴上路、一级希夏邦玛峰、二级迦舒布鲁姆Ⅱ峰、三级布洛阿特峰、四级迦舒布鲁姆Ⅰ峰、五级安纳普尔那峰　六级南迦帕尔巴特峰、七级马纳斯鲁峰、八级道拉吉利峰、九级卓奥友峰、十级马卡鲁峰、十一级洛子峰、十二级干城章嘉峰、十三级乔戈里峰、顶级珠穆朗玛峰、版主（主版）、省级版主（地方版、钓鱼版）、市级版主（地方版）、实习版主（地方版）、荣誉版主等级。总积分 = 驴币/2 + 精华帖数 * 20 + 在线时间（小时）/10 + 8264 币 * 10（源于网站的精神层面的诱导因素）
A07	8264 每日一图是由 8264 主办，旨在传播户外运动精神，展现户外运动文化。户外运动在中国蓬勃发展，每年都有数以千万计的驴友参与其中，这也是未来人们生活不可缺少的一部分。8264 每日一图作为国内户外运动图片栏目的先驱者，在中国驴友的目光和脚步中前行，我们期望在若干年之后，这里的每一幅作品都能成为户外运动发展的记录，不朽的记忆（激励强度）
A07	每日一图（源于网站的精神层面的诱导因素）
A07	户外摄影师（源于网站的精神层面的诱导因素）
A07	《勇者先行》栏目意在为大家介绍在户外探险的各个领域中最专业、最极限的那些先行者，他们是各自领域内走在最前沿的人，引领着自己所在的探险领域的发展。他们的故事，将永远流传，激励着每一个热爱生活、勇于探索的人不断向前（源于网站的精神层面的诱导因素）
A07	铿锵玫瑰（源于网站的精神层面的诱导因素）
A08	驴妈妈旅游达人（源于网站的精神层面的诱导因素）
A08	"驴妈妈旅游达人"福利微博加 V 认证：成为驴妈妈旅游达人，可在新浪微博认证"驴妈妈旅游达人"，每月定期认证（源于网站的精神层面的诱导因素）
A08	【我是达人】前缀的游记（源于网站的精神层面的诱导因素）

续表

编码	激励机制
A08	驴妈妈驴游达人（源于网站的精神层面的诱导因素）
A08	游记标签包括【实用】标签、【美图】标签、【精华】标签（源于网站的精神层面的诱导因素）
A08	【实用】标签：1500字左右。文字包含较多实用信息、个人感想等，或逻辑清晰或情感丰富或有趣动人，图片清晰（源于网站的精神层面的诱导因素；行为导向）
A08	【美图】标签：精美图60张左右。图片构图、色调、风格统一或个人风格强烈，有一定的美感（源于网站的精神层面的诱导因素；行为导向）
A08	【精华】标签：文字800左右，精美图50张左右，图文并茂，或展现旅程随手美景，必打卡景点，或种草美食、酒店等，行文充满感染力（源于网站的精神层面的诱导因素；行为导向）
A08	驴妈妈首席体验官（源于网站的精神层面的诱导因素）
A08	"'盐值'助攻，美在路上"活动，评选一等奖（1名）、二等奖（4名）、三等奖（10名）、幸运福袋（3名）、订单用户参与奖（达标有奖）、康旅会员参与奖（人人有份）（源于网站的精神层面的诱导因素；激励强度）
A08	康旅会员参与奖（人人有份）：康旅用户参加此活动，活动期间发表1篇及以上订单游记，审核通过即可获得，人人有奖（激励强度）
A09	游记普通游记、美图游记、精品游记、推荐游记四个层级（源于网站的精神层面的诱导因素）
A09	同程验客：每位验客都是一个行走的旅行超人（源于网站的精神层面的诱导因素）
A09	验客福利：验客标识，身份与众不同（源于网站的精神层面的诱导因素）
A09	验客福利：展示机会更多，优先推荐上首页（源于网站的精神层面的诱导因素）
A09	验客福利：专栏专访，"明星"般感受（源于网站的精神层面的诱导因素）
A09	如何成为验客？必须是同程会员。有一定的文字功底、拍摄设备及拍摄技术（若你在某方面有特长，是某领域的佼佼者，会额外加分！）在同程攻略社区发布至少5篇原创游记，精品或宝藏级别的游记至少三篇。（原先认证为同程旅行家的用户均是同程验客！）如果你是同程的忠实用户，善于交际够活跃，且在同程发表游记5篇以上，也欢迎申请哦！（源于网站的精神层面的诱导因素；行为导向）
A09	验客作品SHOW多彩回忆，记录美好，在这里，等你来。作品推荐、精彩游记、旅行专栏（源于网站的精神层面的诱导因素）
A09	微游记活动：要求1～9张图片，文字描述50～300字，内容需原创（激励强度）
A10	游记/帖子数量（源于网站的精神层面的诱导因素）
A10	图片数量（源于网站的精神层面的诱导因素）
A10	推荐视频（源于网站的精神层面的诱导因素）
A01	喜欢量（源于用户的精神层面的诱导因素）
A01	评论量（源于用户的精神层面的诱导因素）
A01	浏览量（源于用户的精神层面的诱导因素）

续表

编码	激励机制
A01	Tina 天儿：好美啊！（源于用户的精神层面的诱导因素）
A01	隔户杨柳弱袅袅：瓦纳达冰川国家公园好壮观！（源于用户的精神层面的诱导因素）
A01	咫尺天涯：真浪漫啊！（源于用户的精神层面的诱导因素）
A01	相遇：好想去（源于用户的精神层面的诱导因素）
A01	乖乖爱不乖：写得很好！作者辛苦！（源于用户的精神层面的诱导因素）
A02	【蜂言蜂语】暖树酒店回复远方只梦里：高冷的穿搭　冷淡的妆容　加上合适的场景　有个会拍照的男票就搞定了！（源于用户的精神层面的诱导因素）
A02	kiki（广州）：真的很美，这个岛很独特。回复 kiki：景美人少　没有什么中国游客不应该啊啊啊（源于用户的精神层面的诱导因素）
A02	马蜂窝用户：写得好详细　给博主点赞！回复马蜂窝用户：感谢　快来雪恩岛玩！！！（源于用户的精神层面的诱导因素）
A02	lyone（广州）：超美，好想去呀，努力赚钱＄_＄。回复 choikf：快来快来（源于用户的精神层面的诱导因素）
A02	choikf（东莞）：太美了　好想去啊啊啊　超级详细的攻略超级走心的博主。回复 choikf：谢谢，爱你！！！（源于用户的精神层面的诱导因素）
A02	关注量（源于用户的精神层面的诱导因素）
A02	粉丝量（源于用户的精神层面的诱导因素）
A02	浏览量（源于用户的精神层面的诱导因素）
A02	收藏量（源于用户的精神层面的诱导因素）
A02	分享量（源于用户的精神层面的诱导因素）
A02	TA 的关注（源于用户的精神层面的诱导因素）
A02	最新访客：累计访问量、最新访问量（源于用户的精神层面的诱导因素）
A02	被邀请的回答被采纳（源于用户的精神层面的诱导因素）
A03	点赞量（源于用户的精神层面的诱导因素）
A03	阅读量（源于用户的精神层面的诱导因素）
A03	收藏量（源于用户的精神层面的诱导因素）
A03	回复量（源于用户的精神层面的诱导因素）
A03	最后回复于（时间）前（源于用户的精神层面的诱导因素）
A03	关注量（源于用户的精神层面的诱导因素）
A03	粉丝量（源于用户的精神层面的诱导因素）
A03	点评量（源于用户的精神层面的诱导因素）
A03	神探 Summer 酱：T 神的帖子真是赏心悦目，干货满满（源于用户的精神层面的诱导因素）

续表

编码	激励机制
A03	爱我花花：楼主拍摄的照片好美啊！张张都是专业级别的！我每次拍出来都没有看到的景美。 回复爱我花花：哈哈，谢谢表扬！摄影讲究光影和角度，以及后期的调色哦！（源于用户的精神层面的诱导因素）
A03	实中－徐：花了两个晚上看完的，基本自己的行程就按大神你的定了，真的太感谢分享。（源于用户的精神层面的诱导因素）
A04	浏览量（源于用户的精神层面的诱导因素）
A04	点赞量（源于用户的精神层面的诱导因素）
A04	评论量（源于用户的精神层面的诱导因素）
A04	收藏量（源于用户的精神层面的诱导因素）
A04	分享量（源于用户的精神层面的诱导因素）
A04	亮咚咚：老大的帖子真的经典！一开始我只当一般游记来看，后来看了几张照片后，这根本不是游记，分明是一本经典摄影集！同时觉得作者一家好幸福！（源于用户的精神层面的诱导因素）
A04	djqu9891：拍得好棒～想知道相机和镜头是什么？Iron_Crotch 回复 djqu9891：sony a9 24－70。（源于用户的精神层面的诱导因素）
A04	emtb7999：欲去此地，先阅此文～干货！杠杠的！（源于用户的精神层面的诱导因素）
A05	关注量（源于用户的精神层面的诱导因素）
A05	评论量（源于用户的精神层面的诱导因素）
A05	"顶"量（源于用户的精神层面的诱导因素）
A05	8133856251：感谢楼主分享，好详细的游记。看着楼主的攻略，有时间了一定要去这边玩一玩。（源于用户的精神层面的诱导因素）
A05	南木姐姐：风景真好（源于用户的精神层面的诱导因素）
A05	万三老师：我有暑假，这个时间正好！心动啊！（源于用户的精神层面的诱导因素）
A06	浏览量（源于用户的精神层面的诱导因素）
A07	访问量（源于用户的精神层面的诱导因素）
A07	评论量（源于用户的精神层面的诱导因素）
A07	喜欢量（源于用户的精神层面的诱导因素）
A07	UCACO：有资本有颜值，我们赞助头盔。（源于用户的精神层面的诱导因素）
A07	北山风：支持，太美了！（源于用户的精神层面的诱导因素）
A07	毒鸡汤：骑行就是修炼！阿根廷 AC 米兰回复：我的攻略是个完整的体系，得青藏线，滇藏线相互结合来看，在 2012 年骑完青藏线回来以后，我就想着再次骑行西藏……（源于用户的精神层面的诱导因素）

编码	激励机制
A07	gy 异域风光：景色优美、拍摄漂亮。（源于用户的精神层面的诱导因素）
A07	白星海：很美啊。有机会要去看看。Clivey 回复：7、8 月是最好的时候，可以趁着这个时节去，不然过段时间那边就太冷了。（源于用户的精神层面的诱导因素）
A08	浏览量（源于用户的精神层面的诱导因素）
A08	点赞量（源于用户的精神层面的诱导因素）
A08	评论量（源于用户的精神层面的诱导因素）
A08	lv19176343：感激不尽（源于用户的精神层面的诱导因素）
A08	moomin_ moomin：好漂亮 ~（源于用户的精神层面的诱导因素）
A09	浏览量（源于用户的精神层面的诱导因素）
A09	评论量（源于用户的精神层面的诱导因素）
A09	同程会员_ F039C0AD1B6：感谢楼主分享，好详细的游记。看着楼主的攻略，有时间了一定要去这边玩一玩。（源于用户的精神层面的诱导因素）
A09	同程会员_ F039C0AD1B6：看了楼主的游记，我也好想去玩一趟，玩转这个地方。（源于用户的精神层面的诱导因素）
A09	游记达人榜（源于用户的精神层面的诱导因素）
A10	查看量（源于用户的精神层面的诱导因素）
A10	回复量（源于用户的精神层面的诱导因素）
A10	"火"量（源于用户的精神层面的诱导因素）
A10	人气游记榜（源于网站和用户的精神层面的诱导因素）
A10	好梦成真：别有一番的陌生中又夹杂一点熟悉的异域风情引人入胜！赞!!（源于用户的精神层面的诱导因素）
A01	头条游记每月点赞＋评论最多的作者可获得"携程签约旅行家考察团"名额（源于网站和用户的精神层面的诱导因素）
A02	点评排行榜（源于网站和用户的精神层面的诱导因素）
A02	回答被点一次有用＋1 每天上限＋20 经验值（源于网站和用户的精神层面的诱导因素；激励强度）
A02	提问者主动采纳＋10 每天上限＋50 经验值（源于网站和用户的精神层面的诱导因素；激励强度）
A02	一个回答被采纳＋10 每天上限＋50 经验值（源于网站和用户的精神层面的诱导因素；激励强度）
A02	回答被收藏一次＋1 每天上限＋20 经验值（源于网站和用户的精神层面的诱导因素；激励强度）
A02	点评被他人点赞＋1 每天上限＋10 经验值（源于网站和用户的精神层面的诱导因素；激励强度）

编码	激励机制
A02	随笔或话题被他人回复 +1 每天上限 +20 经验值（源于网站和用户的精神层面的诱导因素；激励强度）
A02	嗡嗡被点赞 +1 每天上限 +10 经验值（源于网站和用户的精神层面的诱导因素；激励强度）
A03	点评被认为有用获得 1 经验值（源于网站和用户的精神层面的诱导因素；激励强度）
A03	照片被点评获得 1 经验值（源于网站和用户的精神层面的诱导因素；激励强度）
A03	照片/相册被点喜欢获得 1 经验值（源于网站和用户的精神层面的诱导因素；激励强度）
A03	被回复获得 1 经验值（源于网站和用户的精神层面的诱导因素；激励强度）
A03	帖子被收藏获得 1 经验值（源于网站和用户的精神层面的诱导因素；激励强度）
A03	帖子被喜欢获得 1 经验值（源于网站和用户的精神层面的诱导因素；激励强度）
A03	认证资深用户/精华作者帖子被喜欢获得 1 经验值（源于网站和用户的精神层面的诱导因素；激励强度）
A03	认证资深用户/精华作者帖子被收藏获得 1 经验值（源于网站和用户的精神层面的诱导因素；激励强度）
A03	回答非零回答问题，被提问者点击有用获得 5 经验值（源于网站和用户的精神层面的诱导因素；激励强度）
A03	回答被非提问者点击有用获得 1 经验值（源于网站和用户的精神层面的诱导因素；激励强度）
A03	回答被点有用获得 10 经验值（源于网站和用户的精神层面的诱导因素；激励强度）
A03	回答被提问者选为最佳答案获得 5 经验值（源于网站和用户的精神层面的诱导因素；激励强度）
A03	提问并最终选择最佳答案获得 5 经验值（源于网站和用户的精神层面的诱导因素；激励强度）
A03	消灭零回答问题且被提问者点击有用获得 10 经验值（源于网站和用户的精神层面的诱导因素；激励强度）
A03	行程计划被复制获得 1 经验值（源于网站和用户的精神层面的诱导因素；激励强度）
A03	行程单被复制获得 1 经验值（源于网站和用户的精神层面的诱导因素；激励强度）
A03	行程助手被回复获得 1 经验值（源于网站和用户的精神层面的诱导因素；激励强度）
A03	行程游记被喜欢获得 1 经验值（源于网站和用户的精神层面的诱导因素；激励强度）
A03	微锦囊被喜欢获得 1 经验值（源于网站和用户的精神层面的诱导因素；激励强度）
A06	灵感文昨日阅读量排行（源于网站和用户的精神层面的诱导因素）
A06	月阅读量排行（源于网站和用户的精神层面的诱导因素）

编码	激励机制
A08	"驴妈妈旅游达人"福利现金奖励：旅游达人新发表的精华游记　在当月的真实浏览量超过 5 万，可以获得 500 元现金奖励，仅限当月发表。（源于网站和用户的精神层面的诱导因素；物质层面的诱导因素 - 现金；激励强度）
A01	优质点评：即 60 汉字以上且至少包含 3 张图片的有效点评（行为导向）
A01	内容真实性：每条点评必须真实原创，图片需为清晰实拍。若点评内容涉及广告抄袭、灌水等，携程攻略社区有权不予以发放积分，或将已发放的对应积分扣除。（行为导向）
A01	实用游记要求游记内容包含详细的行程介绍，酒店、交通、住宿、（携程名称 + 预定链接）和贴士等干货内容，条理清晰，结构明确，原创攻略不低于 2000 字，原创清晰图片不少于 20 张。也采纳单一主体深度攻略（行为导向）
A01	美图游记要求照片美观且为原创，构图与清晰度均佳，无拼图，美图 30 张以上，质量达到业余水平，并有 1000 字以上原创文字（行为导向）
A01	精华游记要求原创攻略和美图兼备，含特色旅行亮点，内含详细行程路线、交通、酒店住宿、餐馆、购物景点和贴士等干货。照片惊艳，行程中每天照片不多于 40 张，照片清晰度高且构图优秀，无竞品广告植入（行为导向）
A01	典藏游记要求开篇列出特色旅行亮点，原创攻略和美图兼备，行程中每天照片不多于 40 张，照片清晰度高且构图优秀，无竞品广告植入。张张均为大师级作品，可让游友说走就走（行为导向）
A01	优质游记附上精美视频能彰显游记的魅力更易获得优质标签哦～（行为导向）
A01	如何成为携程旅行家？在携程攻略社区发表游记总数不少于 5 篇；1 年内发表游记不少于 3 篇；且必须有一篇为精华游记（行为导向）
A02	宝藏的申请要求：1. 对目的地的玩法有自己独到的见解；2. 有负责任的旅行态度和行动；3. 有热情，乐于分享；4. 最好有 40 张以上图片（行为导向）
A02	真人兽申请条件：1 发表过含有自己照片游记的蜂蜂都可以申请；2 每期选出五位蜂蜂，登上真人兽舞台；3 参加时间截至 9 月 27 日（行为导向）
A02	真人兽活动流程：1 点击"我要报名"选择一篇自己的游记；2 选出一张有自己且符合本期真人兽主题的照片；3 每期根据游记选出　五位蜂蜂　成为真人兽（行为导向）
A02	【问答指路人】：具有马蜂窝有爱的分享精神；旅行经验丰富，能搞定行前行中行后，对某个地方/领域倍儿熟；喜欢结交朋友；有一定的文字功底和语言逻辑基础；每天至少 30 分钟泡在马蜂窝的时间；能随时随地回答问题（源于网站的精神层面的诱导因素；行为导向）
A02	【问答指路人】义务：1. 任期内真实回答擅长目的地的问题 ≥50 或有 ≥5 块金牌回答；2. 有吐槽和建议及时私信@马蜂窝问答君；3. 能每天至少 30 分钟泡在马蜂窝上及时回复、解答（行为导向）

编码	激励机制
A02	指路人如何申请目的地认证？Step 1：在申请目的地下回答问题≥10，且该目的地采纳率≥10%；Step 2：进入申请入口，填写"与目的地相关的生活/旅行经历"，介绍你对目的地的熟悉程度，这非常重要～（行为导向）
A02	最佳答案：在马蜂窝问答回答问题，如果回答被采纳为最佳答案（源于网站的精神层面的诱导因素）
A05	精华游记怎么写？原创文字＞3500 原创图片＞60。实用攻略型：内容上包含行程准备、整体形象、景点、美食、住宿、交通、行程、时节、旅途意义、购物、签证等信息，文字丰富有用，原创度高，有亮点，对其他旅游有重大参考意义。美图散文型：美图多多，照片惊艳，构图与清晰度优秀，文字或优美，或生动风趣、或充满情怀、让人一看就想走（行为导向）
A07	游记攻略：原创国内三天以上行程长篇游记：照片大于等于 30 张，照片漂亮美观，对行程从头至尾进行记录，文字大于 200 字（文字放在第一楼），对照片的描述和对出行过程的详细记录，文字翔实流畅，整体内容对其他驴友出行具有参考价值（行为导向）
A07	户外摄影：10 张以上，摄影高手拍摄的照片，体现户外运动风貌，构图严谨、曝光精确、焦点清晰、主题明确、风景优美、人物生动（行为导向）
A07	我秀我户外：个人户外秀照片 10 张以上，照片美观清晰，人物漂亮，内容不低俗（行为导向）
A07	走出国门：原创国外长篇游记：照片大于等于 30 张，照片漂亮美观，对行程从头至尾进行记录，文字大于 200 字，穿插在图片中间，是对照片的描述和对出行过程的详细记录，文字翔实流畅，整体内容对其他驴友出行具有参考价值（行为导向）
A07	装备天下：①原创客观真实的户外装备测评，照片 15 张以上，文字 200 字以上，奖励 1 个币；②原创关于户外装备的技术性内容，对于驴友具有重要参考价值（行为导向）
A07	专业户外运动版和地方版：图文并茂游记：照片大于等于 9 张，照片漂亮美观，对行程从头至尾进行记录，文字大于 200 字（文字放在第一楼，文字要原创，不要抄袭百度百科的借点介绍），文字翔实流畅，整体内容对其他驴友出行具有参考价值。纯文字游记：原创文字大于等于 600 字，对出行过程进行的描述，文字优美流畅，语言精彩美妙，情文并茂，令人向往，且对其他驴友出行具备参考价值（行为导向）
A07	专业户外运动版和地方版纯摄影照片：原创照片 10 张以上，摄影高手拍摄的照片，体现户外运动风貌，构图严谨、曝光精确、焦点清晰、主题明确、风景优美、人物生动（行为导向）
A07	专业户外运动版和地方版技术帖：原创关于专业户外运动的技术性文章，文字 300 字以上，内容可读性强，对他人有重要参考作用（行为导向）
A08	如何成为驴妈妈驴游达人？1. 在驴妈妈发表过两篇以上精华游记；2. 在其他平台发表过两篇以上精华游记，满足以上任一条件立即报名（行为导向）

附录二：实验一材料

实验 E11——无物质奖励/无精神奖励

亲爱的同学：

非常感谢您能在百忙中接受本次问卷调查。请您在填写中注意以下事项：

1. 全面答题。漏答会导致问卷无效，我们会非常珍视您对每一项问题的回答。

2. 据实填写。答案没有对错之分，请您根据真实情况和您个人的真实感受来答题。

3. 请勿多选。问卷中所有问题都为单选题，请您在您认为最符合的选项上划"√"。

向您慎重承诺：对您的回答绝对保密，所取得资料仅用作学术研究，衷心感谢您的参与、支持！

一、基本信息：

1. 您的年龄（　　　）

2. 您的性别　　　　　　　　　　　　□ 男　　　　　□ 女

	从不	偶尔	有时	经常	总是
3. 您是否会上网浏览帖子？	□	□	□	□	□
4. 您是否会浏览旅游论坛、旅游网站等？	□	□	□	□	□
5. 您是否会上网分享自己的体会、感受、游记等？	□	□	□	□	□

二、自我效能：

下面的问题描述您对分享后自我效能的评价，请在符合您情况的选项上划"√"。

完全不符合　　比较不符合　　比较不符合一般　　比较符合　　完全符合

1. 我自信向该旅游虚拟社区提供其他用户 □ □ □ □ □ □ □
   认为有价值的信息。
2. 我拥有为该旅游虚拟社区提供有价值的 □ □ □ □ □ □ □
   信息所需的技能。

三、获益感知：

下面的问题描述您对分享后获益感知的评价，请在符合您情况的选项上划"√"。

	完全不符合	比较不符合	比较不符合	一般	比较符合	比较符合	完全符合
1. 我对所得到的蜂蜜感到满意。	□	□	□	□	□	□	□
2. 我认为该旅游虚拟社区的蜂蜜奖励制度合理。	□	□	□	□	□	□	□
3. 我认为自己的付出和回报是公平的。	□	□	□	□	□	□	□
4. 我认为该旅游虚拟社区的奖励制度对分享者有激励作用。	□	□	□	□	□	□	□

四、再分享意愿：

下面的问题描述您对再分享意愿的评价，请在符合您情况的选项上划"√"。

	完全不符合	比较不符合	比较不符合	一般	比较符合	比较符合	完全符合
1. 我愿意在该旅游虚拟社区上更频繁地分享旅行的攻略、照片等信息。	□	□	□	□	□	□	□
2. 我愿意经常在该旅游虚拟社区上分享我的游记、得失和旅行技巧。	□	□	□	□	□	□	□

3. 我愿意和其他用户更频繁地分享我的旅 □ □ □ □ □ □ □
行经验及旅行体会。

实验 E12——低水平物质奖励/无精神奖励

亲爱的同学:

非常感谢您能在百忙中接受本次问卷调查。请您在填写中注意以下事项:

1. 全面答题。漏答会导致问卷无效,我们会非常珍视您对每一项问题的回答。

2. 据实填写。答案没有对错之分,请您根据真实情况和您个人的真实感受来答题。

3. 请勿多选。问卷中所有问题都为单选题,请您在您认为最符合的选项上划"√"。

向您慎重承诺:对您的回答绝对保密,所取得资料仅用作学术研究,衷心感谢您的参与、支持!

根据您分享的游记,您将获得 10 "蜂蜜" 的奖励!【"蜂蜜" 是专属货币,可以到蜂蜜商城兑换等价实物和纪念品! 是针对您对其他蜂蜂做出的帮助而设立的奖励!】

一、基本信息:

1. 您的年龄 (   )

2. 您的性别　　　　　　　　　　　□ 男　　　　□ 女

	非常低	比较低	一般	比较高	非常高
3. 您认为 10 "蜂蜜" 的奖励是	□	□	□	□	□

	从不	偶尔	有时	经常	总是
4. 您是否会上网浏览帖子?	□	□	□	□	□
5. 您是否会浏览旅游论坛、旅游网站等?	□	□	□	□	□

6. 您是否会上网分享自己的体会、感受、游记等？　□　□　□　□　□

　　二、自我效能：

　　下面的问题描述您对分享后自我效能的评价，请在符合您情况的选项上划"√"。

	完全不符合	比较不符合	不符合	一般	比较符合	完全符合	
1. 我自信向该旅游虚拟社区提供其他用户认为有价值的信息。	□	□	□	□	□	□	□
2. 我拥有为该旅游虚拟社区提供有价值的信息所需的技能。	□	□	□	□	□	□	□

　　三、获益感知：

　　下面的问题描述您对分享后获益感知的评价，请在符合您情况的选项上划"√"。

	完全不符合	比较不符合	不符合	一般	比较符合	完全符合	
1. 我对所得到的蜂蜜感到满意。	□	□	□	□	□	□	□
2. 我认为该旅游虚拟社区的蜂蜜奖励制度合理。	□	□	□	□	□	□	□
3. 我认为自己的付出和回报是公平的。	□	□	□	□	□	□	□
4. 我认为该旅游虚拟社区的奖励制度对分享者有激励作用。	□	□	□	□	□	□	□

　　四、再分享意愿：

　　下面的问题描述您对再分享意愿的评价，请在符合您情况的选项上划"√"。

	完全不符合	比较不符合	比不符合	一般	比较符合	比较符合	完全符合
1. 我愿意在该旅游虚拟社区上更频繁地分享旅行的攻略、照片等信息。	□	□	□	□	□	□	□
2. 我愿意经常在该旅游虚拟社区上分享我的游记、得失和旅行技巧。	□	□	□	□	□	□	□
3. 我愿意和其他用户更频繁地分享我的旅行经验及旅行体会。	□	□	□	□	□	□	□

实验 E13——高水平物质奖励/无精神奖励

亲爱的同学：

非常感谢您能在百忙中接受本次问卷调查。请您在填写中注意以下事项：

1. 全面答题。漏答会导致问卷无效，我们会非常珍视您对每一项问题的回答。

2. 据实填写。答案没有对错之分，请您根据真实情况和您个人的真实感受来答题。

3. 请勿多选。问卷中所有问题都为单选题，请您在您认为最符合的选项上划"√"。

向您慎重承诺：对您的回答绝对保密，所取得资料仅用作学术研究，衷心感谢您的参与、支持！

根据您分享的游记，您将获得2000"蜂蜜"的奖励！【"蜂蜜"是专属货币，可以到蜂蜜商城兑换等价实物和纪念品！是针对您对其他蜂蜂做出的帮助而设立的奖励！】

一、基本信息：

1. 您的年龄（　　　）

2. 您的性别　　　　　　　　　　　　　　□ 男　　　　□ 女

	非常低	比较低	一般	比较高	非常高
3. 您认为2000"蜂蜜"的奖励是	□	□	□	□	□

	从不	偶尔	有时	经常	总是
4. 您是否会上网浏览帖子？	□	□	□	□	□
5. 您是否会浏览旅游论坛、旅游网站等？	□	□	□	□	□
6. 您是否会上网分享自己的体会、感受、游记等？	□	□	□	□	□

二、自我效能：

下面的问题描述您对分享后自我效能的评价，请在符合您情况的选项上划"√"。

	完全不符合	比较不符合	比不符合	一般	比较符合	比较符合	完全符合
1. 我自信向该旅游虚拟社区提供其他用户认为有价值的信息。	□	□	□	□	□	□	□
2. 我拥有为该旅游虚拟社区提供有价值的信息所需的技能。	□	□	□	□	□	□	□

三、获益感知：

下面的问题描述您对分享后获益感知的评价，请在符合您情况的选项上划"√"。

	完全不符合	比较不符合	比不符合	一般	比较符合	完全符合

1. 我对所得到的蜂蜜感到满意。 □ □ □ □ □ □ □
2. 我认为该旅游虚拟社区的蜂蜜奖励制度 □ □ □ □ □ □ □
   合理。
3. 我认为自己的付出和回报是公平的。 □ □ □ □ □ □ □
4. 我认为该旅游虚拟社区的奖励制度对分 □ □ □ □ □ □ □
   享者有激励作用。

四、再分享意愿：

下面的问题描述您对再分享意愿的评价，请在符合您情况的选项上划
"√"。

	完全不符合	比较不符合	比不符合	一般	比较符合	完全符合

1. 我愿意在该旅游虚拟社区上更频繁地分 □ □ □ □ □ □ □
   享旅行的攻略、照片等信息。
2. 我愿意经常在该旅游虚拟社区上分享我 □ □ □ □ □ □ □
   的游记、得失和旅行技巧。
3. 我愿意和其他用户更频繁地分享我的旅 □ □ □ □ □ □ □
   行经验及旅行体会。

实验 E14——无物质奖励/有精神奖励

亲爱的同学：

非常感谢您能在百忙中接受本次问卷调查。请您在填写中注意以下事项：

1. 全面答题。漏答会导致问卷无效，我们会非常珍视您对每一项问题的回答。

2. 据实填写。答案没有对错之分，请您根据真实情况和您个人的真实感受来答题。

3. 请勿多选。问卷中所有问题都为单选题，请您在您认为最符合的选项上划
"√"。

向您慎重承诺：对您的回答绝对保密，所取得资料仅用作学术研究，衷心感谢您
的参与、支持！

您分享的游记截至昨天已超过 3000 点击量，网友

认为您游记的内容很实用，非常精彩！在逾千篇的游记中脱颖而出，被授予"最佳游记"的荣誉称号！【"最佳游记"荣誉只有点赞量排名前3的游记才能获得。】

一、基本信息：

1. 您的年龄（　　　）

2. 您的性别　　　　　　　　　　　　　□ 男　　　　□ 女

	从不	偶尔	有时	经常	总是
3. 您是否会上网浏览帖子？	□	□	□	□	□
4. 您是否会浏览旅游论坛、旅游网站等？	□	□	□	□	□
5. 您是否会上网分享自己的体会、感受、游记等？	□	□	□	□	□

二、自我效能：

下面的问题描述您对分享后自我效能的评价，请在符合您情况的选项上划"√"。

	完全不符合	比较不符合	有点不符合	一般	比较符合	完全符合	完全符合
1. 我自信向该旅游虚拟社区提供其他用户认为有价值的信息。	□	□	□	□	□	□	□
2. 我拥有为该旅游虚拟社区提供有价值的信息所需的技能。	□	□	□	□	□	□	□

三、获益感知：

下面的问题描述您对分享后获益感知的评价，请在符合您情况的选项

上划"√"。

	完全不符合	比较不符合	不符合	一般	比较符合	符合	完全符合
1. 我对所得到的蜂蜜感到满意。	□	□	□	□	□	□	□
2. 我认为该旅游虚拟社区的蜂蜜奖励制度合理。	□	□	□	□	□	□	□
3. 我认为自己的付出和回报是公平的。	□	□	□	□	□	□	□
4. 我认为该旅游虚拟社区的奖励制度对分享者有激励作用。	□	□	□	□	□	□	□

四、再分享意愿：

下面的问题描述您对再分享意愿的评价，请在符合您情况的选项上划"√"。

	完全不符合	比较不符合	不符合	一般	比较符合	符合	完全符合
1. 我愿意在该旅游虚拟社区上更频繁地分享旅行的攻略、照片等信息。	□	□	□	□	□	□	□
2. 我愿意经常在该旅游虚拟社区上分享我的游记、得失和旅行技巧。	□	□	□	□	□	□	□
3. 我愿意和其他用户更频繁地分享我的旅行经验及旅行体会。	□	□	□	□	□	□	□

实验 E15——低水平物质奖励/有精神奖励

亲爱的同学：

非常感谢您能在百忙中接受本次问卷调查。请您在填写中注意以下事项：

1. 全面答题。漏答会导致问卷无效，我们会非常珍视您对每一项问题的回答。

2. 据实填写。答案没有对错之分，请您根据真实情况和您个人的真实感受来答题。

3. 请勿多选。问卷中所有问题都为单选题，请您在您认为最符合的选项上划"√"。

向您慎重承诺：对您的回答绝对保密，所取得资料仅用作学术研究，衷心感谢您的参与、支持！

您分享的游记截至昨天已超过 3000 点击量，网友认为您游记的内容很实用，非常精彩！在逾千篇的游记中脱颖而出，被授予"最佳游记"的荣誉称号！【"最佳游记"荣誉只有点赞量排名前 3 的游记才能获得。】

并且，您将获得 10 "蜂蜜"的奖励！【"蜂蜜"是专属货币，可以到蜂蜜商城兑换等价实物和纪念品！是针对您对其他蜂蜂做出的帮助而设立的奖励！】

一、基本信息：

1. 您的年龄（　　　）

2. 您的性别　　　　　　　　　　　□ 男　　　　□ 女

	非常低	比较低	一般	比较高	非常高
3. 您认为 10 "蜂蜜"的奖励是	□	□	□	□	□

	从不	偶尔	有时	经常	总是
4. 您是否会上网浏览帖子？	☐	☐	☐	☐	☐
5. 您是否会浏览旅游论坛、旅游网站等？	☐	☐	☐	☐	☐
6. 您是否会上网分享自己的体会、感受、游记等？	☐	☐	☐	☐	☐

二、自我效能：

下面的问题描述您对分享后自我效能的评价，请在符合您情况的选项上划"√"。

	完全不符合	比较不符合	比较不符合	一般	比较符合	符合	完全符合
1. 我自信向该旅游虚拟社区提供其他用户认为有价值的信息。	☐	☐	☐	☐	☐	☐	☐
2. 我拥有为该旅游虚拟社区提供有价值的信息所需的技能。	☐	☐	☐	☐	☐	☐	☐

三、获益感知：

下面的问题描述您对分享后获益感知的评价，请在符合您情况的选项上划"√"。

	完全不符合	比较不符合	比较不符合	一般	比较符合	符合	完全符合
1. 我对所得到的蜂蜜感到满意。	☐	☐	☐	☐	☐	☐	☐
2. 我认为该旅游虚拟社区的蜂蜜奖励制度合理。	☐	☐	☐	☐	☐	☐	☐
3. 我认为自己的付出和回报是公平的。	☐	☐	☐	☐	☐	☐	☐

4. 我认为该旅游虚拟社区的奖励制度对分　□　□　□　□　□　□　□
享者有激励作用。

四、再分享意愿：

下面的问题描述您对再分享意愿的评价，请在符合您情况的选项上划
"√"。

	完全不符合	比较不符合	比较不符合	一般	比较符合	较符合	完全符合
1. 我愿意在该旅游虚拟社区上更频繁地分 享旅行的攻略、照片等信息。	□	□	□	□	□	□	□
2. 我愿意经常在该旅游虚拟社区上分享我 的游记、得失和旅行技巧。	□	□	□	□	□	□	□
3. 我愿意和其他用户更频繁地分享我的旅 行经验及旅行体会。	□	□	□	□	□	□	□

实验 E16——高水平物质奖励/有精神奖励

亲爱的同学：

非常感谢您能在百忙中接受本次问卷调查。请您在填写中注意以下事项：

1. 全面答题。漏答会导致问卷无效，我们会非常珍视您对每一项问题的回答。

2. 据实填写。答案没有对错之分，请您根据真实情况和您个人的真实感受来答题。

3. 请勿多选。问卷中所有问题都为单选题，请您在您认为最符合的选项上划
"√"。

向您慎重承诺：对您的回答绝对保密，所取得资料仅用作学术研究，衷心感谢您
的参与、支持！

您分享的游记截至昨天已超过 3000 点击量，网友
认为您游记的内容很实用，非常精彩！在逾千篇的游记
中脱颖而出，被授予"最佳游记"的荣誉称号！【"最
佳游记"荣誉只有点赞量排名前 3 的游记才能获得。】

并且，您将获得 2000"蜂蜜"的奖励！【"蜂蜜"

是专属货币，可以到蜂蜜商城兑换等价实物和纪念品！
是针对您对其他蜂蜂做出的帮助而设立的奖励！】

一、基本信息：

1. 您的年龄（　　）

2. 您的性别　　　　　　　　　　　□ 男　　　　□ 女

	非常低	比较低	一般	比较高	非常高
3. 您认为2000"蜂蜜"的奖励是	□	□	□	□	□

	从不	偶尔	有时	经常	总是
4. 您是否会上网浏览帖子？	□	□	□	□	□
5. 您是否会浏览旅游论坛、旅游网站等？	□	□	□	□	□
6. 您是否会上网分享自己的体会、感受、游记等？	□	□	□	□	□

二、自我效能：

下面的问题描述您对分享后自我效能的评价，请在符合您情况的选项上划"√"。

	完全不符合	比较不符合	比不符合	一般	比较符合	比符合	完全符合
1. 我自信向该旅游虚拟社区提供其他用户认为有价值的信息。	□	□	□	□	□	□	□
2. 我拥有为该旅游虚拟社区提供有价值的信息所需的技能。	□	□	□	□	□	□	□

三、获益感知:

下面的问题描述您对分享后获益感知的评价,请在符合您情况的选项上划"√"。

	完全不符合	比较不符合	比较不符合	一般	比较符合	较符合	完全符合
1. 我对所得到的蜂蜜感到满意。	□	□	□	□	□	□	□
2. 我认为该旅游虚拟社区的蜂蜜奖励制度合理。	□	□	□	□	□	□	□
3. 我认为自己的付出和回报是公平的。	□	□	□	□	□	□	□
4. 我认为该旅游虚拟社区的奖励制度对分享者有激励作用。	□	□	□	□	□	□	□

四、再分享意愿:

下面的问题描述您对再分享意愿的评价,请在符合您情况的选项上划"√"。

	完全不符合	比较不符合	比较不符合	一般	比较符合	较符合	完全符合
1. 我愿意在该旅游虚拟社区上更频繁地分享旅行的攻略、照片等信息。	□	□	□	□	□	□	□
2. 我愿意经常在该旅游虚拟社区上分享我的游记、得失和旅行技巧。	□	□	□	□	□	□	□
3. 我愿意和其他用户更频繁地分享我的旅行经验及旅行体会。	□	□	□	□	□	□	□

蜂蜜商城 Honey Mall

1F OUTDO-ORPRODUCTS 户外度假

少量	有货	有货
卡西欧 BABY-G系列...	营地野餐垫	尚烤佳帆布彩条吊床
13800蜂蜜	800蜂蜜	1480蜂蜜

2F DIGITAL PRODUCTS 数码产品

有货	少量	少量
新款蓝牙自拍杆（四...	【SANWA 4口高速便...	八爪鱼相机三脚架
2780蜂蜜	2180蜂蜜	900蜂蜜

3F HOME PRODUCTS 家居生活

有货	少量	少量
emoi环保双层水杯	ORTOR 水果料理10...	小米插排
800蜂蜜	820蜂蜜	980蜂蜜

4F BEAUTY PRODUCTS 美丽专区

有货	有货	有货
男士劲能深层净化洁...	妮维雅透明防晒喷露	施华蔻多效修护旅行装
800蜂蜜	1500蜂蜜	680蜂蜜

附录三：实验二材料

实验二分为三种情景：情景一（物质奖励的形式为虚拟货币）、情景二（物质奖励的形式为现金）、情景三（物质奖励的形式为代金券。）

情景一：物质奖励形式为虚拟货币

情景一的材料和实验一材料一致，见附录二。

情景二：物质奖励形式为现金

实验 E211——无现金奖励/无精神奖励

亲爱的同学：

非常感谢您能在百忙中接受本次问卷调查。请您在填写中注意以下事项：

1. 全面答题。漏答会导致问卷无效，我们会非常珍视您对每一项问题的回答。

2. 据实填写。答案没有对错之分，请您根据真实情况和您个人的真实感受来答题。

3. 请勿多选。问卷中所有问题都为单选题，请您在您认为最符合的选项上划"√"。

向您慎重承诺：对您的回答绝对保密，所取得资料仅用作学术研究，衷心感谢您的参与、支持！

一、基本信息：

1. 您的年龄（   ）

2. 您的性别　　　　　　　　　　　□ 男　　　　　□ 女

	从不	偶尔	有时	经常	总是
3. 您是否会上网浏览帖子？	□	□	□	□	□
4. 您是否会浏览旅游论坛、旅游网站等？	□	□	□	□	□
5. 您是否会上网分享自己的体会、感受、游记等？	□	□	□	□	□

二、自我效能：

下面的问题描述您对分享后自我效能的评价，请在符合您情况的选项上划"√"。

	完全不符合	比较不符合	比较不符合	一般	比较符合	符合	完全符合
1. 我自信向该旅游虚拟社区提供其他用户认为有价值的信息。	□	□	□	□	□	□	□
2. 我拥有为该旅游虚拟社区提供有价值的信息所需的技能。	□	□	□	□	□	□	□

三、获益感知：

下面的问题描述您对分享后获益感知的评价，请在符合您情况的选项上划"√"。

	完全不符合	比较不符合	比较不符合	一般	比较符合	符合	完全符合
1. 我对所得到的现金感到满意。	□	□	□	□	□	□	□
2. 我认为该旅游虚拟社区的现金奖励制度合理。	□	□	□	□	□	□	□
3. 我认为自己的付出和回报是公平的。	□	□	□	□	□	□	□
4. 我认为该旅游虚拟社区的奖励制度对分享者有激励作用。	□	□	□	□	□	□	□

四、再分享意愿：

下面的问题描述您对再分享意愿的评价，请在符合您情况的选项上划"√"。

	完全不符合	比较不符合	比较不符合	一般	比较符合	比较符合	完全符合
1. 我愿意在该旅游虚拟社区上更频繁地分享旅行的攻略、照片等信息。	□	□	□	□	□	□	□
2. 我愿意经常在该旅游虚拟社区上分享我的游记、得失和旅行技巧。	□	□	□	□	□	□	□
3. 我愿意和其他用户更频繁地分享我的旅行经验及旅行体会。	□	□	□	□	□	□	□

实验 E212——低水平现金奖励/无精神奖励

亲爱的同学：

非常感谢您能在百忙中接受本次问卷调查。请您在填写中注意以下事项：

1. 全面答题。漏答会导致问卷无效，我们会非常珍视您对每一项问题的回答。

2. 据实填写。答案没有对错之分，请您根据真实情况和您个人的真实感受来答题。

3. 请勿多选。问卷中所有问题都为单选题，请您在您认为最符合的选项上划"√"。

向您慎重承诺：对您的回答绝对保密，所取得资料仅用作学术研究，衷心感谢您的参与、支持！

根据您分享的游记，您将获得 0.60 元现金的奖励！【是针对您对其他用户做出的帮助而设立的奖励！】

一、基本信息：

1. 您的年龄（　　　）

2. 您的性别　　　　　　　　　　　　□ 男　　　　□ 女

	非常低	比较低	一般	比较高	非常高
3. 您认为 0.60 元现金的奖励是	□	□	□	□	□

	从不	偶尔	有时	经常	总是
4. 您是否会上网浏览帖子？	□	□	□	□	□
5. 您是否会浏览旅游论坛、旅游网站等？	□	□	□	□	□
6. 您是否会上网分享自己的体会、感受、游记等？	□	□	□	□	□

二、自我效能：

下面的问题描述您对分享后自我效能的评价，请在符合您情况的选项上划"√"。

	完全不符合	比较不符合	不符合	一般	比较符合	符合	完全符合
1. 我自信向该旅游虚拟社区提供其他用户认为有价值的信息。	□	□	□	□	□	□	□
2. 我拥有为该旅游虚拟社区提供有价值的信息所需的技能。	□	□	□	□	□	□	□

三、获益感知：

下面的问题描述您对分享后获益感知的评价，请在符合您情况的选项上划"√"。

完全不符合　比较不符合　不符合　一般　比较符合　符合　完全符合

1. 我对所得到的现金感到满意。 □ □ □ □ □ □ □

2. 我认为该旅游虚拟社区的现金奖励制度 □ □ □ □ □ □ □
   合理。

3. 我认为自己的付出和回报是公平的。 □ □ □ □ □ □ □

4. 我认为该旅游虚拟社区的奖励制度对分 □ □ □ □ □ □ □
   享者有激励作用。

四、再分享意愿：

下面的问题描述您对再分享意愿的评价，请在符合您情况的选项上划
"√"。

	完全不符合	比较不符合	比较符合	一般	比较符合	较符合	完全符合

1. 我愿意在该旅游虚拟社区上更频繁地分 □ □ □ □ □ □ □
   享旅行的攻略、照片等信息。

2. 我愿意经常在该旅游虚拟社区上分享我 □ □ □ □ □ □ □
   的游记、得失和旅行技巧。

3. 我愿意和其他用户更频繁地分享我的旅 □ □ □ □ □ □ □
   行经验及旅行体会。

实验 E213——高水平现金奖励/无精神奖励

亲爱的同学：

非常感谢您能在百忙中接受本次问卷调查。请您在填写中注意以下事项：

1. 全面答题。漏答会导致问卷无效，我们会非常珍视您对每一项问题的回答。

2. 据实填写。答案没有对错之分，请您根据真实情况和您个人的真实感受来答题。

3. 请勿多选。问卷中所有问题都为单选题，请您在您认为最符合的选项上划
"√"。

向您慎重承诺：对您的回答绝对保密，所取得资料仅用作学术研究，衷心感谢您
的参与、支持！

根据您分享的游记，您将获得 120 元现金的奖励！

【是针对您对其他用户做出的帮助而设立的奖励!】

一、基本信息:

1. 您的年龄 ( )

2. 您的性别   □ 男   □ 女

	非常低	比较低	一般	比较高	非常高
3. 您认为 120 元现金的奖励是	□	□	□	□	□

	从不	偶尔	有时	经常	总是
4. 您是否会上网浏览帖子?	□	□	□	□	□
5. 您是否会浏览旅游论坛、旅游网站等?	□	□	□	□	□
6. 您是否会上网分享自己的体会、感受、游记等?	□	□	□	□	□

二、自我效能:

下面的问题描述您对分享后自我效能的评价,请在符合您情况的选项上划"√"。

	完全不符合	比较不符合	比较不符合	一般	比较符合	比较符合	完全符合
1. 我自信向该旅游虚拟社区提供其他用户认为有价值的信息。	□	□	□	□	□	□	□
2. 我拥有为该旅游虚拟社区提供有价值的信息所需的技能。	□	□	□	□	□	□	□

三、获益感知：

下面的问题描述您对分享后获益感知的评价，请在符合您情况的选项上划"√"。

	完全不符合	比较不符合	比不符合	一般	比较符合	符合	完全符合
1. 我对所得到的现金感到满意。	□	□	□	□	□	□	□
2. 我认为该旅游虚拟社区的现金奖励制度合理。	□	□	□	□	□	□	□
3. 我认为自己的付出和回报是公平的。	□	□	□	□	□	□	□
4. 我认为该旅游虚拟社区的奖励制度对分享者有激励作用。	□	□	□	□	□	□	□

四、再分享意愿：

下面的问题描述您对再分享意愿的评价，请在符合您情况的选项上划"√"。

	完全不符合	比较不符合	比不符合	一般	比较符合	符合	完全符合
1. 我愿意在该旅游虚拟社区上更频繁地分享旅行的攻略、照片等信息。	□	□	□	□	□	□	□
2. 我愿意经常在该旅游虚拟社区上分享我的游记、得失和旅行技巧。	□	□	□	□	□	□	□
3. 我愿意和其他用户更频繁地分享我的旅行经验及旅行体会。	□	□	□	□	□	□	□

实验 E214——无现金奖励/有精神奖励

亲爱的同学：

非常感谢您能在百忙中接受本次问卷调查。请您在填写中注意以下事项：

1. 全面答题。漏答会导致问卷无效，我们会非常珍视您对每一项问题的回答。

2. 据实填写。答案没有对错之分，请您根据真实情况和您个人的真实感受来答题。

3. 请勿多选。问卷中所有问题都为单选题，请您在您认为最符合的选项上划"√"。

向您慎重承诺：对您的回答绝对保密，所取得资料仅用作学术研究，衷心感谢您的参与、支持！

您分享的游记截至昨天已超过 3000 点击量，网友认为您游记的内容很实用，非常精彩！在逾千篇的游记中脱颖而出，被授予"最佳游记"的荣誉称号！【"最佳游记"荣誉只有点赞量排名前 3 的游记才能获得。】

一、基本信息：

1. 您的年龄 （　　　）

2. 您的性别　　　　　　　　　　　　　　　□ 男　　　　□ 女

	从不	偶尔	有时	经常	总是
3. 您是否会上网浏览帖子？	□	□	□	□	□
4. 您是否会浏览旅游论坛、旅游网站等？	□	□	□	□	□
5. 您是否会上网分享自己的体会、感受、游记等？	□	□	□	□	□

二、自我效能：

下面的问题描述您对分享后自我效能的评价，请在符合您情况的选项上划"√"。

	完全不符合	比较不符合	比不符合	一般	比较符合	完符合	完全符合
1. 我自信向该旅游虚拟社区提供其他用户认为有价值的信息。	□	□	□	□	□	□	□
2. 我拥有为该旅游虚拟社区提供有价值的信息所需的技能。	□	□	□	□	□	□	□

三、获益感知：

下面的问题描述您对分享后获益感知的评价，请在符合您情况的选项上划"√"。

	完全不符合	比较不符合	比不符合	一般	比较符合	完符合	完全符合
1. 我对所得到的现金感到满意。	□	□	□	□	□	□	□
2. 我认为该旅游虚拟社区的现金奖励制度合理。	□	□	□	□	□	□	□
3. 我认为自己的付出和回报是公平的。	□	□	□	□	□	□	□
4. 我认为该旅游虚拟社区的奖励制度对分享者有激励作用。	□	□	□	□	□	□	□

四、再分享意愿：

下面的问题描述您对再分享意愿的评价，请在符合您情况的选项上划"√"。

	完全不符合	比较不符合	比不符合	一般	比较符合	完符合

1. 我愿意在该旅游虚拟社区上更频繁地分享旅行的攻略、照片等信息。 □ □ □ □ □ □ □

2. 我愿意经常在该旅游虚拟社区上分享我的游记、得失和旅行技巧。 □ □ □ □ □ □ □

3. 我愿意和其他用户更频繁地分享我的旅行经验及旅行体会。 □ □ □ □ □ □ □

实验 E215——低水平现金奖励/有精神奖励

亲爱的同学：

非常感谢您能在百忙中接受本次问卷调查。请您在填写中注意以下事项：

1. 全面答题。漏答会导致问卷无效，我们会非常珍视您对每一项问题的回答。

2. 据实填写。答案没有对错之分，请您根据真实情况和您个人的真实感受来答题。

3. 请勿多选。问卷中所有问题都为单选题，请您在您认为最符合的选项上划"√"。

向您慎重承诺：对您的回答绝对保密，所取得资料仅用作学术研究，衷心感谢您的参与、支持！

　　您分享的游记截至昨天已超过 3000 点击量，网友认为您游记的内容很实用，非常精彩！在逾千篇的游记中脱颖而出，被授予"最佳游记"的荣誉称号！【"最佳游记"荣誉只有点赞量排名前 3 的游记才能获得。】

　　并且，您将获得 0.60 元现金的奖励！【是针对您对其他用户做出的帮助而设立的奖励！】

　　一、基本信息：

1. 您的年龄（　　　）

2. 您的性别 □ 男　　　□ 女

	非常低	比较低	一般	比较高	非常高
3. 您认为 0.60 元现金的奖励是	□	□	□	□	□

	从不	偶尔	有时	经常	总是
4. 您是否会上网浏览帖子？	□	□	□	□	□
5. 您是否会浏览旅游论坛、旅游网站等？	□	□	□	□	□
6. 您是否会上网分享自己的体会、感受、游记等？	□	□	□	□	□

二、自我效能：

下面的问题描述您对分享后自我效能的评价，请在符合您情况的选项上划"√"。

	完全不符合	比较不符合	不符合	一般	比较符合	较符合	完全符合
1. 我自信向该旅游虚拟社区提供其他用户认为有价值的信息。	□	□	□	□	□	□	□
2. 我拥有为该旅游虚拟社区提供有价值的信息所需的技能。	□	□	□	□	□	□	□

三、获益感知：

下面的问题描述您对分享后获益感知的评价，请在符合您情况的选项上划"√"。

	完全不符合	比较不符合	不符合	一般	比较符合	较符合	完全符合
1. 我对所得到的现金感到满意。	□	□	□	□	□	□	□
2. 我认为该旅游虚拟社区的现金奖励制度合理。	□	□	□	□	□	□	□
3. 我认为自己的付出和回报是公平的。	□	□	□	□	□	□	□

4. 我认为该旅游虚拟社区的奖励制度对分　□　□　□　□　□　□　□
享者有激励作用。

四、再分享意愿：

下面的问题描述您对再分享意愿的评价，请在符合您情况的选项上划
"√"。

	完全不符合	比较不符合	比不符合	一般	比较符合	完全符合	

1. 我愿意在该旅游虚拟社区上更频繁地分　□　□　□　□　□　□　□
享旅行的攻略、照片等信息。
2. 我愿意经常在该旅游虚拟社区上分享我　□　□　□　□　□　□　□
的游记、得失和旅行技巧。
3. 我愿意和其他用户更频繁地分享我的旅　□　□　□　□　□　□　□
行经验及旅行体会。

实验 E216——高水平现金奖励/有精神奖励

亲爱的同学：

非常感谢您能在百忙中接受本次问卷调查。请您在填写中注意以下事项：

1. 全面答题。漏答会导致问卷无效，我们会非常珍视您对每一项问题的回答。

2. 据实填写。答案没有对错之分，请您根据真实情况和您个人的真实感受来答题。

3. 请勿多选。问卷中所有问题都为单选题，请您在您认为最符合的选项上划
"√"。

向您慎重承诺：对您的回答绝对保密，所取得资料仅用作学术研究，衷心感谢您
的参与、支持！

您分享的游记截至昨天已超过 3000 点击量，网友
认为您游记的内容很实用，非常精彩！在逾千篇的游记
中脱颖而出，被授予"最佳游记"的荣誉称号！【"最
佳游记"荣誉只有点赞量排名前 3 的游记才能获得。】

并且，您将获得 120 元现金的奖励！【是针对您对

其他用户做出的帮助而设立的奖励！】

一、基本信息：

1. 您的年龄（　　　）

2. 您的性别　　　　　　　　　　　　　　□ 男　　　　□ 女

	非常低	比较低	一般	比较高	非常高
3. 您认为 120 元现金的奖励是	□	□	□	□	□

	从不	偶尔	有时	经常	总是
4. 您是否会上网浏览帖子？	□	□	□	□	□
5. 您是否会浏览旅游论坛、旅游网站等？	□	□	□	□	□
6. 您是否会上网分享自己的体会、感受、游记等？	□	□	□	□	□

二、自我效能：

下面的问题描述您对分享后自我效能的评价，请在符合您情况的选项上划"√"。

	完全不符合	比较不符合	比较不符合	一般	比较符合	比较符合	完全符合
1. 我自信向该旅游虚拟社区提供其他用户认为有价值的信息。	□	□	□	□	□	□	□
2. 我拥有为该旅游虚拟社区提供有价值的信息所需的技能。	□	□	□	□	□	□	□

三、获益感知：

　　下面的问题描述您对分享后获益感知的评价，请在符合您情况的选项上划"√"。

	完全不符合	比较不符合	比不符合	一般	比较符合	完全符合	完全符合
1. 我对所得到的现金感到满意。	□	□	□	□	□	□	□
2. 我认为该旅游虚拟社区的现金奖励制度合理。	□	□	□	□	□	□	□
3. 我认为自己的付出和回报是公平的。	□	□	□	□	□	□	□
4. 我认为该旅游虚拟社区的奖励制度对分享者有激励作用。	□	□	□	□	□	□	□

四、再分享意愿：

　　下面的问题描述您对再分享意愿的评价，请在符合您情况的选项上划"√"。

	完全不符合	比较不符合	比不符合	一般	比较符合	完全符合	完全符合
1. 我愿意在该旅游虚拟社区上更频繁地分享旅行的攻略、照片等信息。	□	□	□	□	□	□	□
2. 我愿意经常在该旅游虚拟社区上分享我的游记、得失和旅行技巧。	□	□	□	□	□	□	□
3. 我愿意和其他用户更频繁地分享我的旅行经验及旅行体会。	□	□	□	□	□	□	□

情景三：物质奖励形式为代金券

实验 E221——无代金券奖励/无精神奖励

亲爱的同学：

非常感谢您能在百忙中接受本次问卷调查。请您在填写中注意以下事项：

1. 全面答题。漏答会导致问卷无效，我们会非常珍视您对每一项问题的回答。

2. 据实填写。答案没有对错之分，请您根据真实情况和您个人的真实感受来答题。

3. 请勿多选。问卷中所有问题都为单选题，请您在您认为最符合的选项上划"√"。

向您慎重承诺：对您的回答绝对保密，所取得资料仅用作学术研究，衷心感谢您的参与、支持！

一、基本信息：

1. 您的年龄　（　　　）

2. 您的性别　　　　　　　　　　　　　　□ 男　　　　　□ 女

	从不	偶尔	有时	经常	总是
3. 您是否会上网浏览帖子？	□	□	□	□	□
4. 您是否会浏览旅游论坛、旅游网站等？	□	□	□	□	□
5. 您是否会上网分享自己的体会、感受、游记等？	□	□	□	□	□

二、自我效能：

下面的问题描述您对分享后自我效能的评价，请在符合您情况的选项上划"√"。

	完全不符合	比较不符合	比较不符合	一般	比较符合	符合	完全符合
1. 我自信向该旅游虚拟社区提供其他用户认为有价值的信息。	□	□	□	□	□	□	□

2. 我拥有为该旅游虚拟社区提供有价值的　□　□　□　□　□　□　□
信息所需的技能。

三、获益感知：

下面的问题描述您对分享后获益感知的评价，请在符合您情况的选项上划"√"。

	完全不符合	比较不符合	比较不符合	一般	比较符合	完全符合	
1. 我对所得到的代金券感到满意。	□	□	□	□	□	□	□
2. 我认为该旅游虚拟社区的代金券奖励制度合理。	□	□	□	□	□	□	□
3. 我认为自己的付出和回报是公平的。	□	□	□	□	□	□	□
4. 我认为该旅游虚拟社区的奖励制度对分享者有激励作用。	□	□	□	□	□	□	□

四、再分享意愿：

下面的问题描述您对再分享意愿的评价，请在符合您情况的选项上划"√"。

	完全不符合	比较不符合	比较不符合	一般	比较符合	完全符合	
1. 我愿意在该旅游虚拟社区上更频繁地分享旅行的攻略、照片等信息。	□	□	□	□	□	□	□
2. 我愿意经常在该旅游虚拟社区上分享我的游记、得失和旅行技巧。	□	□	□	□	□	□	□
3. 我愿意和其他用户更频繁地分享我的旅行经验及旅行体会。	□	□	□	□	□	□	□

实验 E222——低水平代金券奖励/无精神奖励

亲爱的同学：

非常感谢您能在百忙中接受本次问卷调查。请您在填写中注意以下事项：

1. 全面答题。漏答会导致问卷无效，我们会非常珍视您对每一项问题的回答。

2. 据实填写。答案没有对错之分，请您根据真实情况和您个人的真实感受来答题。

3. 请勿多选。问卷中所有问题都为单选题，请您在您认为最符合的选项上划"√"。

向您慎重承诺：对您的回答绝对保密，所取得资料仅用作学术研究，衷心感谢您的参与、支持！

　　根据您分享的游记，您将获得 0.60 元代金券的奖励！【"代金券"可用于在该网站购买旅游产品（酒店、机票、门票等）时冲抵现金，但不可直接兑现现金。是针对您对其他用户做出的帮助而设立的奖励！】

一、基本信息：

1. 您的年龄（　　　）

2. 您的性别　　　　　　　　　　　　　　□ 男　　　　□ 女

	非常低	比较低	一般	比较高	非常高
3. 您认为 0.60 元代金券的奖励是	□	□	□	□	□

	从不	偶尔	有时	经常	总是
4. 您是否会上网浏览帖子？	□	□	□	□	□
5. 您是否会浏览旅游论坛、旅游网站等？	□	□	□	□	□
6. 您是否会上网分享自己的体会、感受、游记等？	□	□	□	□	□

二、自我效能:

下面的问题描述您对分享后自我效能的评价,请在符合您情况的选项上划"√"。

	完全不符合	比较不符合	比较不符合	一般	比较符合	较符合	完全符合
1. 我自信向该旅游虚拟社区提供其他用户认为有价值的信息。	□	□	□	□	□	□	□
2. 我拥有为该旅游虚拟社区提供有价值的信息所需的技能。	□	□	□	□	□	□	□

三、获益感知:

下面的问题描述您对分享后获益感知的评价,请在符合您情况的选项上划"√"。

	完全不符合	比较不符合	比较不符合	一般	比较符合	较符合	完全符合
1. 我对所得到的代金券感到满意。	□	□	□	□	□	□	□
2. 我认为该旅游虚拟社区的代金券奖励制度合理。	□	□	□	□	□	□	□
3. 我认为自己的付出和回报是公平的。	□	□	□	□	□	□	□
4. 我认为该旅游虚拟社区的奖励制度对分享者有激励作用。	□	□	□	□	□	□	□

四、再分享意愿:

下面的问题描述您对再分享意愿的评价,请在符合您情况的选项上划"√"。

	完全不符合	比较不符合	比较不符合	一般	比较符合	较符合	完全符合
1. 我愿意在该旅游虚拟社区上更频繁地分享旅行的攻略、照片等信息。	□	□	□	□	□	□	□
2. 我愿意经常在该旅游虚拟社区上分享我的游记、得失和旅行技巧。	□	□	□	□	□	□	□
3. 我愿意和其他用户更频繁地分享我的旅行经验及旅行体会。	□	□	□	□	□	□	□

实验 E223——高水平代金券奖励/无精神奖励

亲爱的同学：

非常感谢您能在百忙中接受本次问卷调查。请您在填写中注意以下事项：

1. 全面答题。漏答会导致问卷无效，我们会非常珍视您对每一项问题的回答。

2. 据实填写。答案没有对错之分，请您根据真实情况和您个人的真实感受来答题。

3. 请勿多选。问卷中所有问题都为单选题，请您在您认为最符合的选项上划"√"。

向您慎重承诺：对您的回答绝对保密，所取得资料仅用作学术研究，衷心感谢您的参与、支持！

　　根据您分享的游记，您将获得 300 元代金券的奖励！【"代金券"可用于在该网站购买旅游产品（酒店、机票、门票等）时冲抵现金，但不可直接兑现现金。是针对您对其他用户做出的帮助而设立的奖励！】

　　一、基本信息：

1. 您的年龄（　　）

2. 您的性别　　　　　　　　　　□ 男　　　　□ 女

	非常低	比较低	一般	比较高	非常高
3. 您认为300元代金券的奖励是	□	□	□	□	□

	从不	偶尔	有时	经常	总是
4. 您是否会上网浏览帖子？	□	□	□	□	□
5. 您是否会浏览旅游论坛、旅游网站等？	□	□	□	□	□
6. 您是否会上网分享自己的体会、感受、游记等？	□	□	□	□	□

二、自我效能：

下面的问题描述您对分享后自我效能的评价，请在符合您情况的选项上划"√"。

	完全不符合	比较不符合	比较不符合	一般	比较符合	比较符合	完全符合
1. 我自信向该旅游虚拟社区提供其他用户认为有价值的信息。	□	□	□	□	□	□	
2. 我拥有为该旅游虚拟社区提供有价值的信息所需的技能。	□	□	□	□	□	□	□

三、获益感知：

下面的问题描述您对分享后获益感知的评价，请在符合您情况的选项上划"√"。

	完全不符合	比较不符合	比较不符合	一般	比较符合	比较符合	完全符合

1. 我对所得到的代金券感到满意。　□ □ □ □ □ □ □

2. 我认为该旅游虚拟社区的代金券奖励制　□ □ □ □ □ □ □
度合理。

3. 我认为自己的付出和回报是公平的。　□ □ □ □ □ □ □

4. 我认为该旅游虚拟社区的奖励制度对分　□ □ □ □ □ □ □
享者有激励作用。

四、再分享意愿：

下面的问题描述您对再分享意愿的评价，请在符合您情况的选项上划
"√"。

	完全不符合	比较不符合	比不符合	一般	比较符合	完全符合
1. 我愿意在该旅游虚拟社区上更频繁地分享旅行的攻略、照片等信息。	□	□	□	□	□	□
2. 我愿意经常在该旅游虚拟社区上分享我的游记、得失和旅行技巧。	□	□	□	□	□	□
3. 我愿意和其他用户更频繁地分享我的旅行经验及旅行体会。	□	□	□	□	□	□

实验 E224——无代金券奖励/有精神奖励

亲爱的同学：

非常感谢您能在百忙中接受本次问卷调查。请您在填写中注意以下事项：

1. 全面答题。漏答会导致问卷无效，我们会非常珍视您对每一项问题的回答。

2. 据实填写。答案没有对错之分，请您根据真实情况和您个人的真实感受来答题。

3. 请勿多选。问卷中所有问题都为单选题，请您在您认为最符合的选项上划
"√"。

向您慎重承诺：对您的回答绝对保密，所取得资料仅用作学术研究，衷心感谢您
的参与、支持！

您分享的游记截至昨天已超过 3000 点击量，网友

认为您游记的内容很实用，非常精彩！在逾千篇的游记
中脱颖而出，被授予"最佳游记"的荣誉称号！【"最
佳游记"荣誉只有点赞量排名前3的游记才能获得。】

一、基本信息：

1. 您的年龄 （　　　）

2. 您的性别　　　　　　　　　　　　　　　□ 男　　　　□ 女

	从不	偶尔	有时	经常	总是
3. 您是否会上网浏览帖子？	□	□	□	□	□
4. 您是否会浏览旅游论坛、旅游网站等？	□	□	□	□	□
5. 您是否会上网分享自己的体会、感受、游记等？	□	□	□	□	□

二、自我效能：

下面的问题描述您对分享后自我效能的评价，请在符合您情况的选项
上划"√"。

	完全不符合	比较不符合	比不符合	一般	比较符合	符合	完全符合
1. 我自信向该旅游虚拟社区提供其他用户认为有价值的信息。	□	□	□	□	□	□	□
2. 我拥有为该旅游虚拟社区提供有价值的信息所需的技能。	□	□	□	□	□	□	□

三、获益感知：

下面的问题描述您对分享后获益感知的评价，请在符合您情况的选项

上划"√"。

	完全不符合	比较不符合	比不符合	一般	比较符合	比较符合	完全符合
1. 我对所得到的代金券感到满意。	□	□	□	□	□	□	□
2. 我认为该旅游虚拟社区的代金券奖励制度合理。	□	□	□	□	□	□	□
3. 我认为自己的付出和回报是公平的。	□	□	□	□	□	□	□
4. 我认为该旅游虚拟社区的奖励制度对分享者有激励作用。	□	□	□	□	□	□	□

四、再分享意愿：

下面的问题描述您对再分享意愿的评价，请在符合您情况的选项上划"√"。

	完全不符合	比较不符合	比不符合	一般	比较符合	比较符合	完全符合
1. 我愿意在该旅游虚拟社区上更频繁地分享旅行的攻略、照片等信息。	□	□	□	□	□	□	□
2. 我愿意经常在该旅游虚拟社区上分享我的游记、得失和旅行技巧。	□	□	□	□	□	□	□
3. 我愿意和其他用户更频繁地分享我的旅行经验及旅行体会。	□	□	□	□	□	□	□

实验 E225——低水平代金券奖励/有精神奖励

亲爱的同学：

非常感谢您能在百忙中接受本次问卷调查。请您在填写中注意以下事项：

1. 全面答题。漏答会导致问卷无效，我们会非常珍视您对每一项问题的回答。

2. 据实填写。答案没有对错之分，请您根据真实情况和您个人的真实感受来答题。

3. 请勿多选。问卷中所有问题都为单选题，请您在您认为最符合的选项上划"√"。

向您慎重承诺：对您的回答绝对保密，所取得资料仅用作学术研究，衷心感谢您的参与、支持！

您分享的游记截至昨天已超过 3000 点击量，网友认为您游记的内容很实用，非常精彩！在逾千篇的游记中脱颖而出，被授予"最佳游记"的荣誉称号！【"最佳游记"荣誉只有点赞量排名前 3 的游记才能获得。】

并且，您将获得 0.60 元代金券的奖励！【"代金券"可用于在该网站购买旅游产品（酒店、机票、门票等）时冲抵现金，但不可直接兑现现金。是针对您对其他用户做出的帮助而设立的奖励！】

一、基本信息：

1. 您的年龄（　　　）

2. 您的性别　　　　　　　　　　　　□ 男　　　　□ 女

	非常低	比较低	一般	比较高	非常高
3. 您认为 0.60 元代金券的奖励是	□	□	□	□	□

	从不	偶尔	有时	经常	总是
4. 您是否会上网浏览帖子？	□	□	□	□	□
5. 您是否会浏览旅游论坛、旅游网站等？	□	□	□	□	□
6. 您是否会上网分享自己的体会、感受、游记等？	□	□	□	□	□

二、自我效能：

下面的问题描述您对分享后自我效能的评价，请在符合您情况的选项上划"√"。

	完全不符合	比较不符合	比不符合	一般	比较符合	符合	完全符合
1. 我自信向该旅游虚拟社区提供其他用户认为有价值的信息。	□	□	□	□	□	□	□
2. 我拥有为该旅游虚拟社区提供有价值的信息所需的技能。	□	□	□	□	□	□	□

三、获益感知：

下面的问题描述您对分享后获益感知的评价，请在符合您情况的选项上划"√"。

	完全不符合	比较不符合	比不符合	一般	比较符合	符合	完全符合
1. 我对所得到的代金券感到满意。	□	□	□	□	□	□	□
2. 我认为该旅游虚拟社区的代金券奖励制度合理。	□	□	□	□	□	□	□
3. 我认为自己的付出和回报是公平的。	□	□	□	□	□	□	□
4. 我认为该旅游虚拟社区的奖励制度对分享者有激励作用。	□	□	□	□	□	□	□

四、再分享意愿：

下面的问题描述您对再分享意愿的评价，请在符合您情况的选项上划"√"。

	完全不符合	比较不符合	比较不符合	一般	比较符合	完全符合	完全符合

1. 我愿意在该旅游虚拟社区上更频繁地分享旅行的攻略、照片等信息。 □ □ □ □ □ □ □

2. 我愿意经常在该旅游虚拟社区上分享我的游记、得失和旅行技巧。 □ □ □ □ □ □ □

3. 我愿意和其他用户更频繁地分享我的旅行经验及旅行体会。 □ □ □ □ □ □ □

实验 E226——高水平代金券奖励/有精神奖励

亲爱的同学:

非常感谢您能在百忙中接受本次问卷调查。请您在填写中注意以下事项:

1. 全面答题。漏答会导致问卷无效,我们会非常珍视您对每一项问题的回答。

2. 据实填写。答案没有对错之分,请您根据真实情况和您个人的真实感受来答题。

3. 请勿多选。问卷中所有问题都为单选题,请您在您认为最符合的选项上划"√"。

向您慎重承诺:对您的回答绝对保密,所取得资料仅用作学术研究,衷心感谢您的参与、支持!

您分享的游记截至昨天已超过 3000 点击量,网友认为您游记的内容很实用,非常精彩!在逾千篇的游记中脱颖而出,被授予"最佳游记"的荣誉称号!【"最佳游记"荣誉只有点赞量排名前 3 的游记才能获得。】

并且,您将获得 300 元代金券的奖励!【"代金券"可用于在该网站购买旅游产品(酒店、机票、门票等)时冲抵现金,但不可直接兑现现金。是针对您对其他用户做出的帮助而设立的奖励!】

一、基本信息：

1. 您的年龄（   ）

2. 您的性别　　　　　　　　　　　□ 男　　　　□ 女

	非常低	比较低	一般	比较高	非常高
3. 您认为 300 元代金券的奖励是	□	□	□	□	□

	从不	偶尔	有时	经常	总是
4. 您是否会上网浏览帖子？	□	□	□	□	□
5. 您是否会浏览旅游论坛、旅游网站等？	□	□	□	□	□
6. 您是否会上网分享自己的体会、感受、游记等？	□	□	□	□	□

二、自我效能：

下面的问题描述您对分享后自我效能的评价，请在符合您情况的选项上划"√"。

	完全不符合	比较不符合	不符合	一般	比较符合	比较符合	完全符合
1. 我自信向该旅游虚拟社区提供其他用户认为有价值的信息。	□	□	□	□	□	□	
2. 我拥有为该旅游虚拟社区提供有价值的信息所需的技能。	□	□	□	□	□	□	□

二、获益感知：

下面的问题描述您对分享后获益感知的评价，请在符合您情况的选项

上划"√"。

	完全不符合	比较不符合	比较不符合	一般	比较符合	符合	完全符合
1. 我对所得到的代金券感到满意。	□	□	□	□	□	□	□
2. 我认为该旅游虚拟社区的代金券奖励制度合理。	□	□	□	□	□	□	□
3. 我认为自己的付出和回报是公平的。	□	□	□	□	□	□	□
4. 我认为该旅游虚拟社区的奖励制度对分享者有激励作用。	□	□	□	□	□	□	□

四、再分享意愿：

下面的问题描述您对再分享意愿的评价，请在符合您情况的选项上划"√"。

	完全不符合	比较不符合	比较不符合	一般	比较符合	符合	完全符合
1. 我愿意在该旅游虚拟社区上更频繁地分享旅行的攻略、照片等信息。	□	□	□	□	□	□	□
2. 我愿意经常在该旅游虚拟社区上分享我的游记、得失和旅行技巧。	□	□	□	□	□	□	□
3. 我愿意和其他用户更频繁地分享我的旅行经验及旅行体会。	□	□	□	□	□	□	□

附录四：实验三材料

实验三分为三种情景：情景一（精神奖励的来源为用户和网站的综合来源）、情景二（精神奖励的来源为网站来源）、情景三（精神奖励的来源为用户来源）。

情景一：精神奖励的来源为用户和网站的综合来源

由于实验一中的精神奖励采用的是用户和网站的综合来源精神奖励，因此，情景一的材料和实验一中有精神奖励的材料一致，见附录二中：

实验 E14——无物质奖励/有精神奖励；

实验 E15——低水平物质奖励/有精神奖励；

实验 E16——高水平物质奖励/有精神奖励。

情景二：精神奖励的来源为网站来源

实验 E311——无物质奖励/网站来源精神奖励

亲爱的同学：

非常感谢您能在百忙中接受本次问卷调查。请您在填写中注意以下事项：

1. 全面答题。漏答会导致问卷无效，我们会非常珍视您对每一项问题的回答。

2. 据实填写。答案没有对错之分，请您根据真实情况和您个人的真实感受来答题。

3. 请勿多选。问卷中所有问题都为单选题，请您在您认为最符合的选项上划"√"。

向您慎重承诺：对您的回答绝对保密，所取得资料仅用作学术研究，衷心感谢您的参与、支持！

您分享的游记在逾千篇的游记中脱颖而出，被授予"最佳游记"的荣誉称号！

一、基本信息：

1. 您的年龄（　　　）

2. 您的性别　　　　　　　　　　　　　　□ 男　　　　□ 女

	从不	偶尔	有时	经常	总是
3. 您是否会上网浏览帖子？	□	□	□	□	□
4. 您是否会浏览旅游论坛、旅游网站等？	□	□	□	□	□
5. 您是否会上网分享自己的体会、感受、游记等？	□	□	□	□	□

二、自我效能：

　　下面的问题描述您对分享后自我效能的评价，请在符合您情况的选项上划"√"。

	完全不符合	比较不符合	不符合	一般	比较符合	符合	完全符合
1. 我自信向该旅游虚拟社区提供其他用户认为有价值的信息。	□	□	□	□	□	□	□
2. 我拥有为该旅游虚拟社区提供有价值的信息所需的技能。	□	□	□	□	□	□	□

三、获益感知：

　　下面的问题描述您对分享后获益感知的评价，请在符合您情况的选项上划"√"。

	完全不符合	比较不符合	不符合	一般	比较符合	符合	完全符合
1. 我对所得到的蜂蜜感到满意。	□	□	□	□	□	□	□
2. 我认为该旅游虚拟社区的蜂蜜奖励制度合理。	□	□	□	□	□	□	□
3. 我认为自己的付出和回报是公平的。	□	□	□	□	□	□	□

4. 我认为该旅游虚拟社区的奖励制度对分 □ □ □ □ □ □ □
享者有激励作用。

四、再分享意愿：

下面的问题描述您对再分享意愿的评价，请在符合您情况的选项上划
"√"。

	完全不符合	比较不符合	比不符合	一般	比较符合	完符合	完全符合
1. 我愿意在该旅游虚拟社区上更频繁地分享旅行的攻略、照片等信息。	□	□	□	□	□	□	□
2. 我愿意经常在该旅游虚拟社区上分享我的游记、得失和旅行技巧。	□	□	□	□	□	□	□
3. 我愿意和其他用户更频繁地分享我的旅行经验及旅行体会。	□	□	□	□	□	□	□

实验 E312——低水平物质奖励／网站来源精神奖励

亲爱的同学：

非常感谢您能在百忙中接受本次问卷调查。请您在填写中注意以下事项：

1. 全面答题。漏答会导致问卷无效，我们会非常珍视您对每一项问题的回答。

2. 据实填写。答案没有对错之分，请您根据真实情况和您个人的真实感受来答题。

3. 请勿多选。问卷中所有问题都为单选题，请您在您认为最符合的选项上划
"√"。

向您慎重承诺：对您的回答绝对保密，所取得资料仅用作学术研究，衷心感谢您的参与、支持！

您分享的游记在逾千篇的游记中脱颖而出，被授予"最佳游记"的荣誉称号！

并且，您将获得10"蜂蜜"的奖励！【"蜂蜜"是专属货币，可以到蜂蜜商城兑换等价实物和纪念品！是针对您对其他蜂蜂做出的帮助而设立的奖励！】

一、基本信息：

1. 您的年龄（　　　）

2. 您的性别　　　　　　　　　　　　　　□ 男　　　　□ 女

	非常低	比较低	一般	比较高	非常高
3. 您认为 10 "蜂蜜" 的奖励是	□	□	□	□	□

	从不	偶尔	有时	经常	总是
4. 您是否会上网浏览帖子？	□	□	□	□	□
5. 您是否会浏览旅游论坛、旅游网站等？	□	□	□	□	□
6. 您是否会上网分享自己的体会、感受、游记等？	□	□	□	□	□

二、自我效能：

下面的问题描述您对分享后自我效能的评价，请在符合您情况的选项上划 "√"。

	完全不符合	比较不符合	不符合	一般	比较符合	符合	完全符合
1. 我自信向该旅游虚拟社区提供其他用户认为有价值的信息。	□	□	□	□	□	□	□
2. 我拥有为该旅游虚拟社区提供有价值的信息所需的技能。	□	□	□	□	□	□	□

三、获益感知：

下面的问题描述您对分享后获益感知的评价，请在符合您情况的选项

上划"√"。

	完全不符合	比较不符合	比较不符合	一般	比较符合	完全符合	完全符合
1. 我对所得到的蜂蜜感到满意。	□	□	□	□	□	□	□
2. 我认为该旅游虚拟社区的蜂蜜奖励制度合理。	□	□	□	□	□	□	□
3. 我认为自己的付出和回报是公平的。	□	□	□	□	□	□	□
4. 我认为该旅游虚拟社区的奖励制度对分享者有激励作用。	□	□	□	□	□	□	□

四、再分享意愿：

下面的问题描述您对再分享意愿的评价，请在符合您情况的选项上划"√"。

	完全不符合	比较不符合	比较不符合	一般	比较符合	完全符合	完全符合
1. 我愿意在该旅游虚拟社区上更频繁地分享旅行的攻略、照片等信息。	□	□	□	□	□	□	□
2. 我愿意经常在该旅游虚拟社区上分享我的游记、得失和旅行技巧。	□	□	□	□	□	□	□
3. 我愿意和其他用户更频繁地分享我的旅行经验及旅行体会。	□	□	□	□	□	□	□

实验 E313——高水平物质奖励/网站来源精神奖励

亲爱的同学：

非常感谢您能在百忙中接受本次问卷调查。请您在填写中注意以下事项：

1. 全面答题。漏答会导致问卷无效，我们会非常珍视您对每一项问题的回答。

2. 据实填写。答案没有对错之分，请您根据真实情况和您个人的真实感受来答题。

3. 请勿多选。问卷中所有问题都为单选题，请您在您认为最符合的选项上划"√"。

向您慎重承诺：对您的回答绝对保密，所取得资料仅用作学术研究，衷心感谢您的参与、支持！

您分享的游记在逾千篇的游记中脱颖而出，被授予"最佳游记"的荣誉称号！

并且，您将获得 2000 "蜂蜜" 的奖励！【"蜂蜜"是专属货币，可以到蜂蜜商城兑换等价实物和纪念品！是针对您对其他蜂蜂做出的帮助而设立的奖励！】

一、基本信息：

1. 您的年龄（　　　）

2. 您的性别　　　　　　　　　　　　　□ 男　　　　　□ 女

	非常低	比较低	一般	比较高	非常高
3. 您认为 2000 "蜂蜜" 的奖励是	□	□	□	□	□

	从不	偶尔	有时	经常	总是
4. 您是否会上网浏览帖子？	□	□	□	□	□
5. 您是否会浏览旅游论坛、旅游网站等？	□	□	□	□	□
6. 您是否会上网分享自己的体会、感受、游记等？	□	□	□	□	□

二、自我效能：

下面的问题描述您对分享后自我效能的评价，请在符合您情况的选项上划"√"。

	完全不符合	比较不符合	比不符合	一般	比较符合	比较符合	完全符合
1. 我自信向该旅游虚拟社区提供其他用户认为有价值的信息。	□	□	□	□	□	□	□
2. 我拥有为该旅游虚拟社区提供有价值的信息所需的技能。	□	□	□	□	□	□	□

三、获益感知：

下面的问题描述您对分享后获益感知的评价，请在符合您情况的选项上划"√"。

	完全不符合	比较不符合	比不符合	一般	比较符合	比较符合	完全符合
1. 我对所得到的蜂蜜感到满意。	□	□	□	□	□	□	□
2. 我认为该旅游虚拟社区的蜂蜜奖励制度合理。	□	□	□	□	□	□	□
3. 我认为自己的付出和回报是公平的。	□	□	□	□	□	□	□
4. 我认为该旅游虚拟社区的奖励制度对分享者有激励作用。	□	□	□	□	□	□	□

四、再分享意愿：

下面的问题描述您对再分享意愿的评价，请在符合您情况的选项上划"√"。

完	比				
全不符合	较不符合	比不符合	较一般	较符合	完全符合

1. 我愿意在该旅游虚拟社区上更频繁地分　☐ ☐ ☐ ☐ ☐ ☐ ☐
   享旅行的攻略、照片等信息。

2. 我愿意经常在该旅游虚拟社区上分享我　☐ ☐ ☐ ☐ ☐ ☐ ☐
   的游记、得失和旅行技巧。

3. 我愿意和其他用户更频繁地分享我的旅　☐ ☐ ☐ ☐ ☐ ☐ ☐
   行经验及旅行体会。

情景三：精神奖励的来源为用户来源

实验 E321——无物质奖励/用户来源精神奖励

亲爱的同学：

　　非常感谢您能在百忙中接受本次问卷调查。请您在填写中注意以下事项：

　　1. 全面答题。漏答会导致问卷无效，我们会非常珍视您对每一项问题的回答。

　　2. 据实填写。答案没有对错之分，请您根据真实情况和您个人的真实感受来答题。

　　3. 请勿多选。问卷中所有问题都为单选题，请您在您认为最符合的选项上划"√"。

　　向您慎重承诺：对您的回答绝对保密，所取得资料仅用作学术研究，衷心感谢您的参与、支持！

　　您分享的游记截至昨天已超过 3000 点击量，网友认为您游记的内容很实用，非常精彩！

　　一、基本信息：

1. 您的年龄（　　　）

2. 您的性别　　　　　　　　　　　　　　☐ 男　　　　☐ 女

	从不	偶尔	有时	经常	总是
3. 您是否会上网浏览帖子？	☐	☐	☐	☐	☐
4. 您是否会浏览旅游论坛、旅游网站等？	☐	☐	☐	☐	☐
5. 您是否会上网分享自己的体会、感受、游记等？	☐	☐	☐	☐	☐

二、自我效能：

下面的问题描述您对分享后自我效能的评价，请在符合您情况的选项上划"√"。

	完全不符合	比较不符合	不符合	一般	比较符合	符合	完全符合
1. 我自信向该旅游虚拟社区提供其他用户认为有价值的信息。	☐	☐	☐	☐	☐	☐	☐
2. 我拥有为该旅游虚拟社区提供有价值的信息所需的技能。	☐	☐	☐	☐	☐	☐	☐

三、获益感知：

下面的问题描述您对分享后获益感知的评价，请在符合您情况的选项上划"√"。

	完全不符合	比较不符合	不符合	一般	比较符合	符合	完全符合
1. 我对所得到的蜂蜜感到满意。	☐	☐	☐	☐	☐	☐	☐
2. 我认为该旅游虚拟社区的蜂蜜奖励制度合理。	☐	☐	☐	☐	☐	☐	☐
3. 我认为自己的付出和回报是公平的。	☐	☐	☐	☐	☐	☐	☐
4. 我认为该旅游虚拟社区的奖励制度对分享者有激励作用。	☐	☐	☐	☐	☐	☐	☐

四、再分享意愿：

下面的问题描述您对再分享意愿的评价，请在符合您情况的选项上划"√"。

	完全不符合	比较不符合	比较不符合	比较一般	比较符合	完全符合	完全符合
1. 我愿意在该旅游虚拟社区上更频繁地分享旅行的攻略、照片等信息。	□	□	□	□	□	□	□
2. 我愿意经常在该旅游虚拟社区上分享我的游记、得失和旅行技巧。	□	□	□	□	□	□	□
3. 我愿意和其他用户更频繁地分享我的旅行经验及旅行体会。	□	□	□	□	□	□	□

实验 E322——低水平物质奖励／用户来源精神奖励

亲爱的同学：

　　非常感谢您能在百忙中接受本次问卷调查。请您在填写中注意以下事项：

　　1. 全面答题。漏答会导致问卷无效，我们会非常珍视您对每一项问题的回答。

　　2. 据实填写。答案没有对错之分，请您根据真实情况和您个人的真实感受来答题。

　　3. 请勿多选。问卷中所有问题都为单选题，请您在您认为最符合的选项上划"√"。

　　向您慎重承诺：对您的回答绝对保密，所取得资料仅用作学术研究，衷心感谢您的参与、支持！

　　您分享的游记截至昨天已超过 3000 点击量，网友认为您游记的内容很实用，非常精彩！

　　并且，您将获得 10 "蜂蜜"的奖励！【"蜂蜜"是专属货币，可以到蜂蜜商城兑换等价实物和纪念品！是针对您对其他蜂蜂做出的帮助而设立的奖励！】

　　一、基本信息：

1. 您的年龄（　　　　）

2. 您的性别   □ 男   □ 女

	非常低	比较低	一般	比较高	非常高
3. 您认为 10 "蜂蜜" 的奖励是	□	□	□	□	□

	从不	偶尔	有时	经常	总是
4. 您是否会上网浏览帖子？	□	□	□	□	□
5. 您是否会浏览旅游论坛、旅游网站等？	□	□	□	□	□
6. 您是否会上网分享自己的体会、感受、游记等？	□	□	□	□	□

二、自我效能：

下面的问题描述您对分享后自我效能的评价，请在符合您情况的选项上划 "√"。

	完全不符合	比较不符合	不符合	一般	比较符合	符合	完全符合
1. 我自信向该旅游虚拟社区提供其他用户认为有价值的信息。	□	□	□	□	□	□	□
2. 我拥有为该旅游虚拟社区提供有价值的信息所需的技能。	□	□	□	□	□	□	□

三、获益感知：

下面的问题描述您对分享后获益感知的评价，请在符合您情况的选项上划 "√"。

	完全不符合	比较不符合	比不符合	一般	比较符合	完符合	全符合
1. 我对所得到的蜂蜜感到满意。	□	□	□	□	□	□	□
2. 我认为该旅游虚拟社区的蜂蜜奖励制度合理。	□	□	□	□	□	□	□
3. 我认为自己的付出和回报是公平的。	□	□	□	□	□	□	□
4. 我认为该旅游虚拟社区的奖励制度对分享者有激励作用。	□	□	□	□	□	□	□

四、再分享意愿：

下面的问题描述您对再分享意愿的评价，请在符合您情况的选项上划"√"。

	完全不符合	比较不符合	比不符合	一般	比较符合	完符合	全符合
1. 我愿意在该旅游虚拟社区上更频繁地分享旅行的攻略、照片等信息。	□	□	□	□	□	□	□
2. 我愿意经常在该旅游虚拟社区上分享我的游记、得失和旅行技巧。	□	□	□	□	□	□	□
3. 我愿意和其他用户更频繁地分享我的旅行经验及旅行体会。	□	□	□	□	□	□	□

实验 E323——高水平物质奖励/用户来源精神奖励

亲爱的同学：

非常感谢您能在百忙中接受本次问卷调查。请您在填写中注意以下事项：

1. 全面答题。漏答会导致问卷无效，我们会非常珍视您对每一项问题的回答。

2. 据实填写。答案没有对错之分，请您根据真实情况和您个人的真实感受来答题。

3. 请勿多选。问卷中所有问题都为单选题，请您在您认为最符合的选项上划"√"。

向您慎重承诺：对您的回答绝对保密，所取得资料仅用作学术研究，衷心感谢您的参与、支持！

您分享的游记截至昨天已超过 3000 点击量，网友认为您游记的内容很实用，非常精彩！

并且，您将获得 2000 "蜂蜜" 的奖励！【"蜂蜜"是专属货币，可以到蜂蜜商城兑换等价实物和纪念品！是针对您对其他蜂蜂做出的帮助而设立的奖励！】

一、基本信息：

1. 您的年龄（　　　）

2. 您的性别　　　　　　　　　　　　□ 男　　　　　□ 女

	非常低	比较低	一般	比较高	非常高
3. 您认为 2000 "蜂蜜" 的奖励是	□	□	□	□	□

	从不	偶尔	有时	经常	总是
4. 您是否会上网浏览帖子？	□	□	□	□	□
5. 您是否会浏览旅游论坛、旅游网站等？	□	□	□	□	□
7. 您是否会上网分享自己的体会、感受、游记等？	□	□	□	□	□

二、自我效能：

下面的问题描述您对分享后自我效能的评价，请在符合您情况的选项上划 "√"。

<table>
<tr><td></td><td>完
全
不
符
合</td><td>比
较
不
符
合</td><td>比
较
一
般
符
合</td><td>完
全
符
合</td></tr>
</table>

	完全不符合	比较不符合	比较不符合	一般	比较符合	符合	完全符合
1. 我自信向该旅游虚拟社区提供其他用户认为有价值的信息。	□	□	□	□	□	□	□
2. 我拥有为该旅游虚拟社区提供有价值的信息所需的技能。	□	□	□	□	□	□	□

三、获益感知：

下面的问题描述您对分享后获益感知的评价，请在符合您情况的选项上划"√"。

	完全不符合	比较不符合	比较不符合	一般	比较符合	符合	完全符合
1. 我对所得到的蜂蜜感到满意。	□	□	□	□	□	□	□
2. 我认为该旅游虚拟社区的蜂蜜奖励制度合理。	□	□	□	□	□	□	□
3. 我认为自己的付出和回报是公平的。	□	□	□	□	□	□	□
4. 我认为该旅游虚拟社区的奖励制度对分享者有激励作用。	□	□	□	□	□	□	□

四、再分享意愿：

下面的问题描述您对再分享意愿的评价，请在符合您情况的选项上划"√"。

完全不符合　比较不符合　比较不符合　一般　比较符合　符合　完全符合

1. 我愿意在该旅游虚拟社区上更频繁地分
   享旅行的攻略、照片等信息。 □ □ □ □ □ □ □

2. 我愿意经常在该旅游虚拟社区上分享我
   的游记、得失和旅行技巧。 □ □ □ □ □ □ □

3. 我愿意和其他用户更频繁地分享我的旅
   行经验及旅行体会。 □ □ □ □ □ □ □

图书在版编目（CIP）数据

如何奖励更有效？：论旅游虚拟社区激励机制的设
计 / 赵琴琴著. -- 北京：社会科学文献出版社，
2023.7
ISBN 978 - 7 - 5228 - 1667 - 8

Ⅰ.①如… Ⅱ.①赵… Ⅲ.①互联网络 - 应用 - 旅游
业 - 知识管理 - 激励制度 - 研究 Ⅳ.①F590.1 - 39

中国国家版本馆 CIP 数据核字（2023）第 062972 号

如何奖励更有效？
　　——论旅游虚拟社区激励机制的设计

著　　者 / 赵琴琴

出 版 人 / 冀祥德
组稿编辑 / 陈凤玲
责任编辑 / 李真巧
责任印制 / 王京美

出　　版 / 社会科学文献出版社·经济与管理分社（010）59367226
　　　　　　地址：北京市北三环中路甲 29 号院华龙大厦　邮编：100029
　　　　　　网址：www.ssap.com.cn
发　　行 / 社会科学文献出版社（010）59367028
印　　装 / 三河市尚艺印装有限公司

规　　格 / 开本：787mm × 1092mm　1/16
　　　　　　印张：15.25　字数：256 千字
版　　次 / 2023 年 7 月第 1 版　2023 年 7 月第 1 次印刷
书　　号 / ISBN 978 - 7 - 5228 - 1667 - 8
定　　价 / 99.00 元

读者服务电话：4008918866